개정판

지역개발의 이해

전경구 著

대구대학교출판부

저 자 소 개

전경구

〈학력 및 경력〉
서울대학교 농과대학 졸업
서울대학교 환경대학원 졸업(도시계획학 석사)
미국 플로리다 주립대 대학원 졸업(도시 및 지역계획학 박사)
행정자치부 지방고시 출제위원, 5급승진 시험위원
한국지역개발학회 회장
대한국토 · 도시계획학회 부회장
현재 대구대학교 교수

〈저서〉
지역정책론(공저), 한국지역개발학회(편), 보성각, 2013.
국토 · 지역계획론(공저), 대한국토 · 도시계획학회(편), 보성각, 2009.
지역경제론, 대구대출판부, 2003.
The Equilibrium Nesting Configurations of the Market Areas in the Löschian Location Model., 한국지역개발학회지, 1994 외 다수.

지역개발의 이해

초판 인쇄 | 1999년 8월 23일
개정 발행 | 2016년 9월 05일
저　자 | 전경구
발행인 | 홍덕률
등　록 | 경산 제1호
발행처 | 대구대학교출판부
경북 경산시 진량읍 대구대로 201
전화 053) 850-5662 | 팩스 053) 850-5669
찍은곳 | 초록뱀디지털
ISBN 978-89-7794-657-6-93330
정가 | 17,000원

머리말(개정판)

본 서가 출판된 지도 15년의 시간이 흘렀다. 그동안 지역개발의 이론과 정책분야에서 많은 발전과 변화가 있었다. 사실 이 분야의 이론적 발전도 적지 않았으나 그동안 추진되었던 중요한 지역정책들은 우리나라 지역발전의 중요한 토대를 마련해 왔는데 특히 참여정부의 국가균형발전정책은 우리나라 지역개발에 큰 영향을 미친 중요한 역사적 사건이었다. 참여정부 이후의 정부들도 지역발전과 관련된 다양한 정책을 추진해 왔고 이에 따라 각종의 제도적 변화와 정비도 잇따르게 되었다. 이와 같은 측면에서 본인이 이 책을 개정할 필요성을 많이 느끼면서도 미루다가 이제야 개정하게 되었다. 지역정책에 관한 다른 책의 집필과 논문을 쓰느라고 바쁜 탓도 있으나 본인의 게으른 탓이라고 할 수밖에 없다.

본 개정판은 이론의 보완도 일부 하였으나 정책과 제도적 측면에서 그 동안의 변화된 내용을 보완하였다. 따라서 제4편 우리나라 국토 및 지역계획의 내용은 전면 개편하였는데 특히 국토기본법, 국가균형발전특별법, 지역개발의 지원에 관한 특별법 등 2000년대 이후 국토 및 지역정책과 관련된 다양한 제도적 변화를 반영하였다.

지역개발이라는 분야는 가시적인 연구 대상을 가지고 있기보다는 가치판단을 요구하는 추상적인 내용이 많기 때문에 대학의 저학년 학생들이 흥미를 가지기에는 어려운 점이 많다는 것을 많이 느끼고 있었다. 이 번에 이 책을 개정하면서 이를 보완하고자 노력하였으나 한계를 느끼고 있다. 앞으로 기회가 되면 이를 보완할 생각이다.

2016년 8월
내리동 연구실에서
저자

머리말

우리나라에서 독립된 학문분야로 자리잡은 지역개발학도 어언 20여 년 이상의 연륜을 쌓아가고 있고, 본인이 대구대학교에서 이 분야의 강의를 맡은 지도 어느 사이 10여 년 이상의 세월이 흘렀다. 그 동안 지역개발 관련 학과와 학회가 중심이 되어 이 분야의 학문도 많은 발전을 이루었다.

본인이 이 책을 집필하게 된 동기는 여러 가지가 있지만 첫째는 그 동안의 연구와 강의내용을 나름대로 정리해보고 싶었기 때문이다. 그 동안 지역개발 분야의 이론연구와 강의를 하면서, 그리고 실무분야를 접하면서 수집한 자료와 아이디어를 정리하고자 하였으나 여러 가지 일로 뒤로 미루다가 본 대학의 전공기초 교양과목으로 '지역개발의 이해'를 개설하면서 이번 기회에 이를 정리하게 되었다. 둘째는 이 분야를 공부하고자 하는 학생들에게 지역개발의 기초적인 이론과 전략을 소개하기 위해서이다. 그 동안 지역개발에 관한 몇 권의 좋은 책이 출간되어 이 분야의 발전에 기여를 한 바 있으나 내용이 어려워 이 분야를 처음으로 공부하는 학생들이 어려움을 겪는 경우가 많았다. 따라서 대학의 저학년을 위한 교재의 필요성을 절감하고 있었는데 이번 기회에 이러한 책을 저술하게 되었다. 이 책은 이와 같은 의도에서 저술되었기 때문에 대학의 1, 2학년 학생들을 대상으로 하여 지역개발학의 내용을 쉽게 전달하고자 하는 것이 특징이다.

이 책은 크게 4편으로 구성되어 있다. 1편은 서론에 해당하는 부분으로 지역개발의 개념을 중심으로 지역개발의 특성과 이론적 체계를 설명하고 있다. 2편은 지역개발의 이론을 소개하는 부분이다. 지역개발학은 나름대로의 독자적인 영역이 있지만 여러 학문분야의 이론과 지식도 필요한 복합학문의 성격을 띠고 있다. 따라서 2편에서는 지역개발과 관련된 다양한 이론들을 소개하고 있다. 3편에서는 지역개발전략을 설명하고 있다. 성장거점전략, 기본욕구전략 등의 기초적인 전략들을 중심으로 그 동안 발전되어 온 다양한 개발전략들을 소개하고 있다. 그리고 4편에서는 우리나라국토 및 지역계획체계와 계획수립의 현황을 설명하고 있다.

책을 마무리하고 나니 내용과 체계에서 미흡하고 부족한 점이 많음을 느낀다. 특히 지역계획방법과 부문별계획, 그리고 지역개발 행·재정문제는 차후에 보완할 생각이다. 다른 책들도 그러하겠지만 이 책도 많은 선행연구를 기초로 하고 있는 바 이 책을 저술하는 데 인용된 여러 학자들의 연구에 감사를 표한다. 이 책이 지역개발학의 발전에 작은 기여가 될 수 있기를 바라며 선배 및 동학 여러분의 지도편달을 바란다. 끝으로 이 책이 나오기까지 편집과 교정을 맡아 수고한 이정주선생과 김한양선생에게 사의를 표하고, 그래픽을 도안하는 데 수고한 지역사회개발학과의 김도훈군과 김봉관군에게도 고마움을 표한다.

1999년 8월
내리동 연구실에서
저자

차 례

제 1 편
지역개발의 의의

제 2 편
지역개발이론

제 3 편

지역개발전략

제 4 편

우리나라의 국토 및 지역계획

제 1 편

지역개발의 의의

| 제 1 장 |

지역개발의 의의와 성격

1 지역개발의 의의

지역개발은 다양한 뜻으로 사용되고 있지만 지역과 개발이라는 두 단어가 합성되어 이루어진 용어로서 '국가의 하위 공간단위를 국가 · 사회적 목표에 따라 바람직한 방향으로 유도하기 위한 일련의 노력'으로 정의할 수 있다. 그리고 지역개발을 체계적으로 추진하기 위하여 수립하는 계획을 지역계획이라 한다. 지역개발학은 바로 지역발전의 과정을 분석하고 지역개발을 효과적으로 추진할 수 있는 방법을 연구하는 학문분야라고 정의할 수 있다.

일반적으로 지역개발은 지역의 발전을 도모하는 의도적인 노력으로 이해할 수 있으나 지역개발의 보다 구체적인 개념은 사용하는 사람에 따라 항상 같은 것은 아니며 나라에 따라 사용되는 용어도 일치되지 않고 있다. 지역개발의 개념정의가 학자들 사이에서 명쾌하게 동의되지 못하는 근본적인 이유는 지역개발을 구성하고 있는 지역이라는 개념자체가 분명하게 정의되지 못할 뿐 아니라 개발이라는 용어도 동적이며 다의적인 뜻을 가지고 있기 때문이다. 여기서 지역과 개발의 개념을 보다 구체적으로 살펴보자.

1. 지역의 개념과 구분

지역과 개발이라는 두 용어가 다 정의하기 쉬운 것은 아니지만 무엇보다도 지역개발의 개념을 정의하기 어려운 본질적인 이유는 지역의 개념이 매우 다양한 뜻으로 사용되고 있기 때문이다. 피터 홀(Peter Hall, 1992)이 지적한 바와 같이 지역이라는 개념은 많은 학자들이 서로 다른 뜻으로 사용하고 있어 통일된 개념 정의가 이루어지지 못하고 있는 실정이다. 그러나 어떤 형태로든지 지역에 대한 개념 정의는 이루어져야 할 것인 바 먼저 지역의 의미에 대한 여러 학자들의 다양한 견해를 살펴보고 이를 토대로 지역의 개념을 체계적으로 정리해 보자.

국제경제학에서의 지역은 세계화된 경제체제의 하위단위로서 몇 개의 국가를 포함하는 광범위한 공간영역을 의미한다. 그러나 일반적으로 지역개발에서 의미하는 지역은 국제경제학에서 의미하는 지역의 개념보다는 그 공간적인 범위가 좁아서 국가내의 일정한 하위 공간단위를 의미한다. 그러나 국가의 하위 공간단위라 하더라도 모두가 지역의 개념에 포함되는 것은 아니고 일정한 조건을 갖춘 공간단위만을 지칭하는데 이와 관련된 학자들의 견해를 살펴보면 다음과 같다.

먼저 자만스키(Czamanski, 1973)는 영역(area)과 지대(zone) 그리고 지역(region)은 서로 구분할 수 있는 개념이라고 하고 그 중 영역은 2차원 공간상의 한 부분, 지대는 주변의 공간과는 다른 특징을 가지고 있는 영역, 그리고 지역은 '포괄적이고 독자적으로 기능을 할 수 있는 국가경제내의 한 영역'으로 정의하고 있다. 브렌치(Branch, 1988)는 지역의 개념은 비교적 명백하게 정의될 수 있다고 주장하면서 '자연에 의하여 형성되거나 서술, 분석, 관리, 또는 기타의 목적을 위하여 인간에 의하여 구별되어지는 하나 또는 그 이상의 공통적인 특성을 가진 비교적 넓은 규모의 공간'으로 정의하고 있다. 한편 펄로프(Perloff, 1960) 등은 '공통적인 또는 상호보완적인 특성을 가졌거나 또는 광범위한 지역간 활동의 흐름으로 묶인 지리적으로 연속된 공간범위'로 정의하고 있다.

프랑스 경제학자인 부드빌(Boudeville, 1966)은 지역을 크게 동질지역(uniform or homogeneous region), 결절지역(nodal or polarized region), 그리고 계획지역(planning or programming region)의 세 가지로 구분하고 동질지역은 공통적인 특성을 기준으로 구분한 공간영역, 결절지역은 기능적인 상호의존성을 기준으로 구분한 공간영역, 그리고 계획지역은 지역경제 내지 지역정책의 목적을 효과적으로 달성하기 위하여 의도적으로 구분한 공간영역이라고 정의하였다. 그리고 한센(Hansen, 1968)은 지역을 혼잡에 따른 사회적 비용과 효용을 토대로 혼잡지역(congested region), 중간지역(intermediate region), 낙후지역(lagging region)의 세 가지로 구분하였다.

한편 클라센(Klaassen, 1980)은 성장률과 소득의 두 가지 지표를 이용하여 지역을 다음과 같이 번성지역(prosperous region), 발전 도상에 있는 저개발지역(underdeveloped region in expansion), 잠재적 저개발지역(potentially underdeveloped region), 저개발지역(underdeveloped region)네 가지로 구분하고 있다.

표 1-1 클라센(Klaassen, 1980)의 지역구분

전국성장률에 대한 지역성장률	전국 평균소득에 대한 지역 소득수준	
	높음(≥ 1)	낮음(< 1)
높음 (≥ 1)	번성지역	발전중인 저개발지역
낮음 (< 1)	잠재적 저개발지역	저개발지역

이상에서 살펴본 바와 같이 지역은 학자들에 따라 다양하게 정의되고 있는데 이들을 종합하며 크게는 경제적인 측면과 행정적인 측면에서 정의할 수 있다.

(1) 경제적인 측면에서의 정의

지역은 경제적인 측면에서도 여러 가지로 뜻으로 사용되는데 크게는 도시권, 동질공간, 그리고 개별 도시와 농촌의 개념으로 정의된다. 지역이 앞의 두 가지 뜻으로 사용될 때 영어로는 Region으로 표현된다.

도시권의 개념: 결절지역(Nodal Region)

지역은 경제적인 측면에서 먼저 도시권의 개념으로 사용된다. 여기서 도시권이라 함은 어떤 특정한 도시의 경제적인 영향이 미치는 공간적인 영역을 의미한다. 즉 도시권은 특정한 도시와 경제적 · 기능적으로 밀접한 관계를 맺고 있는 주변 농촌과 도시를 포괄하는 공간영역을 의미한다. 1961년 처음으로 지역계획(regional planning)을 하나의 독립된 학문분야로 인식하고 이를 미국 MIT대학에서 강의하기 시작한 프리드만(Fried-mann)은 지역을 '국토의 일부분이면서 도시를 포함하는 광역적 공간단위'(sub-national space and supra-urban space)를 의미한다고 하였다.[1] 따라서 프리드만은 지역을 바로 도시권의 개념으로 사용하고 있다고 볼 수 있다. 앞에서 언급한 프랑스의 경제학자인 부드빌(Boudeville, 1966)이 정의한 결절지역(nodal region)의 개념도 도시권과 같은 개념이다. 그리고 자만스키의 정의도 대체로 도시권과 맥락을 같이 한다고 볼 수 있다.

도시권의 대표적인 예는 미국의 대도시지역(metropolitan area)를 들 수 있다. 이는 어떤 중심도시(central city)와 이 도시로 출퇴근하는 인구가 많이 거주하는

1) J. Friedmann and C. Weaver. 1979. *Territory and Function: The Evolution of Regional Planning*, Berkely & Los Angeles: University of California Press, p.119 참조.

인근 소도시와 농촌을 포괄하는 공간 영역을 의미하는 것으로 도시권의 대표적인 사례이다.

도시권의 또 다른 예를 들면 우리나라의 수도권이 이에 해당한다고 볼 수 있다. 수도권은 수도 서울과 서울의 직접적인 영향력이 미치는 인천과 경기도를 포함한 공간영역이다. 수도권은 국토의 일부분이면서 그 속에 서울이라는 중심도시를 포함하는 지리적으로 연속된 비교적 넓은 공간영역이므로 도시권에 해당한다고 볼 수 있다.

지역을 이와 같은 도시권의 개념으로 정의할 때는 개별 도시나 농촌에 초점을 맞춘 것이 아니라 특정한 도시를 중심으로 주변 농촌과 다른 도시를 포괄하는 광역적 공간영역에 초점을 맞추고 있다. 지역을 이와 같이 정의하는 데는 그만한 이유가 있다. 그것은 도시와 농촌 그리고 도시와 도시는 기능적으로 밀접한 보완적인 관계가 있기 때문에 이들을 독립적인 별개의 공간단위로 보고 개발하는 것은 바람직하지 못하며, 먼저 이들이 기능적으로 밀접한 관계를 맺고 있는 전체 공간영역을 대상으로 개발하고 개별 도시와 농촌은 이를 기초로 개발하는 것이 바람직하기 때문이다. 지역이 이와 같은 도시권의 개념으로 사용되면 지역개발은 개별도시를 대상으로 하는 도시개발이나 농촌개발에 대한 상위개발의 성격을 갖게 된다.

동질공간의 개념: 동질지역 (Uniform Region)

앞의 여러 학자들이 제시한 바와 같이 지역은 동질공간의 개념으로 사용될 수 있는데 동질공간은 '하나 또는 다수의 공통적인 특성에 의하여 다른 공간영역과 구분되는 지리적으로 연속된 공간영역'이다. 브렌치가 제시하고 있는 지역의 개념과 부드빌이 구분한 동질지역(uniform region)이 바로 이와 같은 개념이다. 여기서 동질지역을 구분하는 기준은 소득, 산업구조, 인구밀도, 부존자원의 종류 등이 될 수 있다. 예를 들면 산업구조를 중심으로 했을 때 호남지역은 농업이 주산업이라고 하는 측면에서 동질지역이라고 할 수 있으며, 동남해안지역은 공업이 주된 산업이라는 측면에서 역시 동질지역이라고 할 수 있다. 또한 강 유역을 중심으로 했을 때 한강유역은 동일한 수계라는 측면에서 일종의 동질지역이라고 볼 수 있다. 이 경우 지역개발은 특정한 기준을 중심으로 구분되는 개개의 동질지역을 대상으로 하는 것이 효과적이고 바람직한 경우가 많다.

이상의 두 가지 개념, 즉 도시권(결절지역)과 동질적 공간영역(동질지역)이 가장 전통적인 지역(region)의 개념이라고 할 수 있다. 다음에 설명할 개별 도시와 농촌지역과 구별하여 이와 같은 개념의 지역은 협의의 개념으로서 광역지역 또는 광역권을 의미한다고 할 수 있다.

그런데 지역이 이 두 가지 개념으로 사용되고 있는 것은 국토공간이 왜 개개의 서로 다른 지역으로 분화, 발전되느냐에 관한 시각의 차이와 밀접한 관련이 있다.[2] 지역을 도시권 중심으로 정의하는 이유는 2차원의 공간이 서로 상이한 개개의 지역단위로 분화, 발전되는 것은 도시의 형성과 발전 그리고 분포가 가장 직접적인 영향을 미친다고 보기 때문이다. 그리고 도시와 농촌, 도시와 도시는 경제·사회적으로 밀접한 보완적 관계를 유지하고 있기 때문에 지역전체의 발전을 위해서는 도시와 농촌, 도시와 도시를 하나의 개발단위로 묶어 개발하는 것이 이상적이라는 이유도 지역을 도시권 중심으로 이해하는 중요한 이유이다. 반면에 지역을 동질성을 기준으로 파악하고자 하는 본질적인 동기는 대체로 지표상에 부존되어 있는 자원의 종류와 성질 등은 장소에 따라 다르며 이 차이는 사회, 경제 그리고 문화의 공간적 분화를 야기하여 그 특성이 서로 상이한 지역들을 형성, 발전시키게 된다는 관점에서 출발한다.

개별 도시(Urban Area) 와 농촌(Rural Area)의 개념

지역이 도시권이나 동질지역의 경우와 같이 협의의 개념으로 사용되면 사실상 개별 도시와 농촌은 제외된다. 그러나 지역이 보다 넓은 뜻으로 사용되면 앞에서 언급한 도시권이나 동질공간 뿐만 아니라 개별 도시(urban area)와 농촌(rural area)을 의미하기도 한다. 도시권이라 하더라도 사실상 이를 구성하는 요소는 크게 도시와 농촌이라고 할 수 있기 때문에 지역이 광의로 해석될 때는 도시권과 함께 이들의 구성요소인 개별 도시와 농촌도 포함될 수 있다[3]. 지역의 개념을 정의하는 데 있어서 개별도시와 농촌을 제외하거나 포함하는 것은 당위성이 있어서라기보다는 학문분야의 한계를 설정하는 것과 관계가 있다. '지역개발'을 '도시개발'이나 '농촌개발'과 구분할 경우 지역개발의 연구대상을 보다 넓은 공간영역인 광역지역(region)으로 한정할 필요가 있기 때문이다.

---

2) C. M. Weaver. 1991. "Urban Systems Theory and Third World Development: A Review," Journal of Urban Affairs, Vol.13. No.4, pp.419-441.

3) 영어에서는 도시권이나 동질적 공간영역이 region으로 표현되는 반면 개별 도시와 농촌은 area로 구별하여 표현된다.

(2) 행정적인 측면에서의 정의

지역이 경제적인 측면에서만 정의되는 것이 아니라 행정구역을 기준으로 정의되는 경우가 있다. 이 경우에 지역은 다음의 두 가지 개념으로 사용된다.

■ 광역행정구역의 개념

지역이 행정구역과 관련되어 정의될 때 다수 지방정부의 행정구역을 포괄하는 공간영역을 의미하는 경우가 있다.[4] 예를 들어 영국의 경우 다수의 지방정부 행정구역에 걸치는 공간영역을 대상으로 지역계획을 수립하고 있는데 이 경우 지역은 바로 광역행정구역을 뜻한다. 길링워터와 하트(Gillingwater & Hart, 1979)는 지역계획을 국가와 지방적 차원에서의 행정수준에서 작동하는 계획과정, 즉 중앙정부와 지방정부의 중간적 수준에서 개발을 추진하는 틀로 정의하고 있는데 여기서 지역은 다수의 지방정부 행정구역을 포괄하는 공간영역을 의미한다고 보아야 할 것이다. 그래슨(Glasson, 1992)도 지역을 이와 같은 개념으로 사용하고 있고 외국의 경우 특히 2단계 행정조직구조를 취하고 있는 나라들에서는 지역을 대체로 이와 같은 개념으로 파악하는 경우가 많다.

앞에서 언급한 광역도시권이나 동질공간은 실제로 다수의 지방정부 행정구역을 포괄하는 경우가 많다. 그리고 공간상에서 발생하는 사회·경제적인 문제는 다수 지방정부의 행정구역에 걸쳐서 발생하는 경우가 많고 이를 해결하기 위하여 지방정부의 행정구역을 포괄하는 공간영역을 하나의 단위로 묶어 개발과 계획활동을 하는 경우가 많이 있다. 예를 들면 동일한 수계라는 측면에서 일종의 동질지역이라고 볼 수 있는 낙동강 유역은 여러 지방자치단체의 행정구역에 걸쳐 있다. 그런데 낙동강 수계의 수자원개발이나 수질관리를 하는 경우 낙동강 수계전체를 하나의 개발 또는 계획단위로 하는 것이 바람직하고, 이때 중앙정부가 개발과 관리에 적극 관여하거나 각 지방정부가 공동으로 관여하는 현상이 나타나게 된다. 또 다른 예를 들면 영국의 중서부지역은 과거 산업혁명 당시부터 섬유산업이 지역의 주된 산업이었는데 현대에 들어오면서부터 섬유산업이 사양화함에 따라 많은 실업문제가 발생하게 되었다. 그런데 섬유산업은 특정한 지방정부에 국한되어 발전된 산업이 아니라 여러 개의 지방정부에 걸쳐 발달하였기 때문에 이와 같은 지역의 실업문제도 여러 지방정부에 걸치

4) 김용웅. 1994. "외국의 지역계획제도 특징비교: 영국, 프랑스 및 일본제도를 중심으로," 국토연구, 제21권, pp.41-62.

는 광역적인 문제의 성격을 띠게 되었다. 이 문제를 효과적으로 해결하기 위해서 중앙정부가 적극적으로 관여하게 되었고 이를 지역계획이라 이름하였다.

이와 같이 행정구역을 기준으로 했을 때 지역은 다수의 지방정부 행정구역을 포괄하는 공간영역을 의미하는 경우가 있다. 지역이 이 개념으로 사용되면 지역개발은 둘 이상의 지방정부 행정구역을 포괄하는 공간영역을 대상으로 하는 개발을 의미하고 지역계획은 이 공간영역을 대상으로 한 계획을 의미한다.

■ 개별 행정구역의 개념

지역이 행정구역과 관련되어 넓은 의미로 사용될 때는 앞에서 언급한 광역행정구역의 개념 이외에 시나 군과 같은 개별 지방정부의 행정구역을 의미하기도 한다. 이 경우 지역개발은 각 지방정부가 그 행정구역내의 공간영역을 대상으로 추진하는 개발을 의미하게 된다. 경우에 따라 이와 같은 공간영역을 지방이라 하고 이를 대상으로 하는 개발방식을 지방개발(local development)이라고 한다. 우리나라에 있어서 지방자치가 본격적으로 시행되고 있는 요즈음 지역개발을 이와 같은 개념으로 사용하는 경우가 많이 있다. 피터 홀(Peter Hall, 1992)은 지역계획을 국가적 지역계획과 지방적 지역계획의 두 가지로 구분하고 있는데 이 지방적 지역계획의 대상 공간은 바로 지방정부의 자치행정구역을 의미한다. 따라서 지역을 협의로 정의할 때는 광역행정구역을 의미하나 광의로 정의할 때는 개별 자치단체의 행정구역도 포함하게 된다.

(3) 계획권역

지역개발을 효과적으로 추진하기 위하여 의도적으로 설정한 공간영역을 계획권역 또는 계획지역(planning region)이라 한다. 예를 들어 제1차 국토종합계획 때 설정한 수도권, 태백권 등의 권역과 제2차 국토종합계획 때 설정한 수도권, 동남권, 중부권, 서남권 등이 계획권역에 해당된다. 계획권역을 설정하는 방법은 계획의 목적과 성격 그리고 대상지역의 특성 등에 따라 달라지나 광역도시권 또는 동질지역을 기준으로 하되 행정구역을 고려하는 경우가 일반적이다.

2. 개발의 개념

개발(development)도 지역의 경우와 마찬가지로 다양한 의미로 사용되어 그 개념을 명확히 규정하기 어려운 문제점이 있다. 그러나 개발은 크게 양적인 성장과 질적인 변화를 의미한다. 여기서 개발의 의미를 보다 구체적으로 살펴보자.

(1) 성장

개발은 우선적으로 성장을 의미한다. 이는 경제가 성장하여 생산, 소비, 고용, 소득의 양적인 증가를 이루는 것을 의미한다. 따라서 지역개발은 지역의 생산이나 소비 그리고 고용과 소득이 전반적으로 증가하는 것을 의미한다. 이는 지역개발의 가장 중요한 의미의 하나이다. 제2차 세계 대전이 끝난 후인 1950년대부터 선진국과 후진국을 포함한 세계 각국은 경제성장을 가장 중요한 목표의 하나로 선정하여 경제개발을 추진하였는데 이와 같은 시대적 상황에 따라 지역경제성장이 지역개발의 가장 중요한 목표로 자리잡게 되었다.

(2) 분배

이는 성장의 효과가 계층과 지역간에 골고루 확산되도록 하는 것을 의미한다. 즉 소득이나 생산을 계층간·지역간에 골고루 분배하는 것을 의미한다. 세계 각국이 1950년대부터 고도의 경제성장을 추진해 온 과정에서 계층간·지역간 불균형이 발생하는 경우가 많았다. 따라서 분배의 문제도 매우 중요한 국가적인 과제가 되었고 개발의 개념 속에는 분배의 의미가 중요하게 포함되게 되었다.

(3) 환경보존

개발은 환경보존과 대응되는 개념으로 사용되는 경우가 있다. 그러나 환경을 고려하지 않는 개발은 매우 곤란할 뿐만 아니라 그 의미도 반감된다고 할 수 있다. 따라서 개발의 개념에 환경보존을 포함시키는 것이 최근의 동향이다.

(4) 질적인 변화

이는 사회경제구조의 변화, 의식구조의 변화, 행태개선 등을 통하여 전반적인 삶의 질을 향상시키는 것을 의미한다.

2 지역개발의 성격

1. 지역개발의 성격

앞에서 지역개발의 개념에 관하여 살펴보았다. 지역개발을 이와 같이 정의할 때 다음과 같은 여러 가지 특성을 갖게 된다.

국토의 일정한 공간영역을 대상으로 한다

앞에서 설명한 바와 같이 지역개발의 대상이 되는 지역의 단위는 국토 전체보다는 작고 지역사회보다는 넓은 특징을 갖는다.

장소의 개발을 강조한다

장소(place)는 인간활동의 중심지이다. 인간은 특정한 장소를 중심으로 생활하면서 사회적 · 경제적 관계를 가지기 때문이다. 따라서 장소의 속성은 인간의 복지수준에 영향을 미치기 때문에 지역개발은 장소의 개발을 통해서 궁극적으로 인간의 복지증진을 도모한다.

목적이 다양하다

지역개발의 목적은 다양하다. 성장, 배분, 환경보존, 그리고 인간의 행태개선까지 포함하여 그 목적이 다양한 것이 특징이다.

종합개발이다

지역개발은 목적이 다양하기 때문에 다루는 내용도 다양하다. 경제적 · 물리적 시설을 비롯하여 사회개선의 내용까지 광범위한 영역을 포함하고 있다. 물론 경우에 따라 어느 한 분야만을 대상으로 개발을 추진하는 경우도 있으나 모든 분야를 포함하는 종합개발의 성격이 강하다.

주체의 다양성이다

지역개발은 정부, 민간기업, 주민의 세 주체에 의하여 추진된다. 이들이 담당하는 영역은 개발의 내용과 성격에 따라 달라지나 전통적으로는 국가나 지방정부가 가장 중요한 역할을 담당하여 왔다. 그러나 근래에 들어 정부부문뿐만 아니라 민간기업과 주민들의 역할이 강조되고 있다. 경우에 따라 개발 주체들이 협력하여 공동으로 개발사업을 추진하는 사례도 많이 있다.

■ 의도적인 변화의 노력이다

지역개발은 단순히 현상을 설명하거나 기술하거나 예측하는 데 그치지 않고 기존의 이론을 현실에 응용하여 현실을 바람직한 방향으로 개선하는 것을 추구한다.

2. 지역개발과 다른 개발방식의 비교

공간을 다루는 개발에는 지역개발 이외에 지역사회개발, 경제개발, 도시개발, 농촌개발이라는 다양한 종류의 개발방식이 있다. 이와 같은 다양한 개발방식에는 어떠한 차이점이 있는가를 살펴보자.

(1) 지역개발과 지역사회개발

■ 개발 대상 공간

지역개발의 대상공간은 지역이고 지역사회개발의 대상공간은 지역사회인데 일반적으로 지역의 공간영역은 지역사회보다 넓다. 앞에서도 언급한 바와 같이 지역의 공간영역은 수도권, 경상북도, 유역 등과 같은 광역적인 공간영역과 시와 군과 같은 지방정부의 지리적 영역을 포함한다. 이에 비하여 지역사회의 공간영역은 리, 동 등과 같이 좁은 것이 일반적이다. 물론 교통, 통신의 발달에 따라 지역사회의 범위도 점차 확대되는 경향이 있기는 하지만 일반적으로 지역사회의 최대범위는 시와 군과 같은 지방정부의 지리적 영역이 된다.

■ 개발 주체

지역개발의 주체는 크게 정부, 민간기업, 주민의 세 가지이다. 그리고 지역사회개발도 이 세 주체에 의하여 추진된다. 그러나 지역개발은 주로 국가나 지방정부가 개발의 추진주체가 되는 경우가 많은 데 비하여 지역사회개발은 지역주민이나 이들에 의하여 조직된 민간조직인 경우가 많다. 이러한 의미에서 지역개발을 하향적 개발방식, 지역사회개발을 상향적 개발방식이라고도 한다. 그러나 이 차이는 정도의 문제이지 그렇게 명확히 구분된다는 것은 아니다.

개발 영역

지역개발이나 지역사회개발이나 그 다루는 영역은 경제, 사회, 물리적 환경 등과 같이 다양하다. 따라서 이를 종합개발이라 한다. 그러나 그 다루는 영역에 있어서 지역개발은 경제개발과 물적개발이 강조되고 지역사회개발은 사회개발과 인적개발, 그리고 경제개발 등이 강조된다.

각종 제도

지역개발은 국가나 지방정부가 개발의 주체인 경우가 많고 예산도 정부에서 지원되는 부분이 많다. 그리고 사업을 추진함에 따라 주민들의 재산권이 영향을 받는 경우가 많기 때문에 계획기관, 집행기관, 개발관련법규 등이 제도적으로 확립되어 있다. 이에 비하여 지역사회개발은 주민이 개발의 주체가 되면서 예산도 주민들의 자금으로 추진하는 경우가 많기 때문에 각종 법규, 계획기관, 그리고 집행기관 등이 제도적으로 미확립된 경우가 많다.

(2) 지역개발과 경제개발

두 가지 개발은 원래 2원적이던 것이 점차로 1원적인 것으로 통합되는 경향이 있다. 지금은 중앙정부차원에서 명시적인 경제개발계획을 수립하지는 않지만 우리나라의 경제개발계획은 1962년에 제1차 경제개발 5개년 계획이 처음으로 수립되었다. 그후 1982년부터 시작된 제5차 계획 때부터는 경제 · 사회발전계획으로 개칭하여 사회개발부문을 도입하였다. 그리고 1987년의 제6차 경제 · 사회발전계획부터는 지역개발 부문을 도입함으로써 지역개발과 경제개발은 통합되어 가는 경향이 있다. 그러나 두 종류의 개발은 다음과 같은 측면에서 차이가 있다.

개발의 단위

우선 개발의 단위가 지역개발은 지역이라는 국토의 일부분이 되는 반면 경제개발은 국가를 하나의 개발단위로 본다.

개발의 내용

내용적인 측면에 있어서 지역개발은 상대적으로 물리적 성격이 강한 반면 경제개발은 화폐적 성격이 강하다.

능률성과 형평성

두 종류의 개발방식 모두 능률성과 형평성이 강조되기는 하지만 지역개발은 형평성을 강조하는 반면 경제개발은 능률성을 강조한다.

개발 지표

지역개발에서는 지역의 산업구조, 기반시설, 지역소득, 지역간 소득격차 등이 개발의 중심적인 지표로 활용되고 있지만, 경제개발에서는 국민총생산, 1인당 국민소득, 대외수출입 구조 및 물량, 총량적인 저축과 투자 등이 개발의 지표가 된다.

(3) 지역개발과 사회개발

사회개발은 경제개발과정에서 나타나는 사회문제에 대한 해결책을 모색하고 장기적으로는 살기 좋은 사회를 이루어 나가는 종합적인 개발과정을 의미한다. 일반적으로 사회개발은 산업화 과정에서 초래된 제반 사회문제, 즉 고용문제, 교육문제, 환경문제, 의식구조의 문제, 그리고 비공식 노동문제 등에 관심을 갖는다. 따라서 두 가지의 개발은 중복되는 영역이 많이 있으나 강조하는 점에서 차이가 있다.

우선 지역개발은 장소의 번영(place prosperity), 특히 낙후지역의 전반적인 발전을 강조한다. 그러나 장소의 번영이 주민의 복지수준을 균형화하는 것은 아니다. 이에 비하여 사회개발은 주민의 번영(people prosperity)을 강조하는 경향이 있다. 즉 사회개발은 저소득계층, 실업자, 소외계층 등에 도움을 주어 주민들의 복지수준의 균등화를 도모하는 것을 목적으로 한다. 그러나 양자는 배타적인 관계가 아니고 보완적인 관계를 가진다. 장소의 번영 없는 주민 복지수준의 향상이란 공허한 것이 되기 쉽고, 주민 복지수준의 개선이 없는 지역의 성장 역시 바람직하지 못하기 때문이다.

(4) 지역개발과 도시개발 및 농촌개발

앞에서 언급한 바와 같이 광의의 지역은 도시와 농촌을 포함하는 개념이므로 지역개발은 도시개발과 농촌개발을 포함한다. 그러나 지역을 협의로 정의할 때의 지역 개발은 광역적인 도시권 또는 동질공간을 대상으로 하는 개발을 의미한다.

| 제 2 장 |

지역개발의 목표와 추진원리

1 지역개발의 목표

지역개발의 목표는 각국이 처한 상황과 지역의 성격에 따라 매우 다양하다. 그러나 세계 여러 나라의 사례를 살펴보면 지역개발의 일반적인 목표는 개발의 개념에서 언급한 바와 같이 지역간 불균형 해소, 국가 경제발전, 지역주의 문제해결, 환경보전 등이라고 할 수 있는 바[5] 이를 구체적으로 살펴보자.

1. 지역간 불균형 해소: 형평성(equity)

지역간 불균형 해소는 낙후지역의 발전을 유도하는 한편 과도하게 성장하는 지역의 성장을 억제함으로써 지역간의 균형적인 발전을 도모하는 것을 의미한다. 지역개발이 개발도상국을 비롯하여 세계 각국의 관심을 끌게 된 것은 1950~1960년대라고 할 수 있다. 이 시기는 개발의 시대라고 일컬을 정도로 세계 각국이 경제개발에 국력을 집중하던 시대이다. 이 시기에는 과거 선진국의 식민지로 있던 국가들이 정치적인 독립을 이루었다. 그러나 이러한 신생독립국들이 정치적으로는 독립하였지만 경제적으로는 아직 독립을 하지 못하여 경제성장이 국가적인 과제로 등장하였었고 선진국은 나름대로 제2차 세계대전 이후의 경제복구를 위해 국가경제개발에 국력을 기울이게 되었다. 그리하여 이 시대에는 세계경제가 비약적인 발전을 이룩하게 되었다. 그러나 이 과정에서 여러 가지 부작용이 발생하게 되었는데 그 가운데 하나가 지역간의 경제적 불균형 문제였으며, 이를 해결하는 것이 대단히 중요한 과제로 등장하게 되었다.

5) 우리나라 국토기본법 제2조에는 국토관리의 기본 이념으로 지역 간 균형발전, 지역의 경쟁력 향상, 주민의 삶의 질 개선, 지속가능한 발전으로 규정되어 있다.

이론적인 측면에 있어서도 스웨덴의 경제학자인 미르달(Myrdal, 1957)과 미국의 경제학자인 허쉬만(Hirschman, 1958)은 자유시장경제 체제가 개인간 그리고 지역간의 경제적 격차를 야기하게 되었다고 주장하면서 지역간에 발생하는 경제적 격차를 완화하기 위해서는 정부의 역할이 불가피하다고 주장하였다. 즉 그들은 정부의 간섭 없이는 자유시장경제체제가 지역간의 균형성장을 달성하는 데 실패하기 때문에 정부가 이와 같은 시장의 실패를 방지하여야 한다고 주장하였다. 이들이 주장하였던 불균형 지역경제성장이론은 사실상 지역개발의 이론적 출발점이 되었다고 해도 과언이 아니다.

경제성장과정 중에 문제지역이 발생하게 되는데 이와 같은 문제지역은 크게 낙후지역(backward regions), 침체지역(developed regions in recession) 그리고 과밀지역(excessive growth and concentration)으로 구분된다. 낙후지역은 소득수준이 낮고 인구는 과잉상태에 있는 지역을 의미하는데 전통적인 농업이 지배적인 산업구조를 보이는 경우가 많다. 우리나라의 경우 강원도, 경북북부, 서부경남, 호남일부는 낙후지역으로 평가되고 있다. 낙후지역은 반드시 후진국에서만 볼 수 있는 현상이 아니고 선진국에도 많이 있다. 미국의 애팔레치아산맥 동부, 이탈리아 남부, 캐나다의 북동부지역 등이 이에 속한다. 침체지역은 한때 산업화된 지역이었지만 현재는 경제적으로 쇠퇴하고 사양화하여 지역 전체가 침체를 겪고 있는 지역으로 몇몇 산업에 지나치게 의존성이 높은 지역에서 주로 발생한다. 그리고 과밀지역은 인구와 산업의 과도한 집중으로 문제가 되는 지역으로 공공서비스의 질이 낮고, 지방자원의 과도한 이용으로 쾌적성의 상실, 환경파괴, 생활의 질이 저하되는 현상을 나타낸다.

2. 국가의 경제발전: 효율성(efficiency)

지역개발에 있어서 형평성 못지 않게 중요한 목표 중의 하나는 국가의 경제발전이다. 특히 성장 과정에서 소외된 낙후지역을 중심으로 모든 지역의 경제발전을 도모함으로써 궁극적으로 국민경제의 발전을 도모하는 것이 지역개발의 중요한 목표의 하나로 꼽히고 있다. 주로 자원개발을 통하여 국가경제성장을 도모했던 미국의 TVA사업, 이를 모태로 한 우리나라의 유역개발사업, 그리고 우리나라의 포항, 울산, 구미 등과 같은 공업도시들은 국가경제발전을 도모하기 위하여 추진된 지역개발사업들이다.

3. 삶의 질 향상

지역주민들의 삶의 질(quality of life)을 향상시키는 것도 지역개발의 중요한 목표이다. 이는 지역 주민들에게 고용기회를 제공하고 소득을 향상시키며 교육, 문화, 의료 등 각 종 서비스를 향유할 기회를 제공함으로써 주민들이 최소한의 인간다운 삶을 영위하도록 하는 것을 의미한다. 과거 1950년에서 1960년대에 이르는 개발의 시대에 있어서 개발은 국민 또는 주민들의 1인당 소득을 향상키는 것으로 정의되었는데 1970년대 들어 이 지표만으로는 보다 의미 있는 국가 또는 지역발전이 이루어질 수 없고 국민 또는 주민들의 인간적인 삶을 영위할 수 있는 보다 다양한 지표가 포함되어야 한다는 인식에 따라 1970년대 이후 새롭게 정립된 개발의 목표이다.

4. 지속가능성 확보

지역개발과 환경보존은 대립적인 관계로 파악되는 경향이 있다. 사실상 과거에는 개발이 환경의 보존이나 보전에 관심을 두지 않았기 때문에 두 가지 개념은 대립적인 것으로 인식되었다. 그러나 1970년대 이후 환경문제의 중요성이 널리 인식되면서 개발에 있어서도 환경보전이 매우 중요한 목표의 하나로 자리 잡게 되었다. 지속가능한 발전(ESSD), 환경친화적 지역개발은 이러한 경향을 반영하는 전략개념이다. 오늘날에 있어 지역개발의 중요한 목표는 환경보존과 개발을 어떻게 조화시킬 것인가 하는 데 있다.

5. 지역주의 문제해결

지역주의는 사람에 따라 다양한 의미로 사용되고 있는데 대체로 지역의식 또는 지역애착주의로 표현할 수 있다. 현대에 들어 지역주의는 부정적인 의미로 많이 사용되고 있으나 지역발전에 있어서는 긍정적인 효과도 있다. 그러나 문제는 지역주의가 지역이기주의(regional egoism)로, 더 나아가 지역적대주의(regional antagonism)로 악화되는 경우이다. 이 문제는 지역간의 격차문제와도 관련이 있는데 영국의 경우는 잉글랜드와 변방(Celtic Fringes: Scotland, Wales, Northern Ireland)간, 이태리는 남북간의 지역주의를 완화하는 것이 지역개발의 중요한 목표이다.

2 지역개발의 추진원리

지역개발은 어떤 특별한 이념이나 추진원리를 토대로 앞에서 설명한 목표를 달성하기 위하여 노력하게 된다. 지역개발이 지향하는 추진원리는 시간과 장소에 따라 변하는 것이지만 대체로 다음과 같은 사항들을 들 수 있다.[6]

효율성

효율성은 능률성과 효과성을 통합한 개념이다. 능률성은 단순히 비용과 편익의 비율이며 효과성은 목표의 달성도를 의미한다. 이러한 효율성은 민간부문에서 중요시되고 있지만 공공부문에서도 예외는 아니다. 국가 또는 지방정부는 한정된 자원으로 지역개발을 추진하여야 하기 때문에 효율성이 강조된다.

합법성

지역개발은 합법적인 테두리 내에서 이루어져야 한다. 현대 법치국가에서는 공공행정이 법을 무시하거나 초법적으로 이루어질 수 없는 것이다. 특히 지역개발은 그 성격상 정부의 예산이 투입될 뿐만 아니라 주민의 경제적 이해와도 밀접한 관계가 있기 때문에 법적인 토대 하에서 수행되어야 한다.

민주성

지역개발을 추진하는 절차에 있어서 민주성이 보장되어야 한다. 지역개발이 아무리 능률적으로 수행되어야 한다 하더라도 그 절차의 민주성은 보장되어야 하는 것이다.

형평성

형평성은 크게 수직적 형평성과 수평적 형평성의 두 가지가 있다. 수직적 형평성은 정부가 제공하는 서비스가 계층간에 공평하게 분배되는 것을 의미하고, 수평적 형평성은 지역간 또는 동일계층 내에서 공평하게 분배되는 것을 의미한다. 이 가운데 지역개발에서는 수평적 형평성을 더 중요시한다.

---

6) 박종화 · 윤대식 · 이종열. 1995. 지역개발론, 박영사, pp.28-31 참조.

대응성

지역개발은 지역주민의 만족도를 높이도록 추진되어야 한다. 그러므로 지방정부는 서비스를 제공할 때 항상 대상집단의 만족도를 염두에 두어야 한다.

자치성

지방자치시대에 있어서는 주민들의 다양한 개발수요에 부응할 수 있는 지방적 지역개발이 중요하며, 이를 위해서는 지방정부의 역할과 기능에 있어서 자율성이 강조된다. 그리고 이를 위해서는 지방재정도 강화되어야 한다.

환경성

경제성장 위주의 개발은 심각한 환경문제를 유발하는 문제점을 야기하였다. 그러나 앞으로는 개발에 있어서 환경을 고려하는 것이 중요하다.

| 제 3 장 |

지역개발의 내용과 유형

1 지역개발의 내용

하나의 독립된 학문분야로서 지역개발이 어떠한 내용을 다루어야 할 것인가에 대해서 다양한 의견이 제시되어 왔는데, 지역개발의 개념과 목표가 다양한 것과 마찬가지로 학자들에 의하여 제시되고 있는 지역개발의 내용 또한 다양하다. 그리고 그 내용은 나라와 지역에 따라서도 동일하지가 않다. 여기서 지역개발이 어떠한 내용을 다루어야 하는가에 대하여 몇몇 학자들의 견해와 우리나라의 경우를 살펴보자.

먼저 지역개발을 하나의 독립된 학문 분야로 발전시키는 데 큰 기여를 한 프리드만은 지역개발학의 중요한 영역으로 크게 공간조직(spatial organization), 도시화(urbanization), 그리고 지역성장(regional growth)의 세 가지 영역을 제시하였다. 그리고 위버(Weaver, 1991)는 프리드만이 제시한 지역개발의 영역을 더 축약하여 지구개발(area development)과 공간체계개발(spatial systems development)을 지역개발의 중요한 분야로 제시하였다.

한편 우리나라의 경우 국가균형발전 특별법과 국토기본법 등 지역개발 관련 법에 지역개발의 내용을 규정하고 있다. 먼저 국가균형발전 특별법에서는 지역발전의 정의와 관련하여 "지역 간의 균형 있는 발전과 상호 협력 증진을 통하여 주민 생활기반을 확충하고, 지역경제를 활성화함으로써 주민의 삶의 질 향상과 지역경쟁력을 강화하는 것"으로 규정하고 있어 주민 생활기반 확충과 지역경제 활성화를 지역개발의 주요 내용으로 제시하고 있다. 그리고 국토기본법에서는 지역개발의 주요 내용을 매우 세분화하여 제시하고 있다[7].

---

7) ① 국토의 현황 및 여건 변화 전망에 관한 사항, ② 국토발전의 기본 이념 및 바람직한 국토 미래상의 정립에 관한 사항, ③ 국토의 공간구조의 정비 및 지역별 기능 분담 방향에 관한 사항,

이상에서 설명한 학자들의 견해와 우리나라 지역개발 관련법의 규정을 중심으로 할 때 지역개발에서 다루어지고 있는 주요 영역은 지역경제개발, 정주체계개발, 자원개발, 사회간접자본개발, 사회개발, 환경보전의 6대 영역으로 구분할 수 있다. 여기서 지역경제분야는 지역개발이 다루어야 할 가장 중요한 내용으로 산업입지의 선정과 그 조성에 관한 사항을 비롯하여 기타 지역경제 발전에 관한 제반 내용을 포함한다. 그리고 정주체계는 도시와 농촌의 구조와 배치를 다루는 분야이며, 자원개발은 토지, 물, 기타 천연자원의 이용, 개발 및 보전에 관한 사항이 중요한 내용이 된다. 사회간접자본(social overhead capital)[8]은 생산활동이나 생활의 편리를 제고하기 위한 기반시설을 의미하는 것으로서 하부구조(Infrastructure)라고도 한다. 그리고 사회개발은 지역의 사회구조와 인간행태를 개선하는 일련의 개발노력을 의미한다. 그리고 환경보전은 환경오염을 방지하고 자원소비를 최소화함으로서 인간이 지속가능한 발전을 가능하게 하는 노력을 의미한다.

지금까지 지역개발의 영역에 관하여 언급하였는데 이는 고정적이라기보다는 국가나 지역적 여건에 따라 달라지고 시대적 상황에 따라서도 달라지는 가변적인 것으로 보아야 한다.

2 지역개발의 유형

1. 개발부문에 따른 분류

지역개발은 여러 가지 기준과 관점에 따라 달리 분류할 수 있다. 앞에서도 언급한 바와 같이 국토기본법계획법의 기준에 따르면 지역개발은 크게 6대 영

④ 국토의 균형발전을 위한 시책 및 지역산업 육성에 관한 사항, ⑤ 국가경쟁력 향상 및 국민생활의 기반이 되는 국토 기간 시설의 확충에 관한 사항, ⑥ 토지, 수자원, 산림자원, 해양자원 등 국토자원의 효율적 이용 및 관리에 관한 사항, ⑦ 주택, 상하수도 등 생활 여건의 조성 및 삶의 질 개선에 관한 사항, ⑧ 수해, 풍해(風害), 그 밖의 재해의 방제(防除)에 관한 사항, ⑨ 지하공간의 합리적 이용 및 관리에 관한 사항 ⑩ 지속가능한 국토 발전을 위한 국토 환경의 보전 및 개선에 관한 사항

8) 사회간접자본은 생산간접자본과 생활간접자본으로 구분된다. 기업이 생산활동을 원활히 하기 위해서는 공장이나 건물 그리고 기계 등과 같이 기업이 직접 투자해야 할 시설이 있지만 이외에도 공항, 도로, 항만, 철도와 같은 지원시설이 필요한데 이를 생산간접자본이라 한다. 그리고 주민들의 생활편리를 도모하기 위한 주택, 도로, 상·하수도 등의 시설을 생활간접자본이라 한다.

역으로 구분할 수 있는데 어떠한 부문 또는 영역을 개발하느냐에 따라 지역경제개발, 정주체계개발, 자원개발, 사회간접자본개발, 사회개발, 환경보전의 6대 영역으로 구분할 수 있다. 이와 같은 영역 가운데 어떤 특정한 부문에 한정하여 추진하는 지역개발을 부문별 개발 또는 단일목적개발(single-purpose development)이라 하고, 어떤 특정한 부분만을 대상으로 하지 않고 여러 부문 또는 모든 부문을 다 포함하는 경우를 종합개발(comprehensive development) 또는 다목적개발(multi-purpose development)이라 한다. 지역개발은 종합개발의 성격이 강한 것이 일반적이다.

2. 개발주체에 따른 분류

지역개발의 주체는 다양하다. 정부와 지역주민 그리고 경우에 따라 기업이 주체가 될 수 있고 이 주체들이 협력하여 개발을 추진할 수도 있다. 따라서 지역개발은 추진 주체에 따라 정부주도형, 주민주도형, 기업주도형, 그리고 협치형(governance) 등으로 구분할 수 있다. 지역개발은 이와 같이 다양한 주체에 의하여 추진될 수 있지만 법률과 제도적인 뒷받침이 필요하고 정부 재원이 투자된다는 측면에서 중앙정부와 지방정부가 가장 중요한 개발의 주체라고 볼 수 있다[9].

정부주도형 지역개발과 관련하여 피터 홀(Peter Hall, 1992)은 크게 국가적 지역개발(national regional development)과 지방적 지역개발(local regional development)의 두 가지 유형으로 구분하였다. 전자는 둘 이상의 지방자치단체 행정구역에 걸쳐있는 광역지역을 대상으로 중앙정부가 주체가 되어 추진하는 지역개발을 의미한다. 예를 들면 1930년대 미국 루즈벨트 대통령 시대 때 추진했던 테네시강 유역개발이나 우리나라의 4대강 유역개발, 그리고 제2차 국토종합계획의 수정계획에서 제시되었던 수도권, 중부권, 동남권, 서남권 개발은 중앙정부가 복수의 지방정부 행정구역을 대상으로 추진했던 국가적 지역개발이라 할 수 있다. 한편 후자는 지방자치단체가 그 행정구역내의 지역을 대상으로 추진하는 지역개발을 의미한다. 지방적 지역개발을 지방개발이라고 부르기도 한다. 우리나라의 경우 도개발이나 군개발과 같은 것은 지방적 지역개발에 속한다고 할 수 있다.

9) 지역사회개발의 경우 지역주민들이 가장 중요한 개발의 주체이다.

이와 같이 지역개발에 있어서는 중앙 및 지방정부가 중요한 역할을 담당하여 왔다. 그러나 최근에는 정부와 민간부문이 협력체제를 구축하여 지역개발을 추진하는 협치형 방식(governance system)이 중요한 방법론으로 주목을 받고 있다.

3. 대상지역에 따른 분류

그래슨(Glasson, 1975)에 따르면 지역개발은 개발 대상지역의 수에 따라서 지역 간 개발(inter-regional development)과 지역 내 개발(intra-regional de-velopment)의 두 가지 유형으로 구분할 수 있다. 전자는 둘 이상의 지역을 대상으로 중앙정부가 주체가 되어 추진하는 지역개발을 의미하고, 후자는 특정한 지역을 대상으로 한 지역개발을 의미한다. 지역 간 개발은 지역 간에 발생하는 소득격차, 실업률의 격차 그리고 생활수준의 격차를 완화한다든지 인구이동의 문제를 해결하는 것과 같이 주로 지역 간에 발생하는 문제를 해결하는 것을 목적으로 한다. 그리고 지역 내 개발은 특정한 지역의 발전을 도모하는 개발유형을 의미한다. 지역 간 개발은 그 성격상 지방정부보다는 중앙정부가 개발의 주체가 될 수밖에 없고 지역 내 개발은 각 지방정부가 개발의 주체가 될 수밖에 없다. 따라서 지역 간 개발은 국가적 지역개발과 그 맥락을 같이하고 지역 내 개발은 지방적 지역개발과 그 맥락을 같이하는 개발유형이라고 볼 수 있다.

4. 개발의 목적에 따른 분류

프리드만에 따르면 지역개발은 개발의 목적 또는 기능에 따라 배분적 개발(allocative development)과 혁신적 개발(innovative development)의 두 가지 유형으로 구분할 수 있다. 배분적 개발은 지역간의 불균형을 시정하기 위하여 자원의 효율적 배분을 추구하는 지역개발을 의미하고, 혁신적 개발은 특히 낙후지역을 중심으로 지역 전체의 개선과 발전에 관심을 가지는 지역개발을 의미한다. 배분적 개발은 그 성격상 다수의 지역을 대상으로 하며 중앙정부가 개발의 주체가 되는 것이 일반적이다. 이에 비하여 혁신적 개발은 그 성격상 특정한 지역이 그 대상이 되면서 지방정부가 개발의 주체가 될 수밖에 없다.

지금까지 지역개발을 개발의 주체, 대상지역의 수, 그리고 개발의 목적에 따라 구분하였는데 이는 각 유형의 지역개발이 가지는 특성을 각각 다른 측면에서 고찰한 것이라 할 수 있다.

5. 개발주체 및 강조부문에 따른 분류

스퇴르(Stöhr, 1981)는 지역개발의 유형을 하향적 개발방식(top-down development)과 상향적 개발방식(bottom-up development)의 두 가지로 구분하고 있다. 전자는 중앙정부 주도하에 상대적으로 규모가 큰 대도시와 공업을 중심으로 하여 지역을 경제적, 기능적으로 통합하는 것을 지향하는 개발방식을 의미하고, 후자는 지역주민과 지방정부의 주도하에 중소도시와 농업을 중시하면서 지역을 사회적, 정치적으로 통합하는 것을 지향하는 개발방식을 의미한다.

6. 계획집행의 강제성 여부에 따른 분류

지역개발은 국가 또는 지방정부가 개발과 관련된 일반적인 지침이나 방향만 제시하고 행정지도를 위주로 설정된 목표를 달성하고자 하는 경우와 개발의 목표 달성을 위하여 집행을 강제하는 경우가 있는데, 전자를 지표적 개발(indicative development), 후자를 강제적 개발(imperative development)이라 한다.

| 제 4 장 |

지역개발학의 발전과 학문적 성격

1 지역개발학의 발전 과정

지역개발은 1930년대 이후 중앙 및 지방정부에 의한 중요한 실천분야의 하나로 간주되어 왔는데 이것이 하나의 학문분야의 연구대상이 된 것은 1950년대 말부터라고 할 수 있다. 그리고 이 분야의 학문적 발전에 크게 기여한 학자로는 미르달(Myrdal), 허쉬만(Hirschman), 아이사드(Isard), 프리드만(Friedmann) 등을 들 수 있다. 먼저 미르달(Myrdal. 1957)은 그의 저서 '경제이론과 저개발지역'에서 순환 누적적 인과모형을 제시하여 경제성장과정에서 지역격차가 심화되는 과정을 분석함으로써 국가의 지역개발에 대한 필요성을 이론적으로 제시하였다. 그리고 허쉬만(Hirschman, 1958)도 '경제개발전략'이라는 저서에서 경제성장의 과정에서 지역간의 격차가 불가피하게 발생한다는 사실을 주장함으로써 지역개발의 필요성을 역설하였다. 지역개발학의 정립에 영향을 끼친 또 다른 학자는 아이사드인데 그는 1950년대 후반부터 경제학과 지리학을 통합한 지역과학(regional science)이라는 학문을 출범시킴으로써 지역개발의 이론적 발전에 기여를 하였다. 그리고 프리드만은 1961년 MIT에서 '지역계획'(regional planning)이라는 강좌를 개설함으로써 이 분야를 하나의 독립된 학문분야로 발전시키게 되었다. 이상에서 보는 바와 같이 지역개발학은 1960년대부터 발전되기 시작하여 아직 발전도상에 있는 학문분야라고 할 수 있다.

2 지역개발학의 학문적 성격

하나의 독립된 학문분야로서 지역개발학은 여러 가지의 성격을 가지고 있는데 그 가운데 중요한 것만 살펴보면 다음과 같다.

복합성

먼저 지역개발학은 복합학문의 성격이 강하다. 즉 지역개발학은 경제학, 지리학, 행정학 등 다양한 학문분야의 이론과 분석방법을 종합적으로 동원하여 지역개발의 문제에 적용하는 복합적인 사회과학이다. 그러나 이것은 지역개발학의 독자적인 학문영역이 없다는 말은 아니다.

응용성

지역개발학은 현상에 대한 원리나 법칙을 발견하는 데 그치지 않고 현실의 지역문제에 대한 진단과 처방을 중요하게 여긴다. 그러므로 지역개발학은 하나의 응용학문으로서 관련분야의 기초이론을 받아들이고 이를 바탕으로 새로운 이론을 만들어 내어 현실문제의 해결에 적용한다.

공간성

지역개발학은 모든 문제를 공간적인 측면에서 관찰한다. 이는 어떤 지역의 문제를 다른 지역과의 연계선상에서 파악하고 지역간 상호관계에 관심을 갖는다는 것을 뜻한다.

3 지역개발학의 이론 체계

1. 지역개발이론의 의의

지역개발이론을 이해하기 위해서는 먼저 이론이라는 용어에 대한 설명이 필요하다. 이론이 무엇인가에 관해서는 과학철학의 입장에 따라 다양한 견해가 있지만 간단히 요약하면 어떤 현상 또는 사물에 관한 체계적인 진술(statement)을 의미한다. 따라서 지역개발이론은 지역개발에 관한 체계적인 진술이다.

이론은 현실 또는 현상과 대조되는 용어로 사용되는 경우가 있다. 그러나 이는 이론의 개념을 오해한 데서 나온 말이다. 이론이라는 말은 원래 본다는 뜻에서 유래하였다. 사물을 정확히 본다는 뜻이다(김광웅, 1995). 사물을 정확히 보아 그것에 대한 설명을 붙이고 그와 유사한 상황이나 시간이 흐른 후에도 설명을 가능하게 해 보자는 의미가 있다. 따라서 어떤 이론이 현실 또는 현상과 괴리된 경우 그 이론은 좋은 이론이 되지 못한다. 학문의 중요한 목적의 하나는 현상을 잘 묘사하거나 설명할 수 있는 이론을 만드는 데 있다. 이론이 현실과 괴리가 있는 경우는 우리 인간의 지적 수준과 능력이 아직 거기에 미치지 못하기 때문이지 이론자체가 현실과 동떨어진 관념적인 개념은 결코 아닌 것이다.

사회현상은 매우 복잡하기 때문에 이를 체계적으로 분석하고 이해하기 위해서는 현상의 본질적인 요소만을 추출하여 단순화시킨 분석의 틀, 즉 모형을 이용하는 경우가 많이 있다. 이 모형은 그림으로 표현할 수 있고 수학적인 기호로도 표시할 수 있다. 이론은 모형의 분석을 통하여 유도되는 경우가 많은데 이 경우 이론의 현실 설명력이 떨어질 수 있다. 그러나 이론의 궁극적인 목적은 현실을 잘 묘사하거나 설명하는 데 있는 것이지 현실과 동떨어진 관념의 세계에 존재하는 것은 아니다.

이와 같은 이론의 정의를 기초로 할 때 이론이 가지는 속성에는 여러 가지가 있는데 첫째는 현상에 관심을 갖는다는 점이다. 여기서 현상이라는 것은 우리가 지각할 수 있는 현실을 의미한다. 이는 이론이 현실에 존재하지 않는 관념적이거나 추상적인 세계에는 관심을 갖지 않는다는 것을 의미한다.

둘째는 현상의 규칙성에 관한 진술이라는 것이다. 즉 이론은 현상에 관한 모든 잡다한 내용을 다 의미하는 것이 아니라 현상이 가지는 규칙성 또는 법칙성에 관한 진술이라는 것이다. 따라서 이론에 있어서는 이와 같은 규칙성을 발견하는 것이 중요하다. 현상에 관한 규칙성을 발견하는 방법은 크게 연역법과 귀납법의 두 가지로 구분된다. 연역법은 일반적인 법칙으로부터 특수한 법칙을 발견하는 방법이고 귀납법은 특수한 법칙으로부터 일반적인 법칙을 발견하는 방법을 의미한다.

셋째, 이론은 관찰이나 실험에 의하여 그 진위를 밝힐 수 있는 것이라야 한다. 어떤 현상이나 사실에 관한 진술이 참이냐 거짓이냐를 밝히는 것은 매우 중요하다. 우리가 바라는 바는 현상에 관한 참된 진술을 얻는 것이라는 것은 너무나 명확하다. 따라서 아름답다든가 멋있다든가 하는 것과 같이 순전히 개인의 가치관이나 선호도를 나타내는 주관적인 진술은 그 진위를 밝힐 수 없기 때문에 이론이 될 수 없다.

넷째, 다음에 설명하겠지만 이론은 규범적인 진술도 포함한다. 여기서 규범적인 진술은 어떤 사실이나 현상에 대한 당위적인 주장을 의미한다.

2. 지역개발이론의 유형

다양한 지역개발이론은 기준에 따라 여러 가지 유형으로 구분할 수 있다. 예를 들어 과학철학의 입장 차이에 따라 실증적 이론과 규범적 이론으로 구별할 수 있다. 그리고 연구대상을 기준으로 실체적 이론과 절차적 이론으로 구분할 수도 있다. 이외에도 다양한 방법으로 분류할 수 있지만 여기서는 이 두 가지 유형의 이론체계를 간략히 설명한다.

(1) 실증적 이론과 규범적 이론

■ 실증적 이론(positive theory)

실증적 이론이라 함은 일반적으로 실증주의(positivism)[10]의 관점에 입각하여 구축된 이론체계로서 객관적인 입장에서 존재하고 있는 경험적 사실(fact) 또는 현상(phenomena)의 원리 또는 법칙을 기술하거나 설명하거나 또는 예측하는 진술체계를 말한다. 이 실증주의가 주장하는 바는 여러 가지가 있는데 그 중요한 내용은 첫째, 자연과학의 연구방법은 사회현상을 연구하는 데도 동일하게 적용할 수 있다고 주장한다. 둘째, 사실(fact)과 가치(value), 그리고 존재(what is)와 당위(what ought to be)를 분리할 수 있다고 믿고 과학은 경험적인 사실, 즉 관찰이나 실험에 의하여 진위를 증명할 수 있는 사실만을 연구대상으로 하고 진위를 증명할 수 없는 윤리적인 문제나 가치판단의 문제는 과학의 영역에서 제외하여야 한다고 주장하고 있다. 그리고 셋째, 경험적인 세계에는 어떤 질서나 규칙성이 존재하는데 과학이 하여야 할 가장 중요한 작업은 객관적인 입장에서 현상 또는 사실에 존재하는 질서나 규칙성을 발견하는 일이라고 믿고 있다.

따라서 실증적인 지역개발이론은 지역개발의 원리나 과정 또는 방법 등을 객관적인 입장에서 설명하는 이론을 의미한다. 예를 들어 어떤 지역에 자본이 풍부하면 지역성장이 촉진된다든지 지역의 수출이 증가하면 지역성장이 이루어진다는 주장은 지역성장의 원리나 과정을 객관적인 입장에서 진술하는 것들로서 이를 실증적 이론이라 한다. 실증적 이론이라는 표현은 과학철학에 있어서 소위 실증주의 사조에 근거를 두고 있기 때문에 붙여진 이름이다. 현대사

10) 과학철학의 한 사조로서 데카르트(Descartes), 콩테(Comte), 포퍼(Popper) 등에 의하여 발전되었다.

회과학에 있어서 실증주의는 주도적인 위치를 차지하고 있기 때문에 일반적으로 지역개발이론이라 함은 주로 이와 같은 실증적 이론을 의미하는 경우가 많다.

실증적 이론도 기술적 이론(descriptive theory), 설명적 이론(explanatory theory), 예측적 이론(predictive theory) 등으로 구분된다. 기술적 이론은 현상에 어떤 원리, 법칙, 또는 규칙성이 존재하는가를 다루는 이론을 의미한다. 예를 들어 도시규모와 순위 사이에 어떤 특별한 관계가 성립하는가를 다루는 이론은 단순히 현상에 존재하는 규칙성을 발견하는 것을 주목적으로 하고 있다. 따라서 이러한 이론은 기술적 이론이다. 그리고 도시규모와 순위 사이에 특별한 규칙성이 존재할 때 그것이 존재하는 이유를 설명하고자 하는 이론을 설명적 이론이라 한다. 그리고 어떠한 도시체계가 발생할 것인가를 예측하는 이론은 예측적 이론에 속한다. 이 책의 2편에서 설명하는 지역개발이론은 실증적 이론을 설명하고 있다.

■ 규범적 이론(normative theory)

규범적 이론은 당위적인 차원에서(what ought to be) 주로 현실문제에 대한 진단과 처방에 관심을 갖는 이론체계를 의미한다. 따라서 규범적 지역개발이론은 지역개발의 원리나 과정 또는 방법 등을 당위적인 입장에서 주장하는 진술체계를 의미한다. 실증주의자들은 실증주의적인 관점에서 제시되는 이론만을 진정한 이론이라고 주장하고 있으나 규범적 이론도 이론의 범주에 포함된다고 할 수 있다.

예를 들어 도시의 발전을 위해서는 개발제한구역을 보존하여야 한다는 주장이 있고 이와 반대로 개발제한구역을 해제하여야 한다는 주장이 있다. 이와 같은 진술들은 개인의 선호도나 가치문제가 개재된 주관적인 입장에서 그린벨트를 어떻게 처리하여야 할 것인가를 주장하는 진술로서 이를 규범적 이론이라 하는 것이다. 지역개발이론에서는 규범적 이론 가운데 특히 현실문제에 관한 진단과 처방에 관한 진술체계를 지역개발전략이라 한다. 그러나 실증적 이론과 규범적 이론은 전혀 별개의 이론이 아니라 양자가 밀접한 관련을 맺고 있다. 많은 경우 규범적 이론들은 실증적 이론을 바탕으로 하고 있다. 이 책의 3편은 지역개발의 규범적 이론을 설명하고 있다.

(2) 실체적 이론과 절차적 이론

지역개발이론은 크게 실체적 이론(substantive theory)과 절차적 이론(procedural theory)의 두 가지로 구분된다(Faludi, 1973). 실체적 이론은 개발의 대상 또는 내용에 관한 이론을 의미하고, 절차적 이론은 개발의 절차와 방법에 관한 이론을 의미한다. 예를 들면 지역경제나 사회 그리고 정주체계 현상의 원리나 법칙에 관한 이론은 실체적 이론이라 할 수 있고, 어떠한 방법과 절차를 거쳐야 효율적인 개발을 달성할 것인가를 다루는 이론은 절차적 이론이라 할 수 있다. 실체적 지역개발이론은 다루는 대상 또는 영역에 따라 정주체계이론, 지역경제이론, 자원개발이론, 사회간접자본이론, 사회개발이론 등으로 분류할 수 있다. 그리고 절차적 이론은 지역분석이론, 미래예측이론, 대안의 선정이론 등으로 구분할 수 있다. 이와 같이 이론을 실증적 이론과 규범적 이론 그리고 실체적 이론과 절차적 이론의 두 가지 차원으로 구분했을 때 지역개발이론은 다음의 표와 같이 크게 네 가지 유형으로 구분할 수 있다. 이와 같은 이론체계 가운데 이 책에서는 실체적 이론을 중심으로 실증적 이론과 규범적 이론을 설명하는 바 제2편에서는 실증적 지역개발이론을 설명하고 제3편에서는 규범적인 지역개발전략을 설명한다. 그리고 제4편에서는 일종의 절차적 이론으로 규범적 성격이 강한 우리나라의 국토 및 지역계획 제도를 설명한다.

표 4-1 지역개발의 이론체계

구분	실증적 이론 (지역개발이론)	규범적 이론 (지역개발전략)
실체적 이론	A	B
절차적 이론	C	D

제 2 편

지역개발 이론

| 제 5 장 |

입지이론

1 개요

입지이론은 어떤 경제활동이 어디에 입지하는가? 그리고 왜 그 장소에 입지하는가? 그리고 어디에 입지하는 것이 바람직한가? 등의 문제를 연구하는 분야이다. 입지이론은 튀넨(Thünen)이 1826년 '고립국'이라는 저서에서 발표했던 농업입지론이 그 효시라고 할 수 있다. 입지이론은 그 후 1909년 베버(Weber)[11]가 공업입지론을 발표하고 뒤를 이어 호텔링(Hotelling, 1929)과 뢰시(Lösch, 1938, 1954)가 보다 엄격한 경제이론에 바탕을 둔 입지이론을 발표함으로써 비약적인 발전을 보게 되었다. 그리고 1950년대와 1960년대에는 아이사드(Isard, 1956), 후버(Hoover, 1948), 알론소(Alonso, 1964), 그리고 그린핫(Greenhut, 1970, 1977)과 같은 학자들이 고전적인 입지이론을 발전시킴으로써 입지이론은 큰 발전을 보게 된다.

입지이론의 연구 대상이 되는 경제활동에는 기업, 공공시설, 사람, 주택 등 여러 가지가 있을 수 있으나 전통적으로는 기업이 가장 중요한 연구 대상이 되어 왔다. 그것은 기업이 지역개발에 있어서 가장 중요한 역할을 하는 경제활동으로서 기업의 입지패턴은 우리가 생활하는 지역의 공간구조와 지역의 성장여부를 결정하는 핵심적인 요소이기 때문이고 사람이나 공공시설 또는 주택의 입지는 기업의 입지에 큰 영향을 받기 때문이다. 따라서 지역의 구조를 이해하기 위해서는 기업의 입지문제를 연구하는 것이 대단히 중요한 일이라 아니할 수 없다. 기업입지론을 산업입지론이라고도 한다.

11) C. J. Friedich. 1929. Alfred Weber's Theory of the Location of Industries, Chicago: University of Chicago Press 참조.

2 입지요인

1. 기업의 의의와 기능

기업은 재화와 서비스의 생산과 공급행위를 담당하는 경제주체로서 독립적인 의사결정력을 가진 경제적 조직체이다. 기업은 내부적으로 독립적인 조직을 구성하고 있으면서 외부적으로는 타 기업과 유기적인 연관성을 맺고 있다. 기업은 상품이나 서비스를 생산하여 이를 소비자에게 공급하는 것이 중요한 기능이다. 기업의 생산기능은 생산요소를 투입하여 상품을 생산하고 생산된 상품을 소비자에게 공급해 주는 기능을 말한다. 기업은 생산과정에서 생산비를 지출하는 반면 수입을 얻는데, 기업이 얻는 수입과 생산비의 차이를 이윤이라 한다. 일반적으로 기업의 가장 중요한 목적은 이윤극대화를 추구하는 것이라 할 수 있다.

2. 기업의 입지요인

기업은 생산활동을 하는 과정에서 가격, 생산량, 생산방법 등 여러 가지 의사결정을 하게 되는데 그 가운데 어디서 생산활동을 할 것인가를 결정하는 것도 중요한 문제이다. 입지이론의 가장 중요한 분석내용은 바로 기업이 어떠한 장소에 입지할 것인가를 분석· 예측하는 일이라 할 수 있다. 사람이 어느 곳에 있는 집을 살 것인가를 결정하는 데는 직장과의 거리, 주위의 생활환경, 그리고 교육여건 등의 여러 가지 여건을 고려하듯이 기업이 입지를 결정하는 데 있어서도 여러 가지 요인을 고려하여 결정하게 된다. 이와 같이 기업의 입지결정에 영향을 미치는 요인을 입지요인이라 한다. 여기서 기업의 입지에 영향을 미치는 요인에는 어떠한 것들이 있는가를 살펴보자.

(1) 생산요소

앞에서도 언급한 바와 같이 기업은 생산활동에 필요한 원료, 노동, 자본과 같은 생산요소를 구입하여 생산활동을 하고 생산된 제품을 시장에다 판매함으로써 이윤을 추구하는 경제조직이다. 따라서 기업은 입지를 결정할 때 가능한 한 생산요소를 쉽게 구입할 수 있는 지역에 입지하고자 할 것이다. 그러나 어떤 기업이 상품을 생산하는 데 필요한 생산요소는 특정한 지역에 편재되어 있는 경우가 많고 그 가격도 지역에 따라 다 같은 것이 아니다. 따라서 생산요소의 부존 상태와 그 가격은 기업의 입지에 큰 영향을 미친다.

생산요소는 그 성격에 따라서 크게 이동성 생산요소와 비이동성 생산요소(또는 지방적 생산요소)의 두 가지로 구분할 수 있는데 전자는 생산요소 가운데 기업이 위치하고 있는 곳까지 운반할 수 있는 생산요소를 의미하고 후자는 그렇지 못한 생산요소를 의미한다. 생산요소의 이동성 여부는 기업의 입지에 큰 영향을 미치는 바 이동이 불가능한 생산요소를 사용해야 하는 기업은 그 생산요소가 존재하는 장소에 입지를 하여야 하는 제약이 따르게 마련이다. 이동성 생산요소를 사용하는 기업은 가능한 한 수송비가 적게 드는 지점에 입지하고자 하는 경향이 있다. 생산요소와 마찬가지로 상품도 이동 가능한 것과 그렇지 못한 것의 두 가지로 구분할 수 있는데 전자를 이동성 상품, 후자를 비이동성 상품 또는 지방적 상품이라 한다.

■ 원료

원료는 기업이 생산활동을 하는 데 필요한 가장 기본적인 투입재이다. 원료에는 가공하지 않은 자연상태 그대로의 원료와 가공과정을 거친 중간생산물이 있다. 만약 어떤 기업이 생산활동을 하는데 필요한 원료를 어느 곳에서든지 같은 가격으로 구입할 수 있다면 기업은 어느 곳에 입지해도 차이가 없을 것이며 따라서 원료는 입지요인으로 작용하지 않는다. 그러나 어떤 기업이 필요로 하는 원료는 공간상에서 편재되어 있는 경우가 많고 소비시장에서 멀리 떨어진 곳에서 생산이 되는 것이 일반적이다. 만약 기업이 필요로 하는 원료가 비이동성 원료라면 기업은 이 장소에 입지할 수밖에 없다. 그리고 기업이 필요로 하는 원료가 이동가능 한 것이라면 수송비가 기업의 입지에 큰 영향을 미치게 된다. 또한 동일한 원료가 여러 곳에 부존되어 있고 그 가격이 다르며 원료 수송비가 많이 소요되는 경우 원료의 분포상황과 가격은 기업의 입지패턴을 결정짓는 중요한 입지요인의 하나로 작용하게 된다. 여기서 기업은 업종에 따라 필요한 원료가 다르므로 기업에 따라 구체적인 입지요인도 달라질 것이다.

■ 노동

노동력은 기업의 생산활동에 필요한 중요한 생산요소로서 노동력의 양과 질 그리고 임금수준은 기업의 입지를 결정하는 중요한 입지요인이다. 일반적으로 노동은 이동성이 약한 생산요소인데 노동집약적 기업은 풍부하고 값싼 노동력이 존재하는 장소에 입지하고자 할 것이고 기술 집약적 산업은 필요한 기술을 소유하고 있는 노동력이 있는 곳에 입지하고자 할 것이다. 일반적으로 도시나 그 인근지역은 양질의 노동력이 풍부하여 기업의 입지에 좋은 조건을 갖추고 있어 기업들이 입지를 선호하는 반면 농촌지역은 노동력이 부족하여 기업이 입지를 회피하는 경향을 볼 수 있다.

자본

원료나 노동 이외에 자본도 중요한 입지요인의 하나이다. 자본이란 자금뿐만 아니라 건물, 기계, 장비 등의 시설물을 포함하는 개념이다. 일반적으로 자본축적이 많이 되어 있는 지역일수록 자본조달이 용이하므로 기업이 입지하기에 유리할 것이다. 자본은 공간상에서 쉽게 이동할 수 있는 특성이 있기는 하지만 이동이 전혀 제약을 받지 않는 자유로운 것은 아니기 때문에 자본의 지리적인 부존 상태는 기업의 입지에 영향을 미친다.

토지

가용토지의 양과 그 가격은 기업의 입지에 영향을 미치는 중요한 요소이다. 특히 농업에 있어서는 토지의 양뿐만 아니라 기후나 토질 그리고 토양과 같은 질적인 조건이 농업의 입지에 결정적인 영향을 미친다. 예를 들어 대구, 경북지역은 사과를 재배하기에 적합한 기후와 토양조건을 가졌기 때문에 사과를 재배하는 농업이 발전하고 있고 금산이나 풍기는 인삼을 재배하기에 적합한 기후를 가진 지역인 것이다. 그리고 공업의 경우도 토지는 중요한 입지요인인데 이 경우는 토지의 질적인 측면보다는 가용토지의 양과 가격이 중요한 입지요인이다.

(2) 시장

입지이론에서 의미하는 시장이란 상품의 판매자와 구매자가 만나는 곳을 의미한다. 생산요소와 마찬가지로 상품도 이동 가능한 상품과 이동이 불가능한 상품으로 구분되는데 이동이 가능한 상품의 경우에는 시장이 기업의 입지에 영향을 미치는 중요한 요인이다. 기업은 생산된 재화를 시장에 판매하여야 하기 때문에 가능한 한 시장 가까이 입지하고자 하는 경향이 있다. 일반적으로 시장은 주거분포에 따라 공간적으로 편재되어 있기 때문에 이 시장의 분포상태는 기업의 입지패턴에 큰 영향을 미치는 요소이다.

(3) 집적 경제

기업들은 공간상에서 떨어져 입지하는 것보다는 한 지역에 군집하여 입지함으로써 경제적 이익을 향유할 수 있는데 이를 집적경제(agglomeration economies)라 한다. 이와 같은 집적 경제는 기업들로 하여금 공간상에 서로 모이게 하는 요인으로 작용하고 있다. 집적 경제는 크게 두 가지 종류로 구분할 수 있다. 첫째는 동일한 산업 내에 속하면서 연계성이 강한 같은 종류의 기업들이 같은 장소에서 입지함으로써 얻는 경제적 이익이고, 둘째는 서로 다른 종류의 기업들이 같은 지역에 입지함으로써 얻는 경제적 이익이다. 전자를 지역특화 경제(localization economies), 후자를 도시화 경제(urbanization)라 한다.

(4) 생활의 질

지역의 쾌적성과 생활의 질은 기업의 입지요인으로 그 중요성이 증대하고 있다. 특히 전문인력이나 고급노동자들은 보수가 조금 낮은 경우라도 살기 좋은 곳에 거주하고자 하는 경향이 강하기 때문에 이와 같은 인력이 필요한 첨단산업분야는 생활의 질이 높은 쾌적한 지역에 입지하는 경향이 강하다.

(5) 세금

지역에 따라 세율의 차이가 발생하는 경우 세금은 기업의 입지에 영향을 미칠 수 있다. 개인소득세가 높은 지역은 고임금의 근로자가 회피하는 지역이기 때문에 기업의 입지에 간접적으로 부정적인 영향을 미치고, 법인소득세가 높은 경우 기업의 입지에 바람직하지 않은 영향을 직접적으로 미치게 된다.

(6) 정부의 정책

정부의 정책은 기업의 입지에 영향을 미칠 수 있다. 이것의 가장 대표적인 예는 토지이용규제를 들 수 있다. 정부는 환경오염의 방지와 자연환경의 보호를 위해서 특별한 지역에 기업이 입지하는 것을 금지시킬 수 있다. 반면에 정부는 특정한 기업이 특정한 지역에 입지하는 것을 촉진하기 위하여 보조금을 지급한다든가 세금을 감면할 수 있다. 이는 기업의 생산비에 직접적인 영향을 미쳐 기업들로 하여금 특정한 지역에의 입지를 유도하고자 하는 정책이다.

정부는 직접적인 규제 이외에도 사회간접자본의 공급을 통하여 기업의 입지에 영향을 미치기도 한다. 앞에서 설명한 바와 같이 사회간접자본이란 기업의 생산활동을 위하여 필요한 시설로서 기업이 투자하는 것이 아니라 정부가 공급하는 시설을 말한다. 이러한 시설은 기업의 생산비를 감소시키거나 소비자들에 대한 접근성을 개선시킴으로써 기업의 입지에 큰 영향을 미치는 요인이다.

(7) 환경규제

정부규제의 한 유형으로서 환경에 대한 규제는 기업의 입지선정에 큰 영향을 미치게 된다. 예를 들면 한강은 수도권 주민들의 식수원으로 이용되고 있으므로 정부는 한강의 수질을 보호하기 위하여 기업의 입지에 여러 가지 제약을 가하고 있다. 또한 낙동강의 상류지역도 하류지역 주민들을 보호하기 위하여 정부는 환경오염을 유발할 수 있는 기업의 입지를 간접적으로 제한하고 있다.

(8) 지방의 기업환경

지역주민들의 기업활동에 대한 태도 역시 중요한 입지요인이다. 지역주민들이 기업의 입지에 호의적인 태도를 보이는 지역은 그렇지 않은 지역보다 기업의 입지가 보다 활발하다. 따라서 기업들이 지역주민과 좋은 관계를 유지하고자 노력하는 것을 많이 볼 수 있다.

(9) 기업의 조직형태

기업은 기능적으로 통합된 형태의 생산조직을 기지고 있는 경우도 있고 분화된 조직을 가지고 있는 경우도 있다. 기업이 분화되어 있는 경우는 기업내부의 조직구조가 기업의 입지에 영향을 미치기도 한다. 기업이 본사와 여러 개의 분공장으로 분화되어 있는 경우 분공장은 기업본사의 의사결정에 따라 입지하게 되므로 기업조직 내부에서 이루어지는 의사결정과정을 이해하는 것이 중요하다. 아울러 기업경영진의 개인적 요인도 기업의 입지에 영향을 미친다. 이 경우 기업의사 결정자가 가지고 있는 개인적인 정보와 경험 그리고 선호도에 따라 기업이 특정지역에 입지하게 된다.

(10) 개인적 요인

기업경영진의 개인적 요인도 기업의 입지에 영향을 미친다. 이 경우 기업의사 결정자가 가지고 있는 개인적인 정보와 경험 그리고 선호도에 따라 기업이 특정지역에 입지하게 된다. 경영진이 자기의 고향 발전을 위하여 공장을 조성하거나 경관이나 기후 등을 고려하는 것도 개인적 요인을 고려한 결과로 볼 수 있다.

(11) 정치적 요인

기업은 경우에 따라 정치적 요인을 고려하여 입지를 결정하는 겨우도 있는데 특히 발전도상국에서 자주 볼 수 있다. 경제적 이유보다 특정한 정치인이나 정당이 선호하는 지역에 기업이 입지하는 현상은 정치적 요인을 고려한 경우이다.

3 입지이론

앞에서도 살펴본 바와 같이 기업의 입지에 영향을 미치는 요인은 매우 다양하다. 그리고 입지요인들의 중요성은 기업의 종류에 따라시도 다르다. 즉 어떤 기업은 원료가 입지결정에 가장 큰 영향을 미치는 반면 어떤 기업은 노동이 기업의 입지에 가장 큰 영향을 미치기도 한다. 그리고 어떤 기업들은 생산비가 기업의 입지에 영향을 미치는 가장 중요한 요인인 반면 판매량이 기업의 입지에 영향을 미치는 가장 중요한 요인인 경우도 있다.

이와 같이 기업의 입지에 영향을 미치는 요인은 매우 다양하고 그 요인의 상대적 중요성은 기업의 종류에 따라 다르다고 할 수 있는데 우리는 여기서 어떤 특정한 요인이 기업의 입지에 영향을 미치는 과정과 그 결과에 관심을 가지게 된다. 입지이론은 기업이 입지를 결정하는 데 어떤 요인이 가장 중요한가에 대한 시각의 차이에 따라 최소비용이론, 최대수요이론, 수익극대화 이론, 행태적 입지이론, 그리고 정치·경제적 이론 등으로 구분된다. 여기서는 이와 같은 입지이론을 개관해 보자.

1. 최소비용이론

입지이론 가운데 베버(Weber)에 의하여 처음으로 주창되고 후버(Hoover) 등에 의하여 발전된 입지이론으로서 기업은 생산비가 최소인 지점에 입지한다는 주장을 말한다. 여기서 생산비라 함은 생산요소의 구입비용만 의미하는 것이 아니라 그것을 생산지까지 운반하는 데 소요되는 수송비와 생산된 상품을 시장까지 수송하는 데 소요되는 수송비를 포함하는 총비용을 의미한다. 베버는 최소비용이론을 전개하는 과정에서 몇 가지 단계를 거쳐 순차적으로 생산비가 최소인 지점을 분석하였다. 그는 먼저 수송비가 최소인 지점을 찾고 다음에 임금과 집적경제의 차이를 고려하여 순차적으로 생산비가 최소인 지점을 찾는 방법을 제시하였다.

(1) 최소수송비이론

베버는 그의 최소비용이론을 전개하는 데 있어서 먼저 수송비가 최소인 지점을 분석한 후 순차적으로 생산비가 최소인 지점을 찾는 방법을 제시하였다. 수송비가 최소인 지점을 분석하는 그의 입지이론을 최소수송비이론이라고 한다. 이 이론은 수송비 지향형 기업의 입지문제를 분석하는 데 유용하다. 수송비 지향형 기업이라 함은 전체 생산비 가운데 수송비가 차지하는 비용이 다른 비용에 비하여 상대적으로 매우 크기 때문에 수송비가 기업의 입지를 결정하는 데 지배적인 요인이 되는 기업을 의미한다.

수송비는 크게 원료수송비(procurement cost: PC)와 제품수송비(distri bution cost: DC)로 나눌 수 있다. 원료수송비는 제품을 생산하는 데 필요한 원료를 원료산지로부터 생산공장까지 수송하는 데 소요되는 비용을 말하고 제품수송비는 제품을 공장에서부터 소비자들에게 수송하는 데 소요되는 비용을 의미한다.

수송비 지향형 기업의 입지에 관한 베버의 고전적 입지모형은 다음의 가정을 기초로 하고 있다. 첫째, 기업의 총수입은 기업의 입지에 관계없이 일정하다. 둘째, 다른 생산요소는 어디에서든지 동일한 가격으로 구입할 수 있으나 원료는 편재되어 있다. 셋째, 상품과 원료의 한계수송비는 거리에 관계없이 일정하다.[12] 넷째, 이 기업은 일정량의 재화를 생산하는 데 있어 각 원료의 고정량을 사용하고 있다. 즉 기업은 원료의 상대가격이 변하더라도 원료를 대체하지 않는다.

이와 같은 가정 하에서 기업의 총수입은 기업이 입지하는 장소에 관계없이 일정하게 결정되는 반면 생산비는 입지장소에 따라 변하게 되는데 생산비 가운데 다른 비용은 입지에 관계없이 일정하나 편재된 원료의 수송비와 제품의 수송비는 변한다. 만약 이 기업이 수송비가 최소인 지점에 입지하면 생산비가

12) 한계수송비는 한 단위거리를 더 수송하는데 소요되는 추가적인 수송비를 의미하는데 이것이 일정하다는 것은 수송거리에 대한 수송비곡선이 직선이라는 것을 의미한다.

최소가 되고 나아가 이윤도 최대가 된다. 따라서 이 기업은 원료수송비와 상품수송비를 합한 총수송비가 최소인 지점에 입지하고자 할 것이다.

원료산지와 시장이 하나인 경우

먼저 가장 단순한 상황으로서 어떤 기업이 상품을 생산하기 위하여 한 가지 종류의 원료만 산지로부터 수송하고 있고 다른 원료와 생산요소는 어디에 입지하든지 동일한 가격으로 구입할 수 있다고 하자. 그리고 이 기업은 한 곳의 시장에다 생산한 상품을 판매하고 있다고 가정하고 이 기업의 입지문제를 분석해 보자. 여기서 특정한 장소에만 부존하는 원료를 편재된 원료라 하고 어디에서든지 동일한 가격으로 구할 수 있는 원료를 보편적 원료라 한다. 즉 편재된 원료가 하나이고 시장도 하나인 경우 수송비 지향형 기업이 어디에 입지할 것인가 하는 매우 단순한 문제를 생각해 보자. 물론 이 예는 비현실적인 가정을 바탕으로 하는 극히 단순한 경우이나 이 문제의 분석틀을 확장하면 보다 복잡한 기업의 입지문제도 체계적으로 분석할 수 있다.

이 경우 기업의 입지선택은 원료수송비와 제품수송비의 상호작용에 의하여 결정되는데 일반적으로 원료수송비가 제품수송비에 비하여 상대적으로 비싼 경우에는 기업이 원료산지에 가까운 곳에 입지하고, 반대로 제품수송비가 상대적으로 비싼 경우에는 기업이 시장에 가까운 곳에 입지하게 된다. 왜냐하면 [그림 5-1]과 [그림 5-2]에서 보는 바와 같이 원료수송비가 제품수송비에 비하여 상대적으로 비싼 경우에는 기업이 원료산지에 입지하는 것이 총수송비가 가장 적게 소요되고 그 반대의 경우에는 시장이 총수송비가 가장 적게 소요되는 지점이기 때문이다. 원료산지에 입지하는 기업을 산지지향형 기업이라 하고 시장에 입지하는 기업을 시장지향형 기업이라 한다.

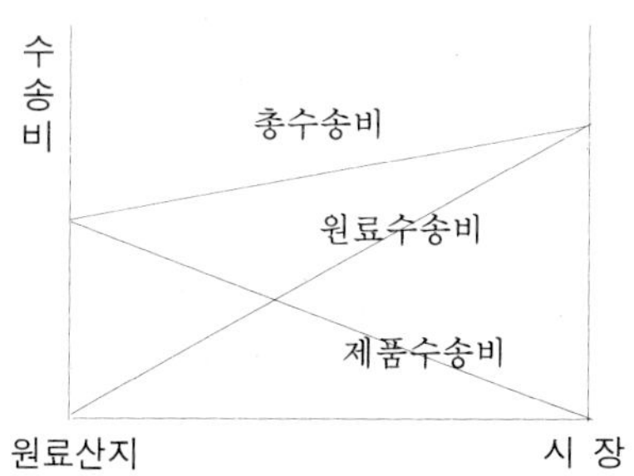

그림 5-1 산지입지

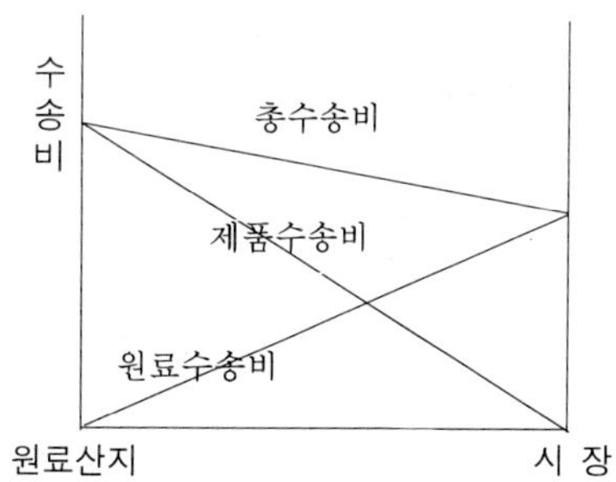

그림 5-2 시장입지

원료와 제품의 무게중량과 한계수송비를 곱한 값을 화폐중량 또는 이상중량이라 하는데 그림에서 보는 바와 같이 화폐중량은 원료수송비곡선과 제품수송비곡선의 기울기를 나타내기 때문에 화폐중량의 상대적 크기가 기업의 입지를 결정하게 된다. 즉 원료의 화폐중량이 제품의 화폐중량보다 큰 기업은 총수송비가 원료산지에서 가장 적기 때문에 원료산지에 입지하고 반대로 제품의 화폐중량이 원료의 화폐중량보다 큰 기업은 총수송비가 시장에서 최소가 되기 때문에 시장에 입지한다. 그런데 화폐중량은 무게중량과 한계수송비를 곱한 것과 같기 때문에 무게중량과 한계수송비의 상대적 크기가 기업의 입지를 결정하게 된다. 원료와 제품의 한계수송비가 동일할 경우, 원료의 무게가 제품의 무게보다 무거워 원료지수[13]의 값이 1보다 큰 때에는 원료의 화폐중량이 더 무겁기 때문에 이 기업은 원료산지에 입지하고 그 반대의 경우에는 시장에 입지 한다. 만약 원료와 제품의 무게는 비슷하지만 제품의 한계수송비가 더 비싼 경우 제품의 화폐중량이 원료의 화폐중량을 초과하기 때문에 기업은 원료산지보다도 시장에 입지한다.

일반적으로 제품이 상대적으로 부피가 크거나, 쉽게 부패할 가능성이 큰 경우 또는 수송하기에 위험한 경우는 제품의 한계수송비가 상대적으로 비싸기 때문에 시장에 입지하게 될 것이다. 예를 들어 자동차 조립산업의 경우 조립된 자동차는 원료보다도 더 부피가 크다. 10톤의 조립된 자동차는 10톤의 원료보다 부피가 더 큰 것이다. 따라서 자동차산업은 제품의 한계수송비가 원료의 한계수송비보다 더 비싸기 때문에 시장 가까이 입지한다. 그리고 제과점의 경우는 상대적으로 부패하기 쉬운 빵을 생산하기 때문에 시장 가까이 입지하는 경향이 있다. 또 다른 예로서 무기산업의 경우는 인체에 해가 없는 원료를 이용하여 인체에 해로운 무기를 생산하는데 위험한 무기를 장거리 수송하는 것을 가능한 피하기 위하여 수요지 가까운 곳에 입지하는 경향이 있다.

지금까지의 입지분석은 수송비 지향형 기업이 어디에 입지할 것인가에 대한 단순한 해답을 제공해 준다. 만약 원료의 화폐중량이 제품의 화폐중량보다 큰 경우는 기업이 원료산지에 입지할 것이고 그 반대의 경우는 기업이 시장에 입지할 것이라는 것이다. 물론 이러한 분석은 기업이 하나의 원료와 한 가지 종류의 제품만을 생산한다는 가정을 바탕으로 분석된 결과인 것이다. 그러나 이러한 단순모형은 보다 복잡한 상황하에서 수송비 지향형 기업이 어느 곳에 입지할 것인가를 예측하는 데 기본적인 분석의 틀을 제공한다. 〈표 5-1〉은 여

13) 편재적 원료의 무게/제품의 무게

러 가지 특성을 가진 수송비 지향형 기업이 어느 곳에 입지할 것인가를 요약한 것이다.

표 5-1 수송비 지향형 기업의 입지유형

입지지향	제품특성	예
산지지향	중량 감소	목재가공업(베트제조), 식품가공업, 제련업
	부피 감소	목화압축
	부패도 감소	통조림 제조업
	파괴성 감소	포장업
	유해성 감소	악취 제거, 마이크로필름 제조
시장지향	중량 증가	음료수 제조업, 시멘트 블록 제조업
	부피 증가	자동차 조립업
	부패도 증가	빵 제조업
	파괴성 증가	코크스 제조업
	유해성 증가	폭발물 제조업

앞의 두 경우는 수송비 지향형 기업이 원료산지 또는 시장에 입지하는 경우를 분석하였다. 그러면 수송비 지향형 기업이 산지와 시장 사이의 어느 곳에 입지할 가능성에 대하여 생각해 보자. 기업이 산지와 시장의 사이에 입지하는 경우를 중간입지(intermediate location)라 한다. 그러나 중간입지는 산지와 시장의 정 중앙에 입지한다는 뜻은 아니다. 수송비 지향형 기업은 원료의 무게중량과 상품의 무게중량이 동일하고 한계수송비가 수송거리에 관계없이 일정할 때는 원료의 화폐중량과 제품의 화폐중량이 같아지게 되므로 산지와 시장 사이의 어느 곳에 입지하든지 관계가 없다. 이 경우 원료수송비곡선과 제품수송비곡선의 기울기가 같아지므로 총수송비곡선의 기울기는 모든 지역에서 동일하게 되고 기업의 총수송비는 모든 지역에서 같아지게 되는 것이다.

그러나 중간입지의 가능성은 수송의 규모경제가 발생할 경우 사라지게 된다. 여기서 수송의 규모경제라 함은 수송거리가 증가함에 따라 평균수송비가 감소하는 현상을 의미하는데 수송의 규모경제는 주로 두 가지 이유 때문에 발생한다. 첫째는 터미널에서의 선적비용으로 선적비는 원료나 제품을 터미널에서 수송수단에 싣거나 내리는 데 소요되는 비용과 각종의 수송업무에 필요한 비용을 의미하는데 이 비용은 수송거리에 관계가 없으므로 평균수송비는 수송거리가 증가함에 따라 감소한다. 둘째, 장거리 수송경제(line-haul economies)

때문에 평균수송비는 수송거리가 증가함에 따라 감소될 수 있다. 일반적으로 원료나 제품과 같은 화물을 수송하는 경우 수송거리에 따라 다른 수송수단을 선택하게 되는데 수송거리가 짧은 경우는 트럭과 같이 상대적으로 수송비가 비싼 수송수단을 이용하고, 수송거리가 먼 경우는 기차나 배와 같이 상대적으로 수송비가 싼 수송수단을 이용하기 때문에 수송의 규모경제가 발생할 수 있다.

[그림 5-3]은 수송의 규모경제가 발생할 경우의 원료수송비곡선과 제품수송비곡선을 나타내고 있다. 그림에서는 장거리 수송경제 때문에 원료수송비곡선의 기울기가 원료산지에서 멀어질수록 체감되고 제품수송비곡선의 기울기는 시장에서 멀어질수록 체감되어 평균수송비가 수송거리에 따라 감소하는 것으로 나타나 있다. 따라서 이제는 기업의 총수송비곡선이 직선이 아니라 가운데가 볼록한 곡선이 되어 양극단에서 총수송비가 최소가 된다. 이 그림은 수송의 규모경제가 기업으로 하여금 원료산지나 시장에 입지하게 하는 요인이 되고 있음을 나타내고 있다.

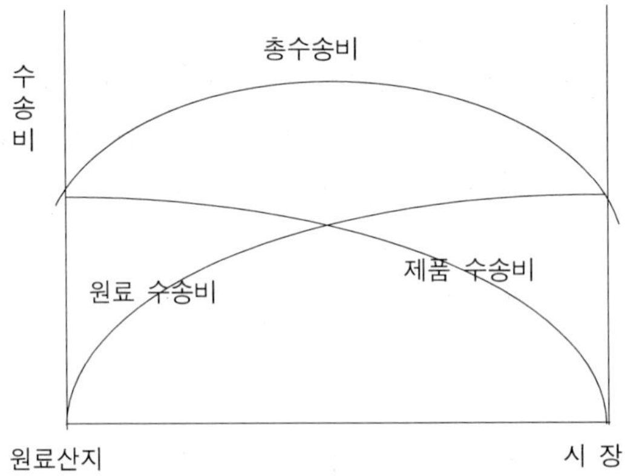

그림 5-3 수송의 규모경제와 입지

그러나 원료산지와 시장 사이에 환적지점(transshipment point)이 있을 경우는 중간지점인 환적지점이 최적입지가 될 수 있다. 여기서 환적지점은 원료산지와 시장 사이의 구간에서 수송수단을 바꾸어야 하는 지점으로서 짐을 싣거나 내리는 데 상당한 하역비가 소요되는 지점이다. [그림 5-4]에서 보는 바와 같이 환적지점에서 원료수송비와 제품수송비가 급격히 증가하고 있는 것은 상당한 하역비가 드는 것을 나타내고 있는데 이 환적지점이 최소수송비지점이 되어 최적입지가 될 수 있다. 환적 중심지 이외에 중량 전환지도 총수송비가 최소가 될 수 있기 때문에 기업이 입지하는 경우가 있다. 여기서 중량(bulk) 전환지는 원료를 가공하여 그 무게가 달라지는 지점을 의미한다. 예를 들어 밀을 도정하여 밀가루를 만들 경우 그 무게가 줄어들게 되는데 농부들이 생산하는 밀을 특정한 장소에 모아서 도정하는 경우 이러한 지점을 중량 전환지라 하는 것이다.

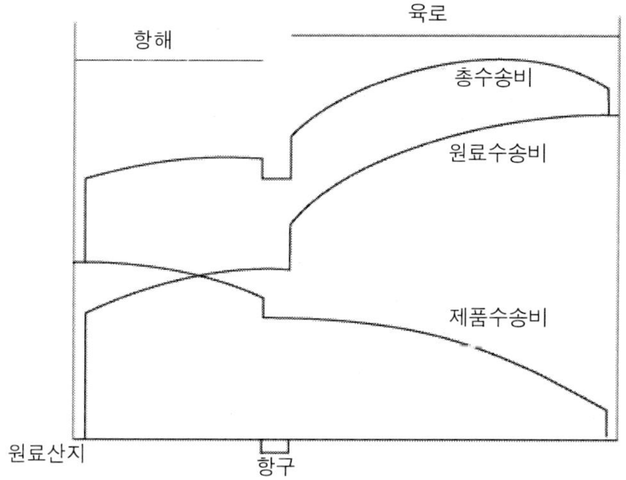

그림 5-4 환적지점과 중간입지

원료산지가 둘이고 시장이 하나인 경우

지금까지 우리는 기업이 하나의 제품을 생산하기 위하여 한 가지의 편재된 원료를 사용하는 경우 수송비 지향형 기업이 어디에 입지할 것인가를 분석하였다. 이제 앞에서 분석한 경우보다도 조금 복잡한 상황하에서 기업이 어느 곳에 입지할 것인가를 분석하여 보자. 어떤 기업이 제품을 생산하기 위하여 두 가지의 편재된 원료를 사용한다고 가정하고 다른 조건은 위에서 언급한 바와 같다고 하자. [그림 5-5]에서 보는 바와 같이 이 기업은 하나의 상품을 생산하기 위해서 각각 M1과 M2에서 생산되는 두 가지 원료가 필요하다고 하자. 그리고 생산된 제품은 C라는 시장에서 판매된다고 하자. 이 그림을 입지 삼각형 또는 베버의 삼각형이라 한다. 이제 이 기업이 어디에 입지할 것인가를 생각해 보자. 앞에서 설정한 가정 하에서 이 수송비 지향형 기업은 총수송비가 최소인 지점에 입지하는 것이 최대의 이윤을 창출하는 지점이 될 것이다.

이 경우 수송비가 최소인 지점은 삼각형의 세 꼭지점 또는 그 가운데의 어느 지점이 되는데, 이 지점을 찾는 방법에는 수식법과 베리그논 프레임(Varignon Frame)을 이용하는 방법 그리고 등수송비곡선(isodapane)을 이용하는 방법 등이 있다.

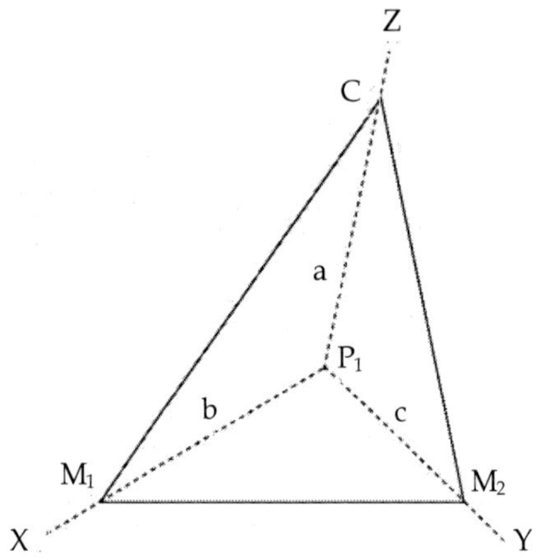

그림 5-5 입지삼각형

① 수식법

[그림 5-5]에서 보는 바와 같이 어떤 기업이 삼각형의 가운데에 입지하고 기업이 입지하는 지점에서 C, M_1, 그리고 M_2까지의 거리를 a, b, c 라고 하고, M_1과 M_2에서 생산되는 원료의 한계수송비를 각각 t_1과 t_2, 제품의 한계수송비를 t_0라 하자. 그리고 M_1과 M_2에서 생산되는 원료의 무게중량을 각각 x, y라 하고 제품의 무게중량을 z라 하면 원료수송비와 제품수송비를 합한 총 수송비(TC)는 다음과 같다.

$$TC = x \cdot t_1 \cdot b + y \cdot t_2 \cdot c + z \cdot t_0 \cdot a \qquad (5.1)$$

따라서 총수송비가 최소되는 지점은 위 식의 값이 최소인 지점이다. 만약 제품과 원료의 한계수송비가 동일하다면 다음 식이 최소인 지점과 식 (5.1)이 최소인 지점은 같게 된다.

$$TC = x \cdot b + y \cdot c + z \cdot a \qquad (5.2)$$

여기서 총수송비가 최소인 지점은 모든 지점에서 총수송비를 구하고 이를 비교함으로써 찾을 수 있다.

② 등수송비곡선(isodapane)을 이용하는 방법

앞의 수식법은 모든 지점의 총수송비를 구하여야 하는 번거로움이 있는데 베버는 이와 같은 문제를 해결하기 위하여 Varignon Frame과 등수송비곡선을 이용하는 두 가지 방법을 제시하였다. Varignon Frame은 [그림 5-6]과 같이 추의 원리를 이용하여 총수송비가 가장 적은 지점을 찾는 방법이다.

등수송비곡선(isodapane)은 일종의 등고선으로 총수송비가 같은 지점을 연결한 선이다. 이 방법은 먼저 각 원료산지와 시장으로부터 원료의 수송비와 제품의 수송비가 동일한 지점을 연결한 개별등수송비곡선(isotim)을 그린 다음 이것으로부터 총수송비가 동일한 등수송비곡선을 그려서 총수송비가 최소인 지점을 찾는 방법이다. 등수송비곡선은 등비용선 또는 등비선이라고도 한다.

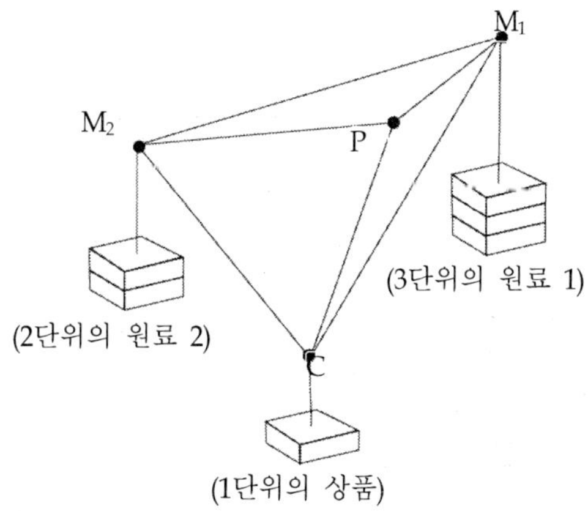

그림 5-6 Varignon Frame

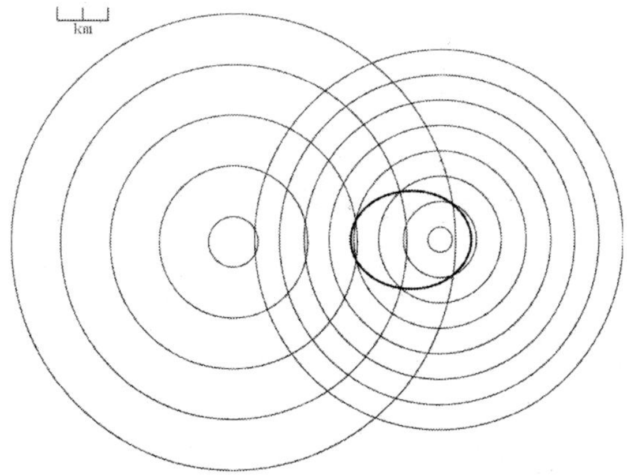

그림 5-7 등수송비곡선

예를 들면 [그림 5-7]에서 보듯이 어떤 제품을 생산하는데 N은 시장, M은 원료산지라 하자. N을 중심으로 그려진 가는 동심원들은 제품을 시장까지 수송하는 데 드는 개별등수송비곡선을 나타내고 M을 중심으로 그려진 가는 동심원들은 원료를 원료산지로부터 수송하는 데 드는 개별등수송비곡선을 나타낸다. 그림에서 보는 바와 같이 시장과 원료산지에서 멀어질수록 원료와 제품의 수송비는 증가하는데 이 개별등수송비곡선을 이용하여 등수송비곡선을 쉽게 찾을 수 있다. 예로서 A지점은 원료의 수송비가 2이고 제품의 수송비가 5이므로 총수송비는 7이 된다. 그리고 B지점은 원료의 수송비가 3이고 제품의 수송비가 4이므로 총수송비는 7이 된다. A-F를 연결하는 굵은 선은 바로 총수송비가 7인 지점을 연결한 선이다. 똑같은 방법으로 총수송비가 동일한 등수송비곡선을 여러 개 그리면 총수송비가 최소가 되는 지점을 쉽게 찾을 수 있다.

입지삼각형에서는 원료산지가 둘이고 시장이 하나인 경우 기업의 입지를 분석하였는데 이를 확장하면 원료산지와 시장이 보다 많은 경우에도 수송비지향형 기업의 입지를 분석할 수 있다.

(2) 지방적 생산요소의 영향

최소수송비이론에서는 사용되는 원료가 편재되어 있으나 그 원료를 수송할 수 있는 경우를 분석하였다. 그런데 어떤 생산요소가 특정한 지역에 편재되어 있고 그 생산요소를 한 지점으로부터 다른 지점으로 수송하는 것이 경제적인 측면에서 효율성이 없을 때 이를 비이동성 생산요소 또는 지방적 생산요소(local inputs)라 한다. 예를 들면 에너지, 노동, 중간생산물, 그리고 지방정부의 공공서비스 등이 여기에 속한다고 할 수 있다. 만약 어떤 기업이 총생산비의 많은 부분을 특정한 지방적 생산요소를 구입하는 데 사용하고 있다면 이 기업은 시장이 비록 멀다 하더라도 지방적 생산요소의 가격이 싼 곳에 입지하게 될 것인데 이를 지방적 생산요소 지향형 기업이라 한다. 예를 들면 에너지 집약적인 기업은 에너지 구입비용의 절감액이 다른 원료의 구입비용 및 수송비보다 상대적으로 크다면 기업은 싼 에너지가 부존되어 있는 지역에 입지할 것이다. 또한 노동집약적 기업은 싼 노동력이 풍부한 지역으로 유인되는 경향이 있는데 만약 노동비용, 즉 임금의 감소가 다른 원료비용과 수송비보다 상대적으로 크다면 기업은 임금이 낮은 곳에 입지하게 될 것이다. 비이동성 생산요소 가운데 중요한 것은 다음과 같은 것들이 있다.

노동

근로자들의 통근거리는 현실적으로 제한되어 있으므로 노동은 일종의 지방적 생산요소이다. 이렇게 노동과 같이 생산요소를 이동시킬 수 없고 그 가격도 장소마다 상이한 경우 기업은 단순히 수송비가 최소인 지점에 입지하지 않고 다른 생산요소들의 가격을 고려하여 총생산비가 최소인 지점에 입지하게 될 것이다. 이와 같은 점을 고려하여 베버는 등비용선을 이용하여 임금이 지역에 따라 차이가 있는 경우 수송비지향형 기업이 어디에 입지할 것인가를 분석하였다.[14] 여기서 수송비지향형 기업에 있어서 임금이 지역에 따라 차이가 난다면 어디에 입지를 할 것인가? 하는 문제를 생각해 보자.

[그림 5-8]에서 보는 바와 같이 M_1과 M_2에서 생산되는 원료 X와 Y를 사용하여 만든 제품을 시장 C에 판매하는 기업의 등비용선이 그림처럼 표시된다고 하고 수송비가 최소 되는 지점은 P_1이라고 하자. 만약 임금이 지역에 따라 차이가 있어 L_1지점이 P_1지점보다 3만원이 싸다고 하자. 기업이 L_1에 입지하면 총수송비는 증가하나 임금은 감소하게 되는데 수송비 증가액이 임금 감소액보다 적어 결과적으로 총생산비를 최소화할 수 있기 때문에 이 기업은 L_1에 입지할 것이다. 그러나 L_2지점의 경우는 수송비 증가액이 임금 감소액보다 크기 때문에 P_1지점이 최소생산비 지점이 된다. 베버는 수송비의 증가액과 임금의 감소액이 동일하게 되는 등비용곡선을 한계등비용곡선(critical isodapane)이라 불렀다.

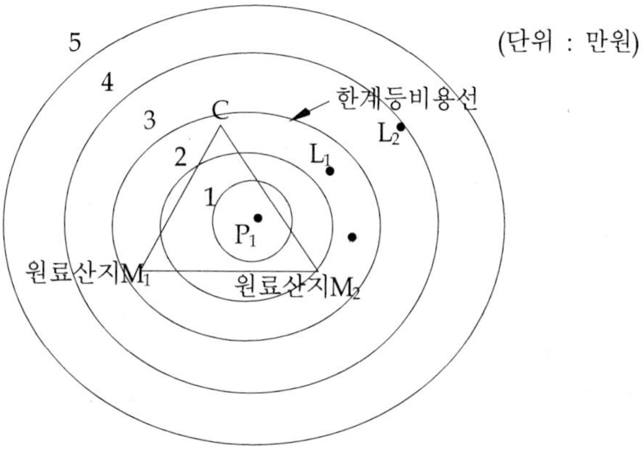

그림 5-8 임금의 영향

14) 보다 엄밀하게 말하자면 단순히 임금이 아니라 노동비용이라는 점이다. 임금이 높은 지역이라도 노동생산성이 충분히 높다면 효율적인 입지가 될 수 있는 것이다.

베버는 노동이 원료보다 상대적으로 더 중요한 기업의 경우 수송비가 싼 지역보다는 노동비가 저렴한 지점에 기업이 입지할 가능성이 크다고 주장하였다. 그는 노동비 지수(index of labor cost)를 이용하여 노동의 상대적 중요성을 측정하였는데 이는 제품의 단위무게를 생산하는 데 소요되는 평균 노동비를 의미한다. 그는 노동비 지수가 클수록 기업은 최소수송비 지점으로부터 벗어난 지점에 입지하는 경향이 강할 것이라고 주장하였다.

에너지

19세기 초까지만 하더라도 에너지는 순전히 지방적 생산요소였다. 폭포나 급류를 이용하여 만든 전기를 다른 장소로 송전할 수단이 발달하지 못하였기 때문에 이 전기를 필요로 하는 공장은 폭포부근이나 냇물을 따라 발달하였던 것이다. 19세기 후반에 들어와 증기기관이 발명됨으로써 에너지는 이동 가능한 생산요소가 되었고 전기의 발견으로 지방적 생산요소로서의 중요성이 많이 감소되었다. 그러나 아직도 에너지 집약적인 산업에 있어서 에너지는 중요한 생산요소인 바 이러한 산업은 에너지 비용이 싼 곳에 입지하는 경향이 있는 것이다.

쾌적성

어떤 기업들은 좋은 날씨, 좋은 학교, 낮은 범죄 발생률, 또는 좋은 문화적 여건 등의 간접적인 이유로 특정한 지역에 입지하는 경향이 있다. 대체로 소득이 높은 전문직 노동자들이 쾌적한 주거환경을 선호하는 경향이 있는데 이런 노동자들을 고용하는 기업들에게는 지역의 쾌적성이 주요한 입지요인이 된다. 이 경우는 고용기회를 따라 사람이 이동하는 것이 아니라 사람을 따라 기업이 이동하는 경우가 된다. 예를 들어 미국에 있어서 컴퓨터 산업, 반도체 산업, 그리고 첨단연구 기능 등은 북부지역보다 환경이 상대적으로 보다 쾌적한 남부나 서부지역에서 발전하였는데 그 중요한 이유는 소득이 높은 과학자나 전문기술자들이 이 지역으로 이동하였기 때문이다.

집적 경제

임금의 차이가 있는 경우 생산비가 최소인 지점은 수송비가 최소인 지점과 다를 수 있는 것과 마찬가지로 집적 경제도 기업의 생산비에 영향을 미칠 수 있는 중요한 요인이다. 베버는 집적경제가 발생하는 경우 기업이 어디에 입지할 것인가도 분석하였다.

지방정부의 서비스 및 세금

기업활동을 원활히 하기 위해서는 지방정부의 역할이 중요한데 지방정부가 제공하는 서비스는 지방적 생산요소이다. 이 서비스를 다른 지역으로 이동시킬 수 없기 때문이다. 지방정부의 서비스 외에도 지방세의 구조도 그 지방정부만이 가질 수 있는 독특한 것이므로 중요한 지방적 생산요소이다. 이러한 서비스의 질이 높은 곳과 지방세율이 낮은 곳에 기업이 입지하는 경향이 있다.

(3) 최소비용이론의 평가

베버의 최소비용이론은 제품생산을 위한 생산요소 즉 자원이 공간상에 편재되어 부존되어 있고 그 가격도 장소에 따라 다르다는 인식 하에서 출발하고 있다. 따라서 최소비용이론은 본질적으로 자원의 비동질적인 공간분포, 즉 지리적인 여건이 기업의 입지를 결정하는 가장 중요한 요인이라고 본다.

베버의 고전적 입지이론은 대체로 생산비가 입지에 큰 영향을 미치는 제조업의 입지를 설명하는 데 적절한 이론이라 할 수 있으며, 공업의 지역적 분포 패턴을 이해하는 데 많은 도움을 주고 있으나 다음과 같은 문제점을 안고 있다. 첫째, 기업의 입지에 영향을 미치는 요인은 매우 다양한데 정부의 정책과 같은 다른 요인들을 고려하고 있지 않다. 둘째, 기업의 총수입이 기업의 입지에 관계없이 일정하다는 가정은 비현실적이다. 셋째, 입지삼각형에서 중간입지가 가능한 것으로 주장하고 있으나 기업은 산지 또는 시장에 입지하는 것이 일반적이다. 넷째, 집적경제효과는 대규모 기업보다는 소규모 기업이 크다.

2. 최대수요이론

페터(Fetter, 1924)와 뢰시(Lösch, 1954) 그리고 호텔링(Hotelling, 1929) 등에 의하여 제시된 이론으로서 그들은 베버의 최소비용이론을 비판하면서 기업은 수입을 극대화할 수 있는 곳에 입지한다고 주장하였다. 기업은 그 종류에 따라서 수송비나 생산비보다는 판매량 또는 수입이 입지에 큰 영향을 미치는 경우가 있는데 백화점, 편의점, 주유소, 병원과 같은 상업이나 서비스업이 그 대표적인 사례이다. 이와 같은 기업들은 생산비가 최소인 지점에 입지하는 것보다는 소비자들을 가능한 한 많이 확보함으로써 판매량과 수입을 최대로 올릴 수 있는 지점에 입지하고자 하는 경향이 있다. 제조업 가운데서도 생산비가 기업이 입지하는 장소에 큰 관계가 없는 경우가 있고 특히 제품을 생산하는 데 많은 수의 원료를 필요로 하는 경우 그 기업은 어디에 입지하든지 생산비에 큰 차이가 없는 경우가 많다. 제조업도 수송비를 포함한 생산비가 지역에 따라 큰 차이가 없다면 수입이 극대화되는 곳에 입지하여 이윤을 극대화하고자 할 것이다. 페터, 뢰시 그리고 호텔링 등은 이와 같이 수입을 극대화하고자 하는 기업의 입지문제를 분석하였는데 그들의 이론들이 수요를 중요시한다는 측면에서 최대수요이론이라 한다. 대체로 이 이론들은 시장지향적 기업의 입지를 설명하는 데 적절한 이론이라 할 수 있다.

한편 기업의 세계에는 하나의 기업만 존재하는 경우보다는 다수의 경쟁기업이 존재하는 것이 보통이고, 특히 수입을 극대화하고자 하는 기업은 제한된 수의 소비자들을 놓고 경쟁하는 상대기업이 있는 것이 일반적이다. 시장에서 경쟁상대가 존재한다면 수입을 극대화하고자 하는 기업의 입지는 경쟁기업의 입지에 영향을 받게 될 뿐만 아니라 가격과 생산량도 경쟁기업의 가격과 생산량에 영향을 받게 된다. 페터, 뢰시 그리고 호텔링 등은 이와 같이 경쟁기업이 존재하는 상황하에서 수입을 극대화하고자 하는 기업의 입지와 가격결정문제 등을 분석하였다. 여기서는 뢰시와 호텔링의 이론을 중심으로 최대수요이론을 살펴보자.

(1) 뢰시의 입지모형

뢰시는 기업이 입지하고자 하는 지점은 생산비가 최소인 곳이라기 보다는 기업이 생산하는 제품을 가장 많이 판매함으로써 총수입을 극대화할 수 있는 지역이라고 주장하고, 기업들이 이와 같이 판매량을 극대화하는 곳에 입지하고자 할 때 공간상에서 어떠한 패턴을 나타낼 것인가를 분석하였다. 그는 크리스탈러가 제시한 중심지이론과 쳄벌린(Chamberlin, 1933)이 제시한 독점적 경쟁이론을 바탕으로 입지이론을 제시하였는데 이를 일반적으로 뢰시의 입지이론이라 한다.

뢰시의 입지이론은 다음과 같은 가정을 바탕으로 하고 있다. 첫째, 생산요소는 보편적이다. 즉 기업이 어떤 상품을 생산하는 데 필요한 토지, 자본, 노동, 그리고 원료와 같은 생산요소는 어느 곳에서든지 동일한 가격으로 구할 수 있다. 이와 같은 가상적인 공간을 동질공간(homogeneous plain)이라 한다. 이 가정은 기업의 생산비가 입지에 관계없이 동일하다는 것을 의미한다. 둘째, 동일한 수요자가 등밀도로 분포되어 있다. 이 가정은 공간상에 있는 모든 수요자의 수요패턴이 동일하다는 것을 의미한다. 셋째, 기업은 본선인도가격정책을 채택하고 있다. 이 가격제도는 생산자 또는 판매자가 가격을 부과하고 소비자가 수송비를 부담하는 가격제도를 의미한다. 넷째, 제품의 수송비는 거리에 비례하고 제품의 수송비는 어느 방향으로나 동일하다.

이와 같은 가정 하에서는 기업의 생산비가 장소에 따라 차이가 없기 때문에 기업은 총수입이 최대가 되는 지점에 입지를 함으로써 이윤을 극대화하려고 할 것이다. 이러한 가정 하에 빵을 생산하는 기업, 즉 제과점의 입지문제를 생각해 보자.

공간독점기업

① 배달가격

먼저 수요자들이 등밀도로 분포되어 있는 동질적인 공간상에 빵을 생산하는 제과점이 하나 입지한다고 가정하자. 여기서 제과점은 하나만 존재하고 있으므로 이 기업은 가격과 생산량을 독자적으로 결정할 수 있다. 이와 같이 공간상에서 경쟁기업의 영향을 받지 않고 가격과 생산량을 결정할 수 있는 기업을 공간독점기업이라 한다. 이제 이 공간독점기업이 본선인도가격정책을 채택하고 있다고 가정하고 이 기업의 제품에 대하여 소비자들이 실제로 지불하는 배달가격과 이 공간독점기업의 수요패턴, 그리고 시장권의 형태를 생각해 보자. 이 기업이 본선인도가격제도를 채택하고 있다면 서로 다른 지점에 살고 있는 소비자들이 지불하는 배달가격은 본선인도가격에다 수송비를 더한 금액이 된다. 만약 수송비가 거리에 따라 비례적으로 증가한다면 [그림 5-9]의 (a)에서 보는 바와 같이 배달가격은 거리에 따라 직선적으로 증가하게 된다.

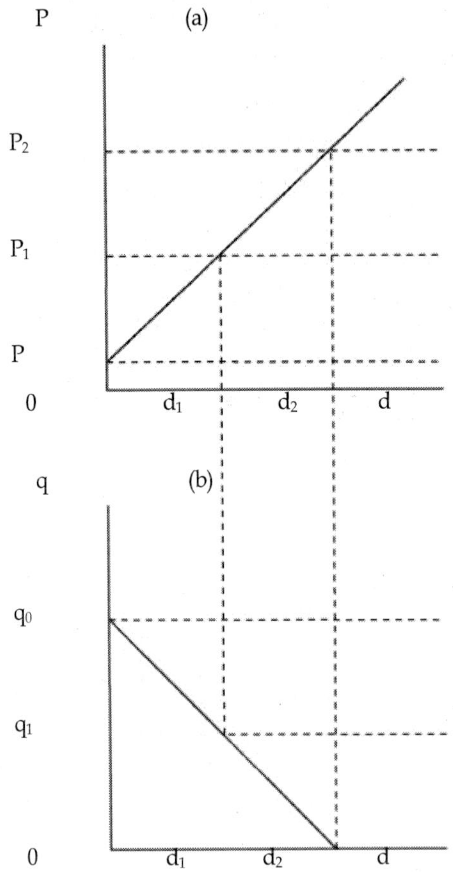

그림 5-9 배달가격, 수요량-거리함수

※ 자료: E. M. Hoover and F. Giarratani, 1984, op. cit., p.81.

② 수요량-거리 함수

이제 이 공간독점기업이 생산하는 제품의 수요량이 기업이 입지하고 있는 곳에서부터 거리가 멀어짐에 따라 어떻게 변화하는가를 살펴보자. 일반적으로 재화의 가격과 수요량은 반비례의 관계에 있다. 그런데 본선인도가격 하에서는 소비자들이 어디에 위치하고 있는가에 따라 실제로 소비자가 지불하는 가격은 달라지게 되는데 기업이 입지하고 있는 곳에서 멀리 떨어져 있는 소비자들은 가까이 있는 소비자들에 비하여 더 비싼 가격을 지불한다. 따라서 기업으로부터 멀리 떨어진 곳에 위치하고 있는 소비자들의 수요량은 가까이 위치하고 있는 소비자들보다 더 적게 된다. 기업이 입지하고 있는 곳에서 충분히 멀어지면 배달가격이 너무 높아 소비자들의 수요량이 0이 되는 지점에 도달하게 될 것이다. 여기서 소비자들의 수요량이 0인 지점들을 연결하면 공간독점기업의 시장권은 원이 된다. [그림 5-9]의 (b)는 공장에서 임의의 거리 d만큼 떨어져 살고 있는 소비자의 수요량을 나타내고 있는 바 기업으로부터의 거리가 멀어질수록 수요량이 감소하는 우하향의 곡선을 나타내고 있다.

③ 수요원추

수요공간은 동일하므로 이 수요량-거리 함수를 회전시키면 3차원 상에 입체적으로 표시된 수요함수가 나타난다. [그림 5-10]에서 보는 바와 같이 이 제품의 수요패턴은 마치 원추형의 모습을 띠므로 뢰시는 이를 수요원추(demand cone)라 불렀다. 이 수요원추의 부피는 주어진 본선인도가격에 있어서 시장수요량을 나타낸다.

여기서 주목하여야 할 것은 공간독점기업의 수요원추의 크기, 즉 시장수요는 본선인도가격과 교통비가 변함에 따라 변한다는 점이다. 일반적으로 본선인도가격이 하락하면 소비자들의 수요가 증대되어 기업의 원형시장권이 확대되고, 수요원추의 부피, 즉 시장 수요량도 증가하게 된다. 반대로 본선인도가격이 상승하면 소비자들의 수요가 감소하여 시장권도 축소되고 시장 수요량도 감소하게 된다. 그리고 교통비가 감소하면 원형 시장권의 크기가 확대되고 시장 수요량도 증가하며 반대로 교통비가 상승하면 시장 수요량은 감소하게 된다. 이와 같이 본선인도가격과 교통비가 달라지면 수요원추의 부피, 즉 시장수요량도 달라지게 되는데 서로 다른 본선인도가격에 대한 시장 수요량을 그래프에 표시하면 우하향의 시장수요곡선이 유도된다.

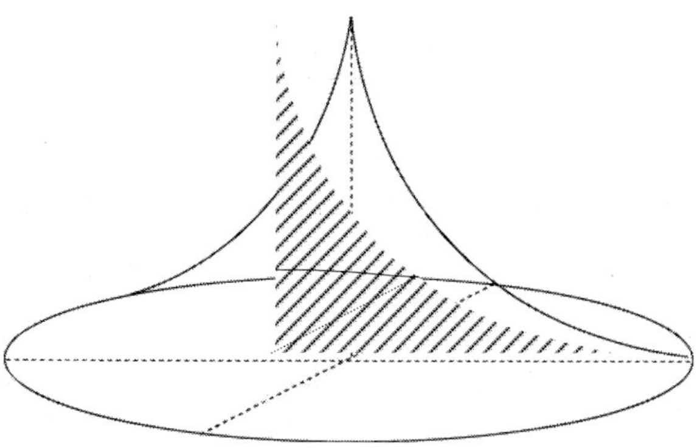

그림 5-10 수요원추

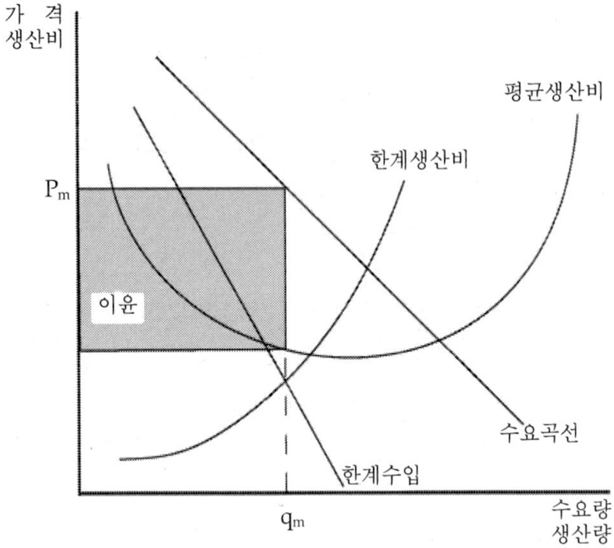

그림 5-11 공간독점기업의 가격, 생산량, 이윤

④ 가격, 생산량 및 이윤

이 공간독점기업이 결정하는 생산량과 가격 그리고 획득하는 이윤을 살펴보자. [그림 5-11]과 같이 독점기업이 직면하는 시장수요곡선은 우하향으로 기울어져 있다. 수요곡선이 우하향하는 경우 한계수입곡선은 수요곡선의 밑을 지나면서 우하향하게 된다. 이 독점기업의 생산비곡선은 그림에 표시되어 있는 바와 같다. 이윤은 한계수입과 한계생산비가 동일할 때 달성되므로 공간독점기업은 Qm을 생산하고 Pm의 가격을 책정한다. 따라서 총수입에서 생산비를 제한 총이윤은 빗금 친 부분으로 표시되는 바와 같다.

공간경쟁기업

독점기업은 초과이윤을 획득하고 있기 때문에 다른 기업들도 이 초과이윤을 획득하기 위하여 새로 시장에 진입할 것이다. 앞에서 가정한 바와 같이 기업의 생산비가 장소에 따라 차이가 없다면 신규 진입기업은 수요량이 최대가 되는 지점에 입지하여 수익을 극대화하고자 할 것이다. 여기서 신규 진입기업의 입지에 영향을 미치는 요인은 경쟁기업인 기존기업의 입지 뿐이다. 이 경우 [그림 5-12]의 (a)에서 보는 바와 같이 신규 진입기업이 판매량을 극대화할 수 있는 곳은 기존기업의 시장권 밖이라고 할 수 있다. 이 지점은 신규 진입

기업이 상품을 최대로 판매하여 최대의 이윤을 올릴 수 있는 지점인 것이다.

이 신규진입기업도 그의 시장권내에서 가격과 수요량을 독자적으로 결정할 수 있기 때문에 공간독점기업이라고 할 수 있다. 이 기업의 시장권도 원이 되고 기존기업과 마찬가지로 초과이윤을 획득하게 된다. 만약 두 기업의 생산비가 동일하다면 초과이윤도 동일하게 될 것이다. 이와 같은 공간독점기업이 시장에 최대로 진입하였을 때 뢰시는 공간독점기업들의 원형 시장권들이 정육각형의 형태로 배열을 하게 된다고 주장하였다. 그러나 [그림 5-12]의 (b)에서 보는 바와 같이 원과 원 사이에는 아직도 소비자들이 기업들로부터 상품을 공급받지 못하고 있는 지역이 있다. 이는 이 산업이 아직도 완전한 경쟁상태에 이르지 못하고 있고, 공간독점기업들이 여전히 초과이윤을 획득하고 있음을 의미하고 있다. 따라서 이와 같은 초과이윤을 획득하기 위하여 새로운 기업들이 시장에 진입하게 되는데 뢰시는 이들이 원형시장권을 분할하게 됨으로써 결과적으로 기업들의 시장권은 [그림 5-12]의 (d)와 같이 정육각형의 모양이 된다고 주장하였다. 일반적으로 시장권의 형태가 원인 기업을 공간독점기업이라 하는 반면 정육각형인 경우를 공간경쟁기업이라 한다.

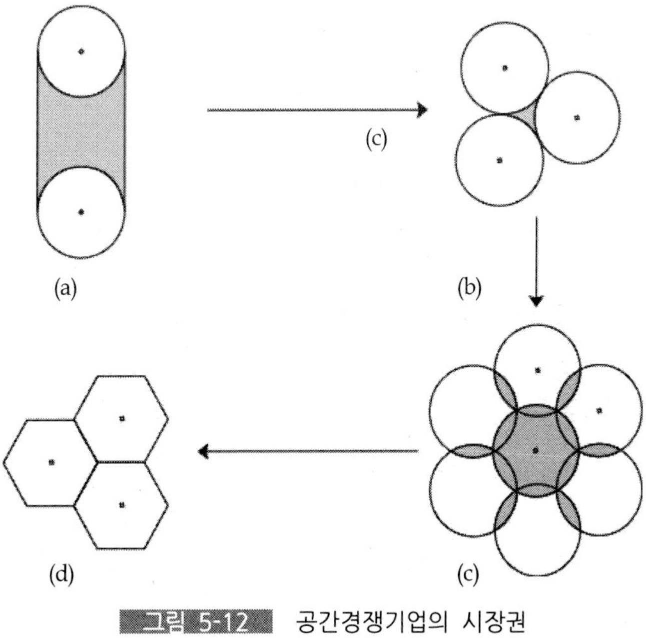

그림 5-12 공간경쟁기업의 시장권

이제 공간경쟁기업들의 가격과 수요량, 그리고 이윤을 분석해 보자. 시장에 새로운 기업들이 진입함으로써 일부 소비자들은 이 기업들로부터 제품을 구입하게 된다. 따라서 소비자들의 수는 줄어들므로 기존 기업들의 수요곡선은 점점 왼쪽으로 이동하게 되고 기존 기업들의 생산량과 초과이윤은 점점 줄어들게 된다. 만약 새로운 기업들이 계속해서 시장에 진입하게 되면 마침내는 각 기업의 초과이윤이 0이 된다. 뢰시는 이를 균형상태라 불렀는데 이와 같은 균형상태는 [그림 5-13]에 표시되어있는 바 이윤극대화를 위한 생산량은 한계수입과 한계비용이 일치하는 q_e에서 결정되고, 이때 본선인도가격 P_e는 평균생산비와 같게 되어 이윤은 0이 된다. 이 균형상태에서는 다른 조건의 변화가 없는 한 새로운 기업이 시장에 진입할 동기가 없어질 뿐만 아니라 기존의 기업도 시장에서 퇴장할 동기도 없게 된다.

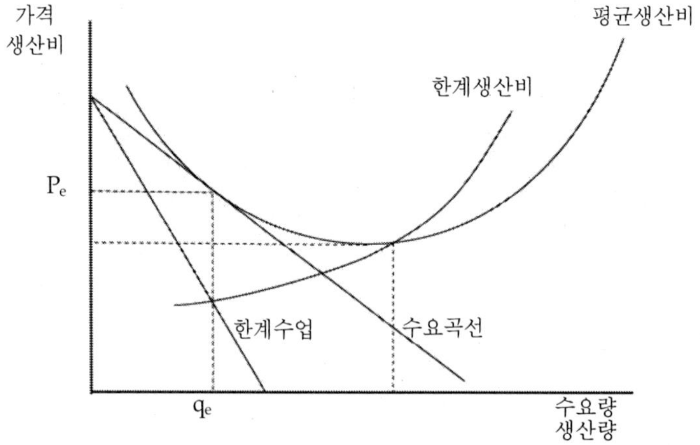

그림 5-13 공간경쟁기업의 가격, 생산량, 이윤

(2) 호텔링의 입지모형

호텔링(Hotelling, 1929)은 뢰시와는 달리 최대수요를 확보하고자 하는 기업간의 입지경쟁은 기업을 공간상에서 군집시키는 경향이 있다고 주장하였다. 여기서는 보다 단순화된 호텔링의 모형을 살펴보자. 먼저 제한된 선형시장(linear market)에 동일한 제품을 판매하는 두 기업이 판매량을 극대화하기 위하여 입지 경쟁을 하고 있는 경우를 상정하자. 이 선형시장에는 동일한 소비자가 등밀도로 분포되어 있고 두 기업이 판매하는 제품의 수요탄력성은 0, 다시 말하면 제품가격이 상승한다고 하더라도 소비자들의 구매량은 변하지 않고 각 소비자들은 일정한 기간에 한 단위의 제품을 가장 가까이 있는 기업으로부터 구매한다고 가정하자. 그리고 이 두 기업의 생산비는 0이라고 가정하고 자유로 이동할 수 있으며 이동비용도 없다고 가정하자. 이러한 조건하에서 판매량의 극대화를 추구하는 두 기업의 입지경쟁은 어떤 결과를 야기할 것인가를 분석해 보자.

이러한 상황은 [그림 5-14]에 표시되어 있다. 그림에서 선형시장은 크게 독점적 시장권과 경쟁적 시장권의 두 부분으로 구분된다. 즉 A기업의 왼쪽에 있는 소비자들은 A기업으로부터 필요한 제품을 구입하고, B기업의 오른쪽에 있는 소비자들은 B기업으로부터 제품을 구입하므로 이 부분에서는 각 기업이 독점적인 위치를 누리게 된다. 반면에 두 기업의 경쟁시장, 즉 두 기업 사이에 위치하고 있는 소비자들에 대해서는 두 기업이 서로 소비자들을 나누어 차지하게 된다. 이와 같은 상황에서 기업의 이윤은 시장권을 확대함으로써 증가하게 된다.

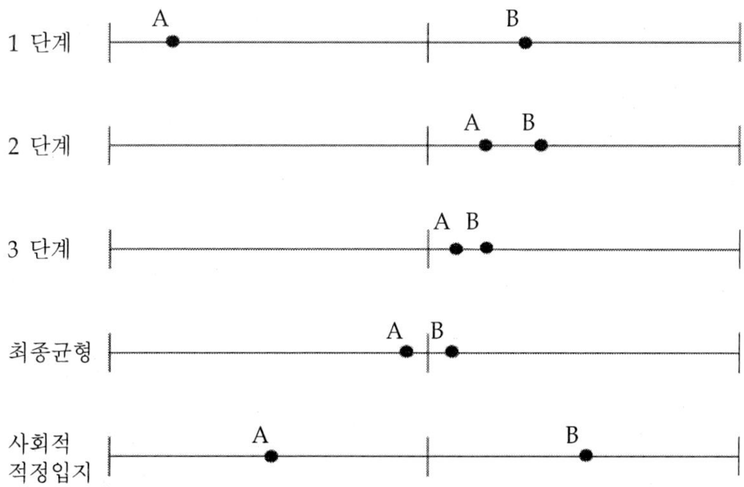

그림 5-14 호텔링의 입지모형

이 때 각 기업은 자기가 이동한다 하더라도 경쟁기업은 이동하지 않을 것으로 믿는다고 하자. 그러면 A기업은 경쟁기업인 B기업 쪽으로 이동함으로써 독점적 시장권은 확대하고 경쟁적 시장권은 축소하여 이윤을 증대할 수 있기 때문에 B기업이 있는 오른쪽으로 이동하고자 할 것이다. 마찬가지로 B기업도

A기업 쪽으로 이동함으로써 시장권과 이윤을 확대할 수 있기 때문에 왼쪽으로 이동하고자 할 것이다. 이러한 기업의 이동은 두 기업이 더 이상 이동할 경제적 동기가 없을 때까지 계속되게 될 것인 바 두 기업이 모두 선형시장의 가운데에 입지하게 될 때 두 기업은 더 이상 이동할 동기가 없어지게 된다.

이 분석이 의미하는 바는 선형시장에 있어서 사회적으로 바람직한 입지는 각 기업이 시장권을 1/4씩 등분하는 지점이기는 하지만 입지경쟁에 의하여 두 기업이 중앙에 모이게 된다는 것이다.

이와 같이 호텔링의 모형은 동종의 기업이 최대수요를 확보하기 위한 입지경쟁의 결과로 공간상에 군집하게 된다는 주장을 한다는 측면에서 동종기업간의 경쟁이 공간상에 분산입지하는 결과를 초래할 것이라는 뢰시의 모형과는 대조적인 모형이다.

(3) 최대수요이론의 평가

최대수요이론은 공업보다 상업이나 서비스업의 입지를 설명하는 데 적합한 모형이다. 이 이론은 생산비가 장소에 관계없이 동일하다는 가정은 비현실적이라는 비판을 받고 있으나 경쟁이 입지를 결정하는 과정을 분석할 수 있다는 장점이 있다.

3. 수익극대화이론

이 이론은 로스트론(Rawstron, 1958)과 스미스(Smith, 1981) 등이 주장한 이론으로 기업은 수입과 비용의 차이인 이윤을 극대화할 수 있는 지점에 입지한다는 주장을 말한다. 베버의 최소비용이론은 기업은 생산비가 최소인 지점에 입지한다고 주장하고 있는 반면 뢰시와 호텔링 등에 의한 최대수요이론은 기업이 수요가 최대인 지점에 입지한다고 주장하고 있다. 전자의 이론은 기업의 수입은 장소에 따라 큰 차이가 없지만 생산비는 큰 차이가 있다는 것을 가정하고 있다. 반면에 후자의 이론은 생산비는 장소에 따라 큰 차이가 나지는 않지만 수입 또는 판매량은 차이가 크다는 것을 가정하고 있다. 그러나 현실적으로 기업의 수입과 생산비는 장소에 따라 차이가 있을 수 있는데 로스트론과 스미스 등은 기업은 수입과 비용의 차이인 이윤이 극대화되는 지점에 입지한다고 주장하였다. 이 이론은 첫째, 기업가가 모든 지점에서의 수입과 비용을 다 계산하는 것은 불가능하고 둘째, 기업간의 경쟁이 입지에 미치는 영향을 고려하지 않고 있다는 비판을 받고 있다.

4. 집적경제이론

우리는 기업들이 특정한 지점을 중심으로 모여 있는 현상을 많이 볼 수 있다. 예를 들어 울산에는 자동차와 관련된 제품을 생산하는 기업들이 많이 모여 있고 대구에는 섬유산업에 속하는 기업들이 모여 있다. 앞에서 언급한 바와 같이 기업들이 공간상에서 군집하는 원인에는 여러 가지가 있지만 가장 대표적인 것이 집적경제이다. 집적경제는 기업들이 공간상에 서로 가까이 입지함으로써 얻을 수 있는 경제적 이익, 즉 개별기업의 생산비가 감소하거나 생산량이 증가하는 현상을 의미하는데 집적경제도 입지하는 기업들의 종류를 기준으로 지역특화 경제(localization economies)[15]와 도시화 경제(urbanization economies)의 두 가지로 구분된다.

(1) 지역특화 경제

지역특화 경제(localization economies)는 마샬(Marshall)에 의하여 처음으로 제시된 개념으로 외부경제와 관련된 개념이다. 생산의 외부경제는 어떤 산업의 총생산량이 증가함에 따라 그 산업에 속하는 기업들의 생산비가 감소하는 현상을 의미한다. 생산의 외부경제는 여러 가지 원인에 의하여 실현될 수 있지만 많은 경우에 특정한 산업에 속하는 기업들이 지리적으로 서로 가까운 곳에 군집함으로써 발생하게 된다. 이와 같이 기업들의 군집에 의하여 발생하는 외부경제를 집적의 외부경제(external economies of agglomeration) 또는 지역특화 경제라 한다. 따라서 일반적으로 지역특화 경제라 함은 특정한 산업에 속하는 기업들이 서로 인접하여 입지함으로써 얻는 경제적 이익을 뜻한다. 지역특화 경제가 발생하는 이유 가운데 중요한 것으로는 중간 투입물의 수송비 감소, 노동시장 경제, 그리고 커뮤니케이션 경제 등을 들 수 있다(Sullivan, 1990).

■ 중간투입물의 수송비 감소

일반적으로 기업이 하나의 제품을 생산하기 위해서는 여러 단계의 공정을 거쳐야 한다. 여기서 하나의 기업이 각 생산과정을 일관된 생산체계에 포함하여 제품을 생산하는 산업조직을 수직결합(vertical integration)조직이라 하고, 여러 기업이 각 생산과정을 나누어 제품을 생산하는 조직을 수직분화(vertical

15) 국지화 경제로 번역하는 경우도 있다.

disintegration)조직이라 한다.[16] 동일한 산업에 속하는 기업들 가운데 수직분화된 기업들은 최종 생산물과 중간 투입물을 생산하는 기업들이 서로 가까이 입지하고 있으면 중간 투입물의 수송비가 감소하게 된다. 특히 중간투입물의 공급자와 수요자간에 중간 투입물의 수송비가 비교적 크거나, 중간 투입물의 디자인이나 제조에 있어서 상호 빈번하고 밀접하게 대면접촉을 할 필요가 있을 때, 그리고 중간 투입물이 부피가 크거나 파손되기 쉽고 신속한 수송이 필요한 상황하에서는 최종 생산물을 생산하는 기업들은 중간생산물을 생산하는 기업들에 가까이 입지함으로써 생산비용이 절감되기 때문에 기업군집 현상이 발생한다. 수직분화 산업의 군집현상의 예는 여러 가지를 들 수 있으나 고급의류 제조업, 첨단기술기업, 대기업의 본사, 그리고 출판업 등을 들 수 있다.

노동시장 경제

지역특화 경제가 발생하는 두 번째 이유는 기업들이 일정한 곳에 군집하게 되면 노동시장의 효율성(labor-market economies)이 증가하기 때문이다. 일반적으로 기업들이 일정한 지역에 모여 있으면 노동자들이 직업을 찾는 데 소요되는 비용이 감소하게 된다. 고용에 관련된 정보가 비공식 경로를 통하여 노동자들에게 쉽게 확산되고 장래의 고용자들이 가까이 있기 때문에 취업이 상대적으로 용이하기 때문이다. 그리고 취업기회가 가까이 있을 경우 노동자들의 이동비용이 적게 소요된다. 따라서 기업들이 모여 있으면 생산활동에 필요한 노동을 쉽게 구할 수 있어 집적의 외부경제가 발생하게 된다.

커뮤니케이션 경제

이는 생산활동에 필요한 정보의 교환과 기술교류가 원활해지는 효과를 의미한다. 동일한 산업에 속하는 기업들이 공간상에 가까이 입지하고 있으면 근로자들 사이에 생산기술에 관한 정보를 교환할 기회가 많아지므로 새로운 아이디어가 창출될 가능성이 커지고 생산기술의 발전이 이루어질 가능성도 커진다.

16) 기업이 수직분화되는 원인에는 여러 가지가 있을 수 있겠으나 가장 중요한 것으로는 중간 투입물 생산의 규모경제라 할 수 있다. 즉 어떤 기업이 생산하는 최종 생산물의 수요가 중간 투입물 생산의 규모경제를 달성할 수 있을 만큼 크지 않을 때 최종 생산물을 생산하는 기업은 중간 투입물을 생산하는 기능을 그 기업이 담당하는 것보다는 다른 기업이 담당하게 하는 것이 생산비를 줄일 수 있으므로 수직분화된 산업조직이 발생한다.

(2) 도시화 경제

도시규모가 커짐에 따라 도시에 입지하고 있는 기업들이 얻는 경제적 이익을 말한다(Jacobs, 1969). 도시규모가 커지면 도시에 다양한 산업이 발달하여 기업들은 필요한 서비스를 다른 기업으로부터 용이하게 받을 수 있고 여러 가지 도시적 서비스도 원활하게 공급받을 수 있어 생산비가 감소되는 경제적 이익을 볼 수 있다. 그리고 이 이익은 도시에 입지하는 모든 종류의 기업들이 혜택을 볼 수 있는 것이다. 도시화 경제가 지역특화 경제와 다른 점은 특정한 산업만이 아니라 다른 종류의 모든 산업에 영향을 미친다고 하는 점이다. 도시화 경제의 발생원인에는 다음과 같은 것들이 있다(Sullivan, 1990).

■ 생산자 서비스의 효율적 이용

도시규모가 커지면 도시에 다양한 종류의 기업이 입지하기 때문에 어떤 기업이 다른 종류의 기업으로부터 기업활동에 필요한 지원을 쉽게 받을 수 있다. 예를 들어 기업활동을 위해서는 은행, 보험, 인쇄업, 법률상담, 수송업 등과 같은 다른 생산자들로부터 서비스를 구입하는 것이 필요한데 도시규모가 커지면 이러한 다양한 서비스업이 많이 입지하기 때문에 이들로부터 기업활동에 필요한 서비스를 쉽게 구입할 수 있다.

■ 공공서비스의 효율적 이용

또한 도시규모가 커지면 공공서비스의 지원도 쉽게 획득할 수 있어 기업활동이 편리해진다. 예를 들면 교통, 교육, 수출입 통관 등과 같은 서비스도 기업활동에 필요한 공공서비스인데 도시규모가 클수록 이러한 공공서비스도 발달하기 때문에 기업활동이 원활해진다.

■ 노동시장 경제

도시규모가 커지면 노동력이 풍부해져서 기업들이 필요한 노동력을 쉽게 구입할 수 있다. 근로자들도 쉽게 구직할 수 있는 것은 물론이다.

■ 커뮤니케이션 경제

도시규모가 커 다양한 종류의 기업들이 입지하면 근로자들 사이에 필요한 정보의 교환과 기술교류가 원활해지고 혁신이 발생할 가능성이 커진다.

5. 행동주의 입지이론

심리학적 이론에 바탕을 둔 입지이론으로 프레드(Pred, 1967)와 슈메너(Schmenner, 1982) 등이 주장한 이론이다. 앞에서 설명한 입지이론은 기업가에 대한 여러 가지 가정을 바탕으로 하고 있다. 즉 기업가는 이윤극대화를 추구하는 합리적 존재로서 모든 지점에서의 생산비와 수입에 관한 완전한 정보를 가지고 있다는 것을 가정하고 있는 것이다. 그러나 행태적 입지이론은 현실적으로 이윤추구가 기업가의 유일한 목표는 아니며 경우에 따라 이윤 이외의 다른 개인적 요인이 기업의 입지를 결정하는 중요한 요인이 되기도 하고 기업가가 이윤추구를 목적으로 하고 있더라도 모든 지점에서 생산비와 수입에 관한 완전한 정보를 다 가지고 있지는 않다고 본다. 이 이론은 이와 같은 기업가의 제한된 합리성과 제한된 정보가 기업의 입지에 미치는 영향에 관심을 두며, 기업의 입지가 최적한 수준에서 결정되는 것이 아니라 만족한 수준에서 결정된다고 본다.

| 제 6 장 |
도시화

과거 농업사회에서는 사람들이 대부분 자급자족적인 농업을 영위하였고 도시의 발달은 미약하였기 때문에 공간의 분화 정도가 매우 낮았다. 단지 기후나 지형 그리고 지질 등의 요인에 따라 지역별로 다른 작물을 재배하는 수준에 머물러 있었고 도시의 역할도 극히 제한되어 있었다. 그러나 산업화와 도시화가 진행됨에 따라 공간은 도시를 중심으로 분화, 발전하게 되었다. 오늘날의 도시는 환경오염, 교통혼잡, 사고, 범죄 등의 부정적인 문제점이 많이 야기되고 있음에도 불구하고 주민들에게 고용기회와 교육 및 문화를 향유할 기회를 제공할 뿐만 아니라 각종 정보와 혁신의 산출지이며 파급지이기도 하다. 따라서 도시화는 지역의 발전에 대단히 중요한 역할을 담당하고 도시화의 정도는 국가 및 지역발전의 지표로 인식되기도 한다. 따라서 여기서는 도시화의 원인과 과정 그리고 문제점에 관하여 논의하고자 한다.

1 도시화의 의의와 원인

1. 도시화의 의의

도시화는 크게 두 가지의 뜻으로 사용되고 있는데 하나는 인구가 일정한 지역에 밀집하는 현상을 의미하고 다른 하나는 인구의 밀집현상과 함께 도시적 가치, 문화, 행태, 제도 등이 확산되는 현상, 즉 현대화(modernization)를 의미한다. 아프리카의 도시를 보면 인구만 밀집한 반면 도시적 시설과 기능은 미미한 상태이고 농업이나 축산업과 같은 1차 산업이 발달한 경우도 많이 볼 수 있다. 겉은 도시인 것처럼 보이지만 실질적으로 거대한 농촌의 촌락을 연상시키는 도시이다. 이와 같은 상태를 현대적인 의미의 도시화라 하기는 어려운 실정이다. 반면 농촌이라 하더라도 도시적 산업과 문화 등이 발달된 경우를 농촌의 도시화라 하기도 한다. 도시화는 이와 같이 두 가지 뜻으로 사용되고 있으나 여기서는 좁은 의미의 도시화 즉 도시에 사람이 밀집하는 현상을 의미한다.

2. 도시화의 원인

도시는 농경생활과 함께 시작되었다. 인간은 농경생활로 인하여 잉여농산물을 생산할 수 있었고 이로 인하여 도시문명이 가능하게 되었다. 그리고 이 도시는 다시 문명발달의 근원지로 작용하여 왔다. 영어의 문명(civilization)과 도시(city)는 같은 어원을 가지고 있으며 문명은 라틴어로 '도시에서 일어나고 있는 일'을 뜻하였다. 그러나 현대적인 의미의 도시화는 산업혁명과 함께 시작되었다고 할 수 있다. 산업혁명이 발생하기 이전에는 전세계적으로 도시화율이 3%에 불과하였으나 산업혁명과 함께 도시화율이 급격히 증가하여 1990년대에는 전세계적으로 도시에 사는 인구의 비율이 50%에 이르고 있는 상태이다. 여기서는 이와 같은 현대적인 도시화의 원인을 살펴본다.

(1) 생산의 규모경제

도시화가 발생하는 가장 중요한 원인은 생산의 규모경제이다(scale economy in production). 생산의 규모경제는 대량생산의 이점을 의미하는 것으로 산출량이 증가할수록 평균생산비가 감소하는 현상을 의미한다.[17]

일반적으로 대량생산을 할 경우 규모의 경제가 발생하여 평균생산비가 감소하게 되는데 이와 같은 규모의 경제를 추구하기 위하여 기업과 같은 경제조직이 발생하고 이 기업은 노동과 자본과 같은 생산요소를 고용하여 생산활동을 한다. 여기서 경제조직이 고용하는 노동은 도시를 형성하는 본질적인 요인이 된다. 보통 기업이 규모의 경제를 추구하는 대표적인 경제조직이기 때문에 생산의 규모경제에 의해 발생하는 도시를 산업도시(industrial city)라 한다.

19세기 초까지만 하더라도 세계의 도시화율이 3%에 불과하던 것이 산업혁

17) 생산규모가 증가함에 따라 단위당 비용이 감소하는 것은 결국 생산규모가 증가할 수록 산출량이 생산요소의 투입량보다 더 많아진다는 것을 의미한다. 이는 규모에 대한 수익체증 현상을 가리킨다.

명이 거의 완성된 19세기 말에는 약 20%로 높아졌고 현재는 약 50% 수준을 보이고 있으나 산업이 발달하지 못한 중앙아시아의 경우 도시를 거의 볼 수 없는 사례에서도 알 수 있는 바와 같이 현대의 도시화는 산업화가 가장 중요한 요인이다.

그러나 생산의 규모경제가 도시발생의 필요조건이기는 하나 충분조건은 아니다. 농업 생산력이 충분히 향상되어 잉여생산물을 생산할 수 있고 이 잉여생산물로 산업생산활동에 종사하는 노동을 부양할 수 있을 때 도시가 발생한다고 볼 수 있다.

(2) 수송의 규모경제

도시화가 발생하는 두 번째 원인은 수송의 규모경제(scale economy in transportation)이다. 수송의 규모경제는 대량수송의 이점 즉 수송량이 증가할수록 평균 수송비가 감소하는 현상을 의미한다. 일반적으로 국가간 또는 지역간에 특정한 재화의 생산에 있어서 비교우위가 있을 때 교역이 발생하는데[18] 생산물 수송의 규모경제 때문에 국가간 또는 지역간에 생산된 재화를 수집, 수송 및 분배해 주는 역할을 전문적으로 담당하는 중개상 또는 무역상과 같은 경제조직이 발생하고 이 경제조직을 중심으로 도시가 발생한다.[19] 수송의 규모경제를 추구하는 경제조직 때문에 발생하는 도시를 무역도시 또는 시장도시(trading city, market city)라 한다.[20] 무역도시는 교통이 편리한 주요 간선도로의 교차점, 항구, 또는 강이 만나는 지점에 입지하는 경향이 있다.

산업도시가 발생하는 경우와 마찬가지로 비교우위와 수송의 규모경제는 무역도시 발생의 필요조건이기는 하나 충분조건은 아니다. 농업 생산력이 충분히 향상되어 잉여생산물을 생산할 수 있고 이 잉여생산물로 산업생산활동에 종사하는 노동을 부양할 수 있을 때 무역도시가 발생한다고 볼 수 있다.

---

18) 비교우위에 의한 생산성의 차이가 수송비보다 클 경우 국가간 또는 지역간 교역이 발생할 것이다.

19) 수송의 규모경제가 없으면 생산자들 사이에 직접거래가 발생할 것이며 따라서 수송을 전문적으로 담당하는 중개상이나 무역상과 같은 경제조직이 발생할 이유가 없을 것이다.

20) 무역도시가 발생하는 본질적인 원인이 비교우위에서 출발되기 때문에 비교우위가 무역도시를 발생시키는 원인으로 지적되기도 한다.

(3) 집적경제

생산의 규모경제와 수송의 규모경제는 도시가 발생하는 원인이라 할 수 있다. 그런데 도시는 인구가 아주 작은 소도시에서부터 인구규모가 매우 큰 거대도시에 이르기까지 다양한 규모의 도시가 존재한다. 이와 같이 인구규모가 큰 대도시가 발생하는 원인은 집적경제(agglomeration economies) 때문이다. 앞에서 설명한 바와 같이 생산의 집적경제는 기업들이 공간상에 모여 있음으로 인하여 얻는 경제적 이익을 의미하는데 이 때문에 기업들은 공간상에 군집하게 되고 따라서 큰 도시가 발생하는 것이다.

2 도시화의 과정

1. 도시화의 진행 패턴

전국인구에 대한 도시인구의 비율을 도시화율이라 하는데 도시화를 일찍 경험한 선진국의 경험에서 볼 때 도시화율은 시간이 경과함에 따라 S자 모양의 로지스틱곡선(logistic curve)과 유사한 패턴을 나타내는 것으로 알려져 있다.

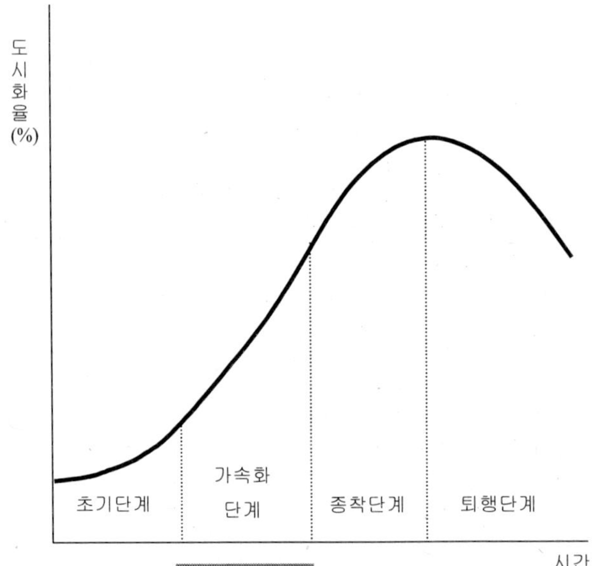

그림 6-1 도시화 곡선

[그림 6-1]에서 보는 바와 같이 이 그래프는 초기에는 도시화가 완만하게 상승하다가 일정한 단계가 되면 급속히 증가하고 이 단계가 지나면 다시 완만한 상승곡선을 그린다. 그리고 도시화가 최대점에 달한 이후에는 점점 감소하는 추세를 나타낸다. 이와 같은 도시화의 과정은 크게 초기단계, 가속화단계, 종착단계, 그리고 퇴행단계로 나누어진다. 이 마지막 단계를 도시지역에서 농촌지역으로 인구가 역이동하는 역도시화(counter-urbanization)라고도 부르고 있는데 선진국에서 1970년대부터 나타나기 시작한 현상으로 U턴 또는 농촌의 도시화 등과 같은 이름으로도 불린다.

2. 세계의 도시화

세계의 도시화가 어떤 패턴으로 진행되어 왔는가를 살펴보자. 앞에서 언급한 바와 같이 전세계적으로 19세기 초까지만 하더라도 도시화율은 3%에 불과하던 것이 산업혁명이 거의 완성된 19세기말에는 약 20% 수준으로 급격히 높아졌다. 그리고 1965년에는 36%로 증가되었으며 1989년 현재는 약 50%의 도시화율을 보이고 있다.

표 6-1 세계의 선 · 후진국별, 지역별 도시화율 (단위: %)

연도별		1965	1989
계		36	49
선 · 후진국별	후진국	17	36
	중진국	42	58
	선진국	71	77
지 역 별	남부 사하라 아프리카	14	28
	동아시아	19	47
	남아시아	18	26
	중동, 북아프리카, 기타 유럽	38	54
	중남미	53	71
	북미, 유럽	71	77
	기타	52	65

※ 자료 : UNDP. 1991. Human Development Report, New York: Oxford University Press.

1965년과 1989년 사이에 진전된 도시화를 선 · 후진국별, 지역별로 살펴보면 〈표 6-1〉과 같다. 표에서 보는 바와 같이 도시화율이 1965년까지만 하더라도 후진국은 17%에 불과하였고 중진국도 42%수준에 머무르고 있었으나 선진국은 이미 71% 수준에 육박하고 있었다. 그 후 1989년에는 후진국과 중진국의 도시화율이 괄목할 만한 성장을 보였으나 선진국은 포화상태로 접근함에 따라 완만한 증가를 기록하였다.

도시화의 진행정도를 지역별로 살펴보면 남부 사하라 아프리카와 남아시아가 26~28%에 머물고 있어 가장 낮은 수준을 보이고 있다. 그리고 동아시아, 중동, 북아프리카, 기타 유럽은 40~50% 수준의 도시화율을 기록하고 있으며 나머지 지역은 70% 이상의 높은 수준을 보이고 있다. 이와 같은 현황을 살펴보면 산업화의 정도와 국가발전의 정도에 따라 도시화율이 커다란 차이를 나타내고 있는 점이 특징이라 할 수 있다.

3. 우리나라의 도시화

우리나라의 도시화과정은 도시화의 원인과 관련하여 1기(1910~1945), 2기(1945~1960), 3기(1960년~현재)의 3단계로 크게 구분할 수 있다. 이와 같은 도시화 과정의 원인과 특성을 보다 구체적으로 살펴보자.

제1기(1910~1945)의 도시화

이 시기는 일제의 식민지 시기로서 일제의 팽창을 위한 식민지로 전락되는 과정에서 서울, 부산, 신의주 등의 도시가 성장하게 되었다(손정목, 1982). 일제는 1910년부터 1930년까지 조선의 식량기지화정책을 추진하였는데 이에 따라 한국은 일본제국의 식량기지로 전락되어 식량증산을 위한 각종 시책이 등장하게 되고 그 결과 쌀의 집산지와 수출항인 군산, 목포, 진남포 등이 성장하게 되었다. 일제의 식민지정책은 1931년 이후에는 그 방향을 바꾸어 대륙침략을 위한 병참기지화정책을 추진하게 된다. 이에 따라 지하지원이 풍부하고 공업발전이 적합한 북부지방과 중·남부지방이 공업기지가 되고 그 과정에서 부산, 신의주, 원산, 함흥, 청진 등의 도시가 성장하게 되었다.

일제하의 도시성장은 자생적 요인에 의한 것이 아니라 식민지수탈정책에 따라 촉발되었다. 이 때문에 근대 상공도시의 성장과는 그 경로와 성격이 판이하게 달랐다. 도시의 성장은 종주국의 국내적 필요에 의한 물자의 공급기지화, 병참기지화 등에 의하였고 이러한 요건에 맞추어 도시가 수탈적으로 개발된 것이다. 이러한 과정으로 〈표 6-2〉에서 보는 바와 같이 우리나라의 도시화율은 1915년에 3.1%에 불과하던 것이 일제가 패망할 때인 1945년에는 130여 개의 시와 읍이 성장하여 14.5%에 달한 것으로 기록되고 있다(강대현, 1977).

제2기(1945~1960)의 도시화

이 시기는 해방 후부터 본격적인 경제개발이 시작된 1960년까지로서, 도시화는 크게 두 가지 요인에 의하여 촉발되었다. 하나는 해방으로 인한 해외 귀환동포와 북에서 유입된 인구의 도시정착이고, 다른 하나는 6·25 전쟁으로 인한 피난민과 이재민의 도시정착이다. 이 두 가지 요인에 의하여 진행된 도시화의 특징은 도시빈곤의 만연과 주택난, 그리고 도시기반시설의 미비와 환경위생시설의 열악성을 들 수 있다(김인, 1986). 이 시기의 도시화는 인구유입지역에서의 끌어당기는 요인(pulling factors)보다는 인구유출지역에서의 밀어내는 요인(pushing factors)에 의하여 진전되었다는 것이 특징이다. 이 두 가지 요인에 의하여 1945년에 14.5%이던 도시화율은 1960년에 28.3%로 증가하였는데 이 시기의 도시화는 적절한 고용이나 생활기반시설의 조성이 되지 않은 상태에서 도시인구가 증가한 소위 가도시화 과정이라 볼 수 있다.

표 6-2 우리나라의 도시화 추세 (단위: 백만명, %)

구 분	1915	1925	1935	1945	1955	1960	1970	1980	1988	2001
전국인구	16.3	19.0	22.2	19.4	21.5	25.0	34.7	38.1	42.8	50.6
도시인구	0.5	0.7	1.6	2.8	5.2	7.1	15.6	25.4	32.8	41.2
도시화율	3.1	3.5	7.4	14.5	24.4	28.3	49.8	66.7	76.6	81.6

※ 주 : 2001년은 추정치임.
※ 자료 : E. S. Mills and Byung Nak Song. 1977. Korea's Urbanization and Urban Problems(1945~1975), Korea Development Institute, Working Paper 7701: 10. 대한민국, 제2차 국토종합계획(1982).

제3기(1960~현재)의 도시화

1962년부터 경제개발계획의 시행으로 산업화가 본격적으로 추진되기 시작하였다. 이 시기는 우리나라의 도시화도 본격적인 상승기에 접어들고 있었던 시기이었는데 대도시를 중심으로 한 산업화의 진전은 본격적인 도시화를 촉진시키는 원동력이 되었다. 이 시기의 우리나라도시화 추세를 살펴보면 1960년대에 28.3%에 불과하던 것이 1975년에 50.9%로 대폭 증가하였고 1990년에는 74.4%로 증가하였다. 그 후에는 로지스틱곡선과 같이 도시화율이 점차 완만하게 증가하여 포화상태에 접근하고 있는 상태이다. 이 시기의 도시화는 산업화에 의하여 진행된 것으로 유출지역의 밀어내는 요인과 유입지역의 당기는 요인이 함께 작용한 것이 특징이라 할 수 있다.

도시화의 특성

우리나라도시화과정의 특성을 살펴보면 도시화율 자체는 선진국의 수준에 뒤떨어지고 있지 않으나 서울을 중심으로 한 수도권의 인구는 과다하게 많이 분포되어 있는 반면 다른 지역의 인구는 상대적으로 인구가 너무 적게 분포되어 있는 것이 문제점으로 지적되고 있다. 〈표 6-3〉과 같이 전국대비 서울의 인구비중은 1960년에 9.8%이던 것이 1988년에 24.0%로 계속 증가하였고 1995년에는 22.9%로 약간 감소하였다. 그리고 경기도와 인천은 1960년에 11.0%에서 1988년에 16.9%로 증가하였고 1995년에는 22.3%로 대폭 증가하여 서울과 인천, 그리고 경기도를 합한 수도권 인구는 1995년 현재 전국인구의 45.2%를 점하고 있다.

표 6-3 지역별 인구변화 (단위: 천명, %)

구 분	인구					인 구 비 중				
	1960	1970	1980	1988	1995	1960	1970	1980	1988	1995
전 국	24,989	31,434	38,124	42,800	44,609	100.0	100.0	100.0	100.0	100.0
서 울	2,445	5,525	8,518	10,287	10,231	9.8	17.6	22.3	24.0	22.9
부 산	1,164	1,876	3,217	3,769	3,814	4.7	6.0	8.4	8.8	8.5
경 기	2,749	3,353	5,024	7,240	9,958	11.0	10.7	13.2	16.9	22.3
강 원	1,637	1,865	1,823	1,731	1,466	6.6	5.9	4.8	4.0	3.3
충 북	1,370	1,480	1,451	1,392	1,397	5.5	4.7	3.8	3.3	3.1
충 남	2,528	2,858	3,009	3.020	3,039	10.1	9.1	7.9	7.1	6.8
전 북	2,395	2,432	2,329	2,163	1,902	9.6	7.7	6.1	5.1	4.3
전 남	3,553	4.005	3,848	3,818	3,324	14.2	12.7	0.1	8.9	7.5
경 북	3,848	4,556	5,051	5,268	5,126	15.4	14.5	13.2	12.3	11.5
경 남	3,018	3,119	3,383	3,604	3,846	12.1	9.9	8.9	8.4	8.6
제 주	282	365	471	509	505	1.1	1.2	1.2	1.2	1.1

※ 주 : 인천은 경기, 대전은 충남, 대구는 경북, 광주는 전남에 포함.
※ 자료 : 대한민국정부, 1982, 제2차 국토종합계획.
통계청, 1995, 인구 및 주택센서스보고.

우리나라제2위 도시인 부산의 경우 인구 수는 계속 증가하고 있다. 그러나 전국에서 차지하는 인구비중은 1988년까지는 계속 증가하였다가 1995년에는 8.5%수준으로 약간 감소하였다. 참고로 서울과 부산의 면적은 국토의 1.1%에 불과한 데 비하여 인구는 전국민의 약 31.4%를 차지하고 있다.

1960~1995년 기간 중 수도권을 제외한 대부분의 나머지 지역의 인구 비중은 감소하였는데 특히 강원, 전북, 전남의 3개 지역은 인구의 절대적인 감소를 경험하였다. 충북의 경우도 1988년까지는 인구의 절대적인 감소를 경험하였지만 1995년에는 감소율이 정체된 상태이다. 이와 같은 경향을 볼 때 1960년대 이후의 도시화과정의 특징은 서울의 인구비중이 계속적으로 증가하고 있지만 인구의 증가속도는 점차 완만해지고 있다는 점, 경기지역의 인구가 1970년대부터 급격하게 증가하고 있다는 점, 그리고 1970년대부터 산업화가 뒤진 강원, 충북, 전북, 전남지역에 있어서 절대적인 인구감소가 발생하였다는 점 등을 들 수 있다.

3 도시화의 문제점

도시화가 진행되는 과정에서 여러 가지 문제점들이 나타나는데 대표적인 것이 종주도시화, 대도시권의 확대, 가도시화 등을 들 수 있다. 이와 같은 문제점들은 개선하는 것은 도시정책에 주요한 목표가 된다(박종화 외, 1995).

종주 도시화 현상

도시화 과정에서 나타나는 대표적인 문제점의 하나가 종주 도시화 또는 종주화 현상(urban primacy)인 바 이는 수위도시의 인구가 하위도시의 인구보다 과도하게 많은 현상을 의미한다. 종주 도시화가 심한 나라는 아시아의 태국이 대표적인 경우이고 동남아의 일부국가나 남미의 국가들도 심한 것으로 알려져 있다. 이와 같은 패턴의 도시화는 종주도시에만 인구와 산업이 복잡하게 집중되어 있고 지방의 중소도시들은 인구나 산업이 너무 적어 국토의 균형발전과 사회통합의 실현에 커다란 문제가 되기도 한다.

대도시권의 외연적 확산

산업화 과정에서 나타나는 도시화의 두드러진 특징은 대도시권의 성장이다. 즉 교통 및 통신의 발달, 소득수준의 향상, 자유시간의 증가, 대도시 주변지역에서의 비농업적인 경제활동의 증대 등으로 말미암아 중심부와 주변부가 기능적으로 상호 연결된 통합공간을 형성하게 된다. 대도시권의 외연적 확산은 여러 가지 문제를 야기한다. 예컨대 직장과 주거지의 분리를 촉진시켜 도시 내 일부지역에 한정되었던 교통문제를 광역도시권 전체의 문제로 확대시키고 통행의 장거리화로 인한 에너지의 낭비현상을 심화시킨다.

가도시화 현상

가도시화(pseudo-urbanization)란 도시인구의 증가속도가 도시산업의 성장속도보다 훨씬 빠르게 나타나 도시인구의 상당수가 비공식 경제부문(informal sector)에 종사하면서 불량주거지역을 형성하는 유형의 도시화를 의미하며, 도시의 부양능력을 훨씬 초과하여 인구가 집중되기 때문에 여러 가지 도시문제를 유발시킨다. 우리나라의 경우는 이와 같은 문제점이 거의 없지만 동남아나 아프리카 도시의 경우에는 인구만 대도시에 집중하였지 도시적 시설과 기능은 매우 미비한 가도시화 현상을 자주 볼 수 있다.

| 제 7 장 |
정주체계

1 정주체계의 의의

정주체계는 여러 가지 뜻으로 사용되고 있는데 넓은 의미로는 취락의 분포상태, 즉 도시와 농촌의 분포상태를 의미한다. 인구가 공간상에 분포되어 있는 모습을 살펴보면 농촌이 있는가 하면 도시도 분포되어 있다. 그리고 도시도 서울과 같이 큰 것에서부터 소규모의 읍처럼 작은 것에 이르기까지 다양한 규모가 분포하고 있다. 또한 도시와 농촌, 도시와 도시는 독립적으로 존재하는 것이 아니라 경제적, 사회적, 기능적 측면에서 상호 밀접한 관련을 맺고 있어 전체가 하나의 체계를 형성하고 있다.

이와 같은 정주체계는 어떠한 원리에 의하여 형성되고 거기에는 어떠한 규칙성이 있는가? 그리고 어떤 형태가 이상적인 정주체계인가? 등과 같은 문제에 관해서 많은 학자들이 관심을 가져왔다. 그리고 지방정부와 지역주민들도 이 문제에 많은 관심을 가지고 있다. 우리나라의 경우 지역의 발전 정도는 도시규모의 크기로 평가되는 경우가 많기 때문에 지역주민들은 자기가 거주하고 있는 도시의 인구규모가 큰 대도시로 성장하는 것을 바라며, 또한 그를 위해 여러 가지 노력을 기울이고 있는 것이다. 그러나 현실적으로 도시는 읍처럼 아주 작은 도시에서부터 서울처럼 매우 큰 대도시까지 다양한 크기의 도시가 존재하는 것이 일반적이다. 따라서 여기서는 왜 큰 도시와 작은 도시가 발생하는가? 왜 도시는 공간상에 분산되어 분포하는가? 그리고 어떠한 정주분포 패턴이 이상적인 것인가? 등의 문제를 살펴본다.

2 중심지이론

1. 개요

중심지이론(central place theory)은 정주체계의 분포원리를 설명하는 이론 가운데 가장 중요한 이론이라 할 수 있다. 이 이론은 크리스탈러(Christaller, 1966)와 뢰시(Lösch, 1954)에 의하여 제시되었고 파르(Parr) 등에 의하여 발전을 본 이론으로서 도시의 수(number), 규모(sizes) 및 분포(distribution) 등에 관한 법칙을 구명하고자 하는 이론이다.

우리가 정주체계를 살펴보면 몇 가지의 규칙성을 발견할 수 있다. 예를 들어 하나의 대도시에 모든 인구가 모여 있는 것이 아니라 도시는 공간상에 분산되어 있고 사람들도 분산되어 거주하고 있다. 도시의 인구규모는 동일하지가 않고 큰 도시와 작은 도시가 존재할 뿐 아니라 작은 도시의 수는 많고 큰 도시의 수는 적다. 또한 큰 도시는 서로 멀리 떨어져 있는 반면 작은 도시는 인접해 있는 것이 일반적이다. 중심지이론은 이와 같은 정주체계가 형성되는 원리를 설명하고 이상적인 정주체계를 모색하는 것을 목적으로 하고 있다. 이 이론은 원래 크리스탈러에 의하여 제시되었으나 그의 이론이 기하학적 추론에 바탕을 두었고 경제이론의 뒷받침이 약한 문제점이 있었기 때문에 뢰시가 경제 이론적 기초를 제공하였다.

중심지 이론은 몇 가지 특성이 있는데 첫째는 연역적 추론에 의하여 제시된 이론이라는 점이고, 둘째는 실증적 이론이라기보다는 이상적인 정주체계를 모색하는 규범적 이론이라는 점이다. 중심지이론은 크리스탈러에 의하여 처음으로 제시된 이래 뢰시, 파르(Parr), 베리(Berry) 등에 의하여 많은 발전이 이루어져 왔는데 여기서는 크리스탈러와 뢰시의 고전적 중심지이론을 살펴보자.

2. 크리스탈러의 중심지이론

크리스탈러의 중심지 이론은 도시가 존재하기 위해서는 도시에서 생산되는 재화와 용역을 소비할 수 있는 주변지역이라는 시장이 있어야 한다는 인식에서 출발한다. 중심지이론에서 중심지란 바로 주변지역에 재화와 용역을 제공하는 장소인 도시를 의미하고, 중심지로부터 재화와 용역을 제공받는 주변지역을 배후지(hinterland)라 한다. 배후지는 특정한 중심지 주변의 배후 농촌지역뿐만 아니라 보다 작은 규모의 중심지도 포함하며 보완지역(complementary region) 또는 시장권(market area)이라고도 한다.[21] 중심지가 배후지역에 재화와 용역을 생산·공급하는 것을 중심기능이라 한다.

중심지가 존재하기 위해서는 중심지에서 생산되는 재화와 용역을 소비하는 배후지의 인구가 일정규모 이상이 되어야 하는데 이를 최소 요구치(threshold)라 한다. 그리고 중심지가 수행하는 기능이 중심지로부터 미치는 거리를 도달거리 또는 도달범위(range)라 한다. 도달거리에 있어서 중심지가 존재할 수 있는 최소의 도달거리를 하한 도달거리 또는 실제거리라 하고 최대의 도달거리를 상한도달거리 또는 이상적 거리라 한다. 하한 도달거리는 최소 요구치에 대응되는 개념이다.

중심지는 종류에 따라 중심기능의 보유정도가 다른데 중심지이론에서는 중심기능을 많이 보유한 중심지를 상위 중심지라 하고 적게 보유한 도시를 하위 중심지라고 하여 중심지를 중심기능의 수에 따라 구분하고 있다. 크리스탈러의 중심지이론에 있어서 상위 중심지는 하위 중심지가 가지는 모든 기능을 가지고 있고 상위 중심지 특유의 기능을 추가로 보유한다[22]. 일반적으로 인구규모는 중심지가 보유하고 있는 기능의 수에 따라 결정되므로 상위 중심지의 인구규모는 하위 중심지의 인구규모보다 크다. 그리고 상위 중심지는 하위 중심지보다 배후지의 최소 요구치와 도달거리가 크기 때문에 대도시는 소도시보다 거리상 멀리 떨어져 있고 따라서 그 숫자도 적다.

정주체계에 관한 이와 같은 이론을 바탕으로 크리스탈러는 어떠한 형태의 중심지 체계가 이상적인가를 추론하였다. 그는 이를 위하여 자연자원이 균일하게 분포되어 있는 동일한 지형 상에 동일한 구매력을 갖는 자급자족적 농가가 동일한 밀도로 분포되어 있는 가상적인 동질공간을 상정하고 어떠한 체계가 이상적인 중심지 체계인가를 추론하였다.

그는 먼저 중심기능의 수가 같은 동일한 규모의 중심지가 공간상에 다수 분포되어 있는 경우 배후지가 정육각형의 모습으로 배열되며 중심지는 각 정육각형의 가운데에 입지하는 벌집모양의 패턴이 가장 이상적인 형태라고 주장하였다. 이는 다른 형태의 배후지 즉 정사각형이나 정삼각형과 같은 기하학적

21) 어떤 중심지의 배후지는 주변농촌만 포함하는 것이 아니라 그 중심지보다 인구규모가 작은 다른 중심지를 포함할 수도 있다.

22) 뢰시의 중심지 이론에서는 상위 도시라 하더라도 하위 도시가 가지는 모든 기능을 다 가지는 것은 아니다.

형태의 배후지를 상정할 수 있으나 정다각형의 면적이 동일한 경우 배후지가 정육각형의 형태로 배열될 때 단위면적당 가장 많은 도시가 입지할 수 있어 배후지역 주민들이 중심지로부터 가장 편리하게 재화와 용역을 구입할 수 있기 때문이다(전경구, 1994, 1996). 그리고 중심지가 정육각형 배후지의 중심에 입지하는 것은 다른 경우보다도 소비자들의 전체 교통비가 최소로 소요되기 때문에 이상적이라고 하였다.

그리고 크리스탈러는 여러 가지 크기의 다른 중심지들이 공간상에 어떤 패턴으로 분포하는 것이 이상적인가에 대해서도 추론하였다. 그는 [그림 7-1]에서 보는 바와 같이 시장경제체제하에서 중심지체계는 상위 중심지의 정육각형 하나가 하위 중심지의 정육각형 세 개를 일정하게 포섭하는 형태가 이상적이라고 주장하였다. 왜냐하면 이와 같은 패턴에서는 일정한 면적에 상위계층의 중심지가 최소로 입지할 수 있어 가장 적은 수의 도시로부터 소비자들이 상위계층의 중심지에서 필요한 재화와 용역을 구입할 수 있기 때문이다. 이 중심지 체계와 같이 상위 중심지의 정육각형 하나가 하위 중심지의 정육각형 세 개를 포함하는 체계를 K=3 체계라 한다. 중심지 이론에서는 이와 같이 상위 중심지의 시장권이 하위 중심지의 시장권을 체계적으로 포섭하는 것을 포섭원리(nesting principle)라 하는데 K=3의 경우처럼 상위 중심지의 시장권이 하위 중심지의 시장권을 모든 계층에서 동일한 패턴으로 포섭하는 것을 고정포섭 체계라 한다.

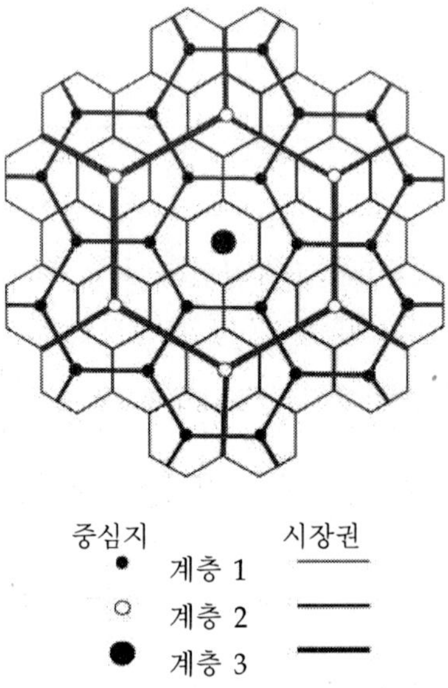

그림 7-1 시장원리에 의한 중심지 체계

크리스탈러는 교통이나 행정의 효율성을 높이는 중심지 체계는 시장경제의 효율성을 제고하기 위한 중심지 체계와 다르다고 주장하고 각각 어떤 중심지 체제가 이상적인가를 추론하였다. 그는 먼저 교통의 효율성을 높이기 위해서는 [그림 7-2]와 같이 상위 중심지의 정육각형 시장권 하나가 하위 중심지의 정육각형 시장권 4개를 포섭하는 형태가 이상적인 중심지 체계라고 주장하고, 행정의 효율성을 제고하기 위해서는 [그림 7-3]과 같이 상위 중심지의 육각형 하나가 하위 중심지의 육각형 일곱 개를 포섭하는 형태가 가장 합리적이고 이상적인 형태의 중심지 체계라고 주장하였다. 전자를 K=4 체계라 하고 후자를 K=7체계라 한다. 소위 교통원리에 의하여 형성되는 K=4 중심지 체계에서는 중심지들이 교통로를 따라 배열되고, 행정원리 또는 분리원리에 따라 형성되는 K=7 중심지 체계에서는 중심지들이 배후지를 능률적으로 관리할 수 있도록 배열된다. 이 두 체계도 일종의 고정포섭 체계이다.

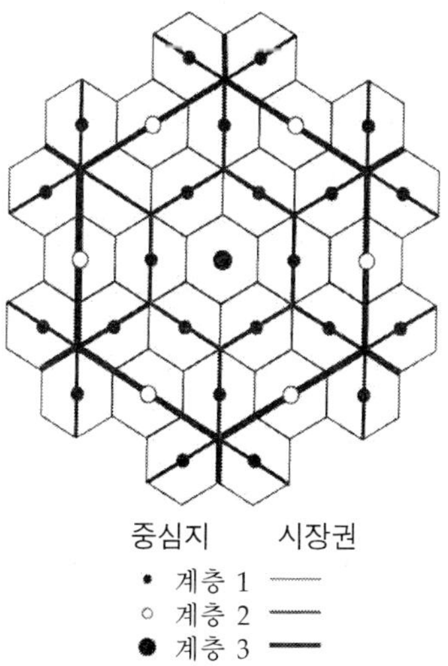

그림 7-2 교통원리에 의한 중심지 체계

그림 7-3 행정원리에 의한 중심지체계

3. 뢰쉬의 중심지이론

뢰시의 중심지 이론은 크리스탈러가 제시한 중심지이론의 결점을 인식하는 데서부터 출발한다. 우선 크리스탈러는 도시에서 생산되는 재화와 용역을 소비하는 배후지가 있을 때 도시가 발생한다고 생각했으나 뢰시는 도시 자체가 재화와 용역을 생산하는 것이 아니라 기업이 재화와 용역을 생산하고 이 기업이 고용하는 노동이 도시의 발생과 인구규모를 결정하는 요인이라 생각하였다. 그는 대량생산에 의한 규모의 경제가 발생할 때 기업은 노동과 자본과 같은 생산요소를 고용하여 생산활동을 시작하며 생산을 위하여 고용되는 노동은 바로 도시를 형성하게 되는 본질적인 원인으로 생각하였던 것이다. 뢰시는 도시체계가 형성되는 과정을 설명하기 위하여 기업의 입지모형을 개발하였는데 이를 뢰시의 입지모형이라 한다는 것을 설명하였다.

뢰시는 제5장에서 설명한 바와 같은 입지모형을 기초로 크리스탈러와는 다른 중심지모형을 제시하였다. [그림 7-4]에서 보는 바와 같이 뢰시의 중심지체계는 크리스탈러의 체계와는 여러 가지 측면에서 다른 특성을 보이고 있는데 첫째는 중심지체계의 구조를 설명하는 데 있어서 뢰시는 기초취락(basic settlements)이 정육각형의 패턴으로 분포되어 있는 비연속적인 동질공간을 가정하였다는 점이다.

둘째, 뢰시의 모형에서는 상위 중심지의 정육각형이 포섭하는 하위 중심지의 정육각형 개수가 일정하지 않다는 점이다. 그림에서 보는 바와 같이 상위 중심지의 정육각형 하나가 포섭하는 하위 중심지의 정육각형은 모두 다르게 나타나고 일정하지도 않다. 단지 가운데 있는 지역중심지의 경우만 일정한 포섭체계를 나타내고 있는데 그것은 최하위 중심지의 정육각형은 기초취락 3개를, 차상위 중심지의 정육각형은 기초취락 4개를 그리고 그 상위 중심지의 정육각형은 기초취락 7개를 포섭하는 체계이다. 이와 같이 포섭체계가 중심지 계층에 따라 달라지는 것을 가변포섭 체계라 한다.

셋째, 상위계층의 중심지라고 해서 하위계층의 중심지가 가지는 모든 기능을 다 가지는 것은 아니라는 점이다. 그림에서 보는 바와 같이 가운데 있는 지역중심지의 경우를 제외하고는 상위 중심지는 하위 중심지와는 다른 기능을 보유하고 있다.

넷째, 동일한 계층에 속하는 중심지라 하더라도 인구규모가 달라 순위에 따른 인구규모의 분포가 연속적이라는 점이다. 이는 세 번째의 특징에 기인하는 것으로서 뢰시의 중심지 체계는 중심지에 따라 보유하는 기능의 종류와 수가 다르기 때문에 결과적으로 인구규모도 크리스탈러의 모형과는 달리 연속적인 분포가 된다.

다섯째, 중심지의 수가 방향에 따라 다르게 나타난다는 점이다. 그림을 자세히 살펴보면 중심지가 희박하게 분포되어 있는 구역이 있는 반면 풍부하게 분포되어 있는 구역도 있다. 전자를 도시희박지구, 후자를 도시밀집지구라 한다.

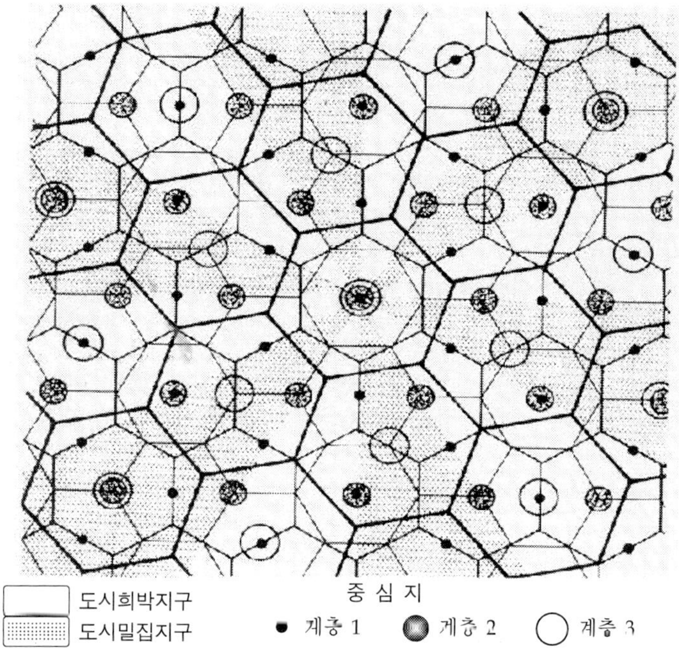

그림 7-4 뢰시의 중심지 체계

※ 자료: W. Isard, 1956, Location and Space Economy, New York: John Wiley, p.270.

이상에서 뢰시의 중심지체계의 특성을 크리스탈러의 중심지체계와 비교 설명하였는데 근본적으로 뢰시는 도시마다 서로 다른 종류의 산업이 발달하는 특화현상과, 특정한 지역에 도시가 주로 집중하는 분포의 불규칙성, 그리고 도시규모분포의 연속성을 설명하기 위하여 그림과 같은 중심지체계를 제시하였다고 볼 수 있다.

4. 중심지이론의 평가

중심지이론은 정주체계에 있어서 독보적인 위치를 차지하고 있는 이론으로써 정주체계의 분포에 관한 많은 것을 설명해 주고 있다. 그리고 이 이론은 단순히 현실을 설명하는 데만 국한하는 것이 아니라 이상적인 정주체계를 모색하고자 하기 때문에 현실에 적용할 수 있는 이론이라는 장점도 있다.

그러나 이 이론은 여러 가지 측면에서 비판을 받고 있는 바 첫째는 동질공간을 가정하고 있다는 점이다. 즉 실제적으로 공간은 자원이 매우 불균등하게 분포된 이질적인 특성을 가졌음에도 불구하고 이를 무시하고 있다는 결점이 있다. 둘째는 폐쇄체제를 상정하고 있다는 점이다. 현실적으로 한 국가는 세계의 다른 국가들과 재화와 용역을 교환하고 있고 이것이 한 나라의 도시체계에 많은 영향을 미친다. 그러나 중심지이론은 한 나라가 다른 국가와 교환이 없는 것으로 상정하고 있는 문제점이 있는 것이다. 이와 같은 측면에서 이 이론은 농촌을 배경으로 하는 지역의 정주체계에 적합하고 국제간의 교류가 활발한 대도시의 경우에는 적용하기 어렵다는 지적을 받고 있다. 셋째는 기하학적인 방법에 많이 의존하고 있을 뿐만 아니라 정태적이라는 비판을 받고 있다.

중심지이론이 이와 같은 비판을 받고 있음에도 불구하고 이 이론은 정주체계에 관한 여러 가지 현상을 잘 설명해 주고 있을 뿐만 아니라 공간조직을 구성하는 데 있어서도 유용한 이론이라고 할 수 있다.

3 도시규모 분포이론

정주체계 가운데서도 특히 도시인구 규모의 분포패턴에 관심을 갖는 이론을 도시규모 분포이론(city-size distribution theory)이라 한다. 예를 들어 도시규모와 순위와의 관계를 살펴보면 반비례의 관계에 있다. 그리고 도시규모의 수를 살펴보면 큰 도시의 수는 적은 반면 작은 도시의 수는 많다. 도시규모 분포이론은 바로 이와 같이 도시규모의 분포패턴에 관심을 가지는 이론을 지칭한다. 물론 중심지이론도 이 문제에 관심을 가지고 있기는 하지만 주로 기하학적 측면에서 도시의 공간적 분포패턴에 보다 많은 관심을 기울인 반면 계량적인 도시인구 규모의 분포패턴을 연구하는 데는 큰 관심을 가지지 않았다. 이에 비하여 도시규모 분포이론은 도시인구규모의 통계적 분포특성을 기술하거나 그와 같은 규칙성이 나타나는 요인을 구명하는 데 보다 많은 관심을 기울이는 데 그 특징이 있다.

1. 서술적 모형

도시규모 분포모형 가운데 도시규모의 분포에서 발견되는 통계적 규칙성을 특정한 함수형태로 표현한 것을 서술적 모형(descriptive models)이라 한다.

이 모형은 단순히 규칙성을 발견하는 데 관심을 가지고 있을 뿐, 이와 같은 규칙성이 발생되는 과정이나 원인에는 관심을 가지지 않는다. 지금까지 제시되어 온 서술적 도시규모 분포모형에는 여러 가지가 있으나 그 가운데 중요한 것은 순위규모 분포, 파레토 분포 등을 비롯하여 네 가지가 있다(Richardson, 1973a, 1973b).

(1) 순위규모 분포(rank-size distribution)

이는 아우어바흐(Auerbach, 1913), 로트카(Lotka, 1924), 그리고 지프(Zipf, 1941, 1949) 등이 발견한 분포모형으로, 도시의 인구규모가 도시의 순위에 반비례하는 분포패턴을 지칭한다. 도시의 순위와 규모 사이의 관계를 맨 처음 구명한 사람은 아우어바흐인데 그는 작은 규모의 도시를 제외한 비교적 큰 도시들을 대상으로 도시규모와 순위사이의 관계를 분석하여 양자의 사이에는 다음의 식 (7.1)과 같은 관계가 있다고 주장하였다.

$$rP_r = C \tag{7.1}$$

$$P_r = \frac{C}{r} \tag{7.2}$$

여기서, r = 도시의 순위
P_r = 순위 r도시의 인구규모
C = 상수 (수위도시인구 P_1)

위의 통계적 경험법칙은 도시의 순위와 규모를 곱한 것은 항상 일정하고 그것은 수위도시의 인구규모와 같다는 것을 의미한다. 즉 순위가 2위인 도시의 인구규모는 수위도시 인구의 1/2, 순위 3위의 도시인구는 수위도시 인구의 1/3, 그리고 순위 4위의 도시인구는 수위도시인구의 1/4이 되는 것을 의미한다. 그리고 도시의 순위와 규모가 위와 같은 특별한 관계식을 따르는 도시규모 분포를 순위규모법칙(rank-size rule)이라 한다.

한편 로트카와 지프 등은 도시규모 이외에도 기업체의 크기, 생물개체의 크기 그리고 특별한 글자가 사용되는 빈도 등에 있어서도 순위와 규모가 일정한 관계를 가지고 있는데 이 관계는 위의 식과 유사한 다음과 같은 경험식으로 표시된다고 주장하였다.

$$P_r r^q = C \qquad (7.3)$$

양변에 대수를 취하면 위의 식 (7.3)은 다음과 같이 표현된다.

$$\ln \mathrm{Pr} = \ln C - q \ln r \qquad (7.4)$$

식 (7.3)은 순위 r에 지수 q를 붙여 보다 일반화한 것으로서 이 분포를 순위규모 분포(rank-size distribution)라 한다. 따라서 순위규모법칙은 위의 순위규모 분포 가운데 q의 값이 1인 특별한 경우를 지칭한다. 지프는 여러 가지 경제 및 사회현상들이 위의 순위규모 분포를 보이는데 도시규모 분포는 일반적으로 순위규모법칙을 따른다고 주장하였다.

순위규모 분포를 수평축과 수직축을 대수(log)로 나타낸 좌표 상에 표시하면 [그림 7-5]와 같다. 그림에서 보는 바와 같이 순위규모 분포의 형태는 직선이 되는데 q의 값에 따라 그 기울기가 달라진다.

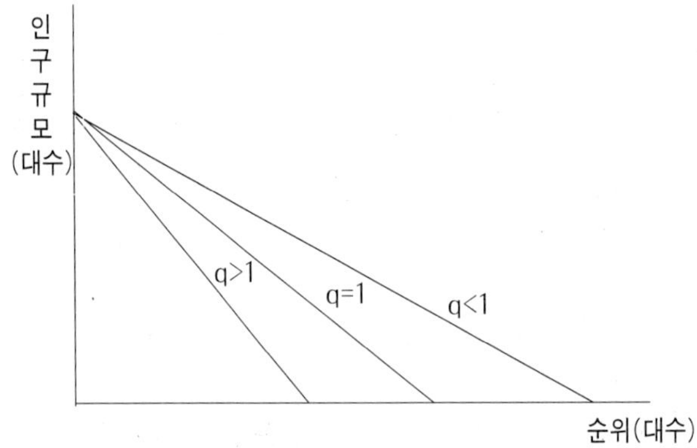

그림 7-5 순위규모 분포

(2) 파레토 분포(Pareto distribution)

과거부터 학자들은 소득의 분포가 어떤 패턴을 보이는가에 대하여 관심을 가져 왔다. 이 가운데 이탈리아의 경제학자 파레토(Pareto)는 통계적 관찰을 통하여 소득의 분포에 관한 하나의 경험법칙을 발견하였는데 그 법칙을 그의 이름을 따 파레토 분포라 한다. 그 후 소득의 분포상태 이외의 사회현상에 대한 파레토 분포의 적용 가능성이 여러 학자들에 의하여 분석되었는데 경제학자 싱거(Singer, 1936)는 일정한 규모이상의 도시분포도 소득의 분포와 비슷한 파레토 분포를 보인다고 주장하였다. 도시규모 분포와 관련하여 파레토 분포는 다음과 같은 식 (7.5)로 표시된다.

$$N(P_r) = AP_r^{-a} \tag{7.5}$$

여기서, Pr = 순위 r도시의 인구규모
N(Pr) = 인구규모가 Pr 이상인 도시의 수(순위)
A, a = 상수

식 (7.5)에서 N(Pr)은 인구규모가 Pr 이상인 도시의 수인데 이는 바로 그 도시의 순위를 의미한다. 파레토 분포와 순위규모 분포와의 관계를 살펴보면 위의 식에서 N(Pr)이 순위와 같음으로 순위규모 분포의 경우와 같이 이를 r로 표시하면 위의 파레토 분포는 다음의 식 (7.6)으로 표시된다.

$$r\,P_r^{a} = A \tag{7.6}$$

따라서 순위규모 분포에서는 지수 a가 순위(r)상에 표시되는 반면 파레토 분포에서는 도시규모(P_r)상에 표시된다는 점에서 차이가 있다고 할 수 있으나 두 분포는 본질적으로 유사한 모습을 띠고 있다. 위의 함수에서 지수 a는 여러 가지 값을 가질 수 있는데 싱거는 특히 도시규모 분포에서는 a의 값이 1인 경우가 일반적이라고 주장하였다. 만약 a가 1의 값을 갖는다면 파레토 분포는 순위규모법칙과 동일하게 된다. 따라서 일반적으로 도시규모 분포가 a=1인 파레토 분포를 따른다는 싱거의 주장은 도시규모 분포가 순위규모법칙을 따른다는 아우어바흐나 지프의 주장과 동일하다고 볼 수 있다.

(3) 대수정규 분포(lognormal distribution)

이 분포는 에잇치슨과 브라운(Aitchison & Brown, 1957)에 의하여 일반화된 분포모형이다. 어떤 확률변수에 대수(log)를 취한 값이 정규분포를하게 될 때 이를 대수정규 분포라 하는데 대수를 취하지 않았을 경우 그 확률변수는 [그림 7-6]에서 보는 바와 같이 오른쪽으로 편이된 분포를 보이게 된다. 도시규모에 있어서 이 분포모형은 베리(Berry)에 의하여 널리 알려지게 되었는데 파르(Parr)와 스즈끼(Suzuki)는 인구규모가 비교적 큰 도시들의 도시규모 분포는 순위규모 분포모형을 따르지만 인구규모가 적은 도시들을 포함한 전체도시의 경우는 대수정규 분포를 따른다고 주장하였다.

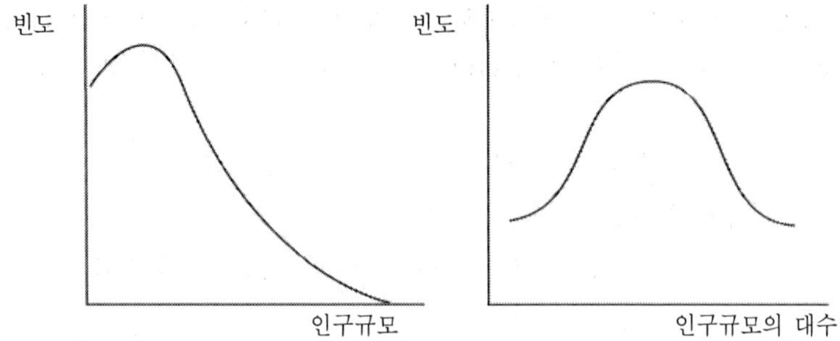

그림 7-6 대수정규 분포

순위규모 분포와 대수정규 분포를 비교하기 위하여 대수정규 분포를 대수로 표시된 순위-규모 축 위에 표시하면 [그림7-7]과 같다. 이 그림에 의하면 일정한 수준의 도시규모까지는 순위가 낮아짐에 따라 도시규모가 직선적으로 감소하다가 임계도시규모(p) 이하부터는 도시의 순위가 낮아짐에 따라 직선보다도 훨씬 급격하게 감소하는 것을 알 수 있다. 따라서 규모가 큰 도시부터 임계도시규모(p)까지는 대체로 대수정규 분포와 순위규모 분포가 일치한다고 할 수 있기 때문에 이 분포는 순위규모 분포와 유사한 분포라고 할 수 있다.

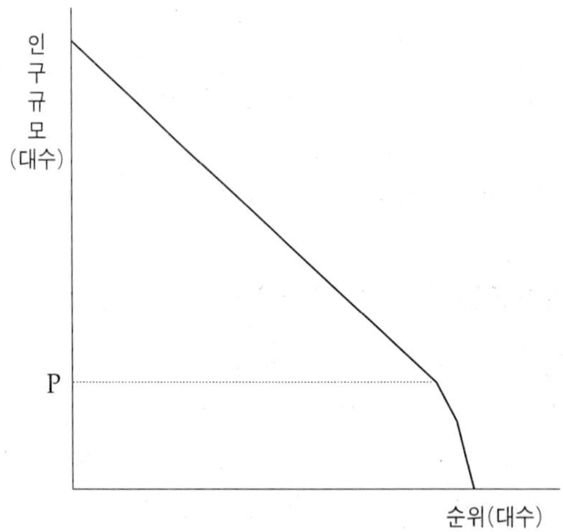

그림 7-7 순위-규모축 상의 대수정규 분포

(4) 종주 분포(primate distribution)

이 분포는 제퍼슨(Jefferson, 1939)이 제시한 종주도시 개념에서부터 출발한다. 그는 많은 국가들에 있어서 수위도시의 인구는 2위 도시의 인구보다 3~7배까지 과도하게 많은 현상을 발견하였다. 그는 이와 같이 인구규모가 타도시보다 과도하게 많은 수위도시를 종주도시(primate city)라고 부르고 이러한 도시화 현상을 도시 종주화(urban primacy)라 불렀다. 순위규모법칙이 도시체계의 일반적인 규칙성이라는 아우어바흐나 지프와는 달리 제퍼슨은 도시 종주화 현상이 도시체계의 일반적인 규칙성이라 주장하였다. 한편 베리(Berry, 1961)는 이러한 분포를 대수정규분포와 대조적인 분포로 보고 종주 분포(primate distribution)라 불렀다.

도시 종주화 현상을 연구하는 학자들은 종주화의 정도를 수위도시의 인구를 타도시의 인구로 나눈 지표를 이용하여 측정하고 있는데 이를 종주화 지수(primacy index)라 한다. 일반적으로 널리 이용되고 있는 종주화 지수에는 두 도시 지수(two city index)와 네 도시 지수(four-city index)가 있다. 전자는 수위도시 인구를 제2위 도시의 인구로 나눈 것이고 후자는 수위도시의 인구를 제2위에서 제4위 도시의 인구의 합계로 나눈 것을 의미한다. 네 도시 지수를 데이비스(Davis, 1976)라는 학자의 이름을 따 데이비스 지수(Davis index)라고도 한다.

$$\text{두 도시 지수(two-city index)} = \frac{P_1}{P_2}$$

$$\text{네 도시 지수(four-city index)} = \frac{P_1}{(P_2 + P_3 + P_4)}$$

2. 확률이론

앞의 서술적 모형은 단순히 도시규모 분포가 어떠한 규칙성을 가지고 있는가에 관심을 가지는 데 비하여 여기에서 설명할 확률이론과 뒤에서 설명할 계층적 도시규모 분포이론 등은 도시규모 분포가 왜 그러한 규칙성을 갖게 되는가에 관심을 갖는 이론이다.

여기서 확률이론(stochastic theory)은 주로 통계학적인 확률이론을 이용하여 앞에서 설명한 여러 가지 서술적 순위규모 분포 모형들이 어떻게 발생하는가를 밝히고자 하는 이론을 지칭한다. 이 분야의 가장 대표적인 학자는 사이면(Simon, 1955)으로서 그는 초기의 도시규모 분포가 어떠한 상태에 있든지 모든 도시의 인구증가율이 동일하다면 장기적으로 도시규모 분포가 확률적으로 순위-규모법칙을 따르게 된다는 것을 증명하였다. 그리고 이러한 분포는 확률적으로 가장 나타나기 쉬우며 일단 이러한 분포가 출현하게 되면 대단히 안정적이라고 주장하였다. 따라서 그는 순위규모 법칙을 따르는 분포를 안정균형 상태라고 명명하였다.

그의 이론에서 가장 중요한 가정은 인구증가율이 모든 도시계층에서 동일하다는 것인데 이를 비례의 법칙 또는 지브라(Gibrat)의 법칙이라 한다. 그는 지브라의 법칙에 따라 성장하는 폐쇄된 도시체계는 결국 순위규모법칙의 도시규모 분포가 된다는 것을 확률적으로 증명하였다. 사이먼의 선구적 연구에 따라서 여러 가지의 확률이론들이 제시되게 되었다.

3. 엔트로피 극대화이론

한편 베리와 게리슨(Berry & Garrison, 1958)은 열역학에서 사용하는 엔트로피라는 개념을 이용하여 순위규모법칙의 도시규모 분포가 발생하는 과정을 분석하였는데 이를 엔트로피 극대화모형(entropy maximization mo- del)이라 한다. 엔트로피는 열역학적인 개념으로 어떤 체계 내에서 달성되는 균형 정도를 의미한다. 그 체계가 균형상태에 도달했을 때 엔트로피가 극대화되었다고 말한다. 일반적으로 엔트로피는 체계내의 힘이 다양한 방향으로 작용할 때 극대화된다. 베리와 게리슨은 엔트로피 극대화모형을 이용하여 엔트로피가 극대화될 때 순위규모법칙이 출현하는 것을 밝혔다. 그들은 이를 토대로 도시체계에 작용하는 요인이 얼마나 다양한가에 따라 서로 다른 유형의 도시규모 분포가 출현한다고 하고, 다양하고 복잡한 힘이 도시체계에 작용할 경우 순위규모법칙이 출현하고 그렇지 않을 경우 종주 분포가 출현한다고 주장하였다. 즉 이 이론은 특정한 도시규모가 출현하는 이유가 소수의 체계적인 요인 또는 힘 때문이 아니라 다양한 요인에 의해 확률적으로 결정된다고 본다.

4. 계층적 도시규모분포이론

특정한 도시규모 분포가 발생하는 원인을 중심지이론에서 찾으려고 시도하는 이론을 계층적 도시규모분포이론(hierarchical city-size distribution theory)

이라 한다. 사실 크리스탈러나 뢰시는 그들이 제시한 중심지 체계가 경험적으로 관찰되는 도시규모 분포와 어떤 관계가 있는지 밝히지 못했다. 벡멘(Beckmann, 1958)은 기존 중심지이론의 이러한 문제점에 착안하여 크리스탈러의 K=3 중심지체계로부터 계층적 도시규모 분포 함수를 유도하고 특정한 조건하에서 그것이 대체로 순위규모 분포와 일치한다는 것을 증명하였다.[23] 벡멘의 연구는 크리스탈러가 시장경제 하에서 K=3 체계가 가장 이상적인 중심지계층이라고 하였으므로 순위규모법칙은 시장경제가 잘 발달되어 있는 곳에서 관찰될 수 있는 가장 효율적인 도시규모 분포라는 의미를 내포하고 있는 것이다. 벡멘의 이와 같은 연구는 순위규모법칙이 개발도상국가들의 도시화 정책이 따라야 할 규범적인 도시체계로서의 위치를 차지하는 계기가 된다.

5. 도시 종주화이론

앞의 확률이론과 엔트로피 극대화이론 그리고 계층적 도시규모분포이론은 주로 순위규모법칙이 발생하는 원인과 과정을 분석하는 네 초점을 맞춘 이론이다. 그러나 제퍼슨이 발견한 바와 같이 많은 나라들에 있어서 도시규모 분포가 순위규모법칙을 따르지 않고 종주화 현상을 보이는 경우가 발생하고 있다. 여기서 종주 도시화이론은 어떤 요인들이 종주 분포를 발생시키는가에 관심을 두는 이론을 말한다. 이와 관련된 이론들은 경제발전설, 정치제도설, 대외관계설, 그리고 문화설 등이 있다.

경제발전설

이 이론은 국가의 경제발전 정도가 서로 다른 도시규모 분포를 발생시키는 가장 중요한 요인이라는 주장이다. 즉 순위규모법칙은 경제가 발전된 선진국에서 볼 수 있는 현상인 반면 종주 분포는 경제발전이 뒤진 후진국에서 나타나는 현상이라는 것이다. 따라서 이 이론은 후진국에서 볼 수 있는 종주분포는 국가 경제발전이 진전됨에 따라 점점 순위규모법칙으로 변화될 것이라는 주장을 하고 있다(El-Shakhs, 1972; Renaud, 1981).

---

23) 크리스탈러의 중심지체계와 순위규모법칙의 동일성 여부에 관해서는 많은 논란이 제기 되고 있는 바 이에 관해서는 Beckmann & McPherson(1970), Dacey (1966), Parr(1969, 1970), Beguin(1979, 1982), 전경구(1994, 1996) 등의 논문을 참조.

정치제도설

정치제도설은 경제적 요인보다는 정치적 요인 특히 정치제도나 권력구조가 서로 다른 형태의 도시규모 분포를 결정하는 가장 중요한 요인이라고 주장한다(Friedmann, 1978; Ginsburg, 1955). 이 이론은 산업화 과정에 있어서 정부의 역할이 중요하기 때문에 산업은 가능한 한 정부의 권력에 접근하고자 하는 경향이 있다고 주장하고, 따라서 중앙 집권적인 정치행정 구조는 종주 분포를 촉진하는 반면 분권적인 정치행정 구조는 순위규모법칙의 도시규모 분포를 촉진시킨다고 주장한다. 또한 사회주의 정부는 도시 종주화를, 연방정부는 순위규모법칙의 도시규모 분포를 촉진시킨다고 주장한다.

국제관계설

이 이론은 특히 후진국의 도시 종주화가 주로 국제관계 즉 선진국과의 정치·경제적 관계때문에 발생한다고 주장하고 있다. 즉 후진국이 선진국과의 정치·경제적 관계를 강화하는 것은 후진국의 도시 종주화를 촉진시키는 주요인이라는 것이 이 이론의 핵심적인 주장이다. 이 분야의 고전적인 이론으로서는 베리(Berry, 1961, 1964)의 식민주의론을 들 수 있는데 그는 오늘날의 도시 종주화 현상이 과거 선진국의 식민지배를 경험했던 국가들에게서 공통적으로 볼 수 있는 현상이라 지적하고 선진국이 효과적인 식민지배를 위해 주로 식민국가의 수도에 정치, 행정기능을 집중시킴으로써 후진국의 종주화 현상이 촉발된 것이라고 주장하고 있다. 하우저(Houser, 1957)나 린스키(Linsky, 1965)는 선진국들이 식민지를 착취하기 위하여 피식민 국가들의 수출항구를 중심으로 각종 정치, 행정기능을 집중함으로써 식민지의 도시체계에 있어서 이중구조를 초래하게 되었다고 주장하고 있다.

이 분야의 중요한 연구 중의 하나로 바프나르스키(Vapnarsky, 1969)의 연구를 들 수 있는데 그는 국가 또는 지역의 개방성 정도가 서로 다른 형태의 도시체계를 형성시키는 주요한 요인이라고 지적하였다. 그는 높은 체계 폐쇄성과 높은 대내 연관성은 순위규모법칙의 도시규모 분포를 형성하며 그 반대의 경우는 종주 분포를 촉진시킨다고 주장하였다.

특히 현대의 종속이론은 정치, 경제적 대외관계가 후진국의 도시 종주화를 촉진시킨다고 주장하는 대표적인 이론이라고 할 수 있다. 후진국이 선진국과 경제협력 관계를 갖게 될 때 선진국은 후진국의 경제를 효과적으로 지배하기 위하여 후진국에 엘리트 지배계급을 형성하게 된다. 이 엘리트는 수도나 큰 항구도시를 중심으로 활동하면서 선진국으로부터 기술을 수입하는 대신 후진국으로부터는 원료나 농산물을 수출하는 역할을 담당하게 된다. 따라서 이 엘리트가 활동하고 있는 수도와 큰 항구도시에는 산업과 인구가 집중하게 됨으로써 도시 종주화가 심화된다고 주장한다.

문화이론

제퍼슨(Jefferson, 1939))이 주장한 이론으로 종주화 현상의 정도는 정치, 경제적인 이유라기보다는 문화적인 요인이 중요하다고 보는 이론이다.

6. 동태적 도시체계이론

지금까지의 이론들은 일부를 제외하고는 특정한 시점에서 나타나는 도시체계를 설명한 정태적 이론들이 대부분이다. 그러나 일부 학자들은 도시체계가 시간이 경과함에 따라 어떻게 변해 가는지를 동태적인 측면에서 설명하고 있는 바 대표적인 이론이 윌리암슨의 역 U형 가설, 프리드만이 제시한 분극적 개발의 일반이론, 그리고 리차드슨이 제시한 극화반전 가설이다.

윌리암슨의 가설

윌리암슨(Williamson, 1965)은 경제성장과 지역격차와 관계를 파악하기 위하여 세계 30여 개국의 일인당 소득과 국가 내에서 발생하는 지역 격차와의 관계를 분석하였다. 그 결과 그는 일인당 소득이 낮은 개발의 초기 단계에서는 지역 간의 격차가 거의 없다가 국가경제가 성장하여 일인당 소득이 증가하면 지역 간의 격차도 점점 심화되지만 일인당 소득이 더 높아져서 선진국과 같이 성숙단계가 되면 개발의 초기단계처럼 지역 간의 격차와 다시 감소하는 현상을 발견하였다. 이와 같은 패턴을 그림으로 표현하면 마치 U자를 거꾸로 놓은 것 같은 모습을 띄므로 그의 이름을 따라서 윌리암슨의 역 U형 곡선이라 한다. 그리고 다른 국가들의 성장과 격차와의 관계도 이와 유사한 경로를 따를 것이라는 주장을 윌리암슨 가설이라고 한다.

프리드만의 이론

프리드만(Friedmann, 1972)은 그의 분극적 개발의 일반이론에서 국가경제 발전의 단계에 따라 도시체계가 어떻게 동태적으로 변화되는지를 설명하고 있다. 먼저 경제발전의 제1단계는 공업화 이전단계인데, 이 단계에서는 많은 수의 소규모 자족적 중심지가 농업지역에 고르게 분포되어 있고 이들 중심지들은 그 주변 배후지역에 중심서비스를 공급한다. 중심지와 중심지간의 교역은 거의 없고 농촌 배후지와 중심지 사이에만 경제적 교류가 존재한다.

제2단계는 초기공업화 단계로서 공업화의 진행에 따라 종주적인 패턴이 공간구조를 지배한다. 종주도시는 흔히 식민지시대에는 자원착취의 거점으로서 성장해 왔고 공업화 단계에서도 배후지에 대한 기생적 관계는 계속된다. 농촌에서 종주도시로 대규모의 인구이동이 발생함으로써 정주패턴이 불안정하게 되고 이것이 어느 단계에 이르러 경제성장을 제약하게 된다.

제3단계는 과도단계로서 아직도 어느 정도의 종주성은 남아 있지만 점차 지역중심도시가 발달함에 따라 종주도시의 배후지에 대한 지배력은 약화되며 변경에 있는 국가의 새로운 자원이 생산과정에 점차 흡수됨으로써 경제성장의 잠재력은 커진다. 그러나 이 단계에서는 아직도 종주도시와 몇 개의 지방중심도시 사이에 낙후된 빈곤지역이 존재하며 공간구조는 아직도 불안정한 상태에 있다.

경제발전의 제4단계에 이르러서야 순위규모 분포 원리에 입각한 완전히 발달된 공간조직이 출현한다. 이때 비로소 중심지체계를 통한 전 국토와 공간경제가 통합되며 경제성장의 잠재력이 극대화되고 고도의 지역간 균형이 달성된다.

리차드슨의 이론

프리드만의 이론과 유사한 이론으로서 주목을 끄는 것은 리차드슨(Richardson, 1979) 등이 주장한 극화반전가설(polarization reversal theory)이다. 이 이론도 경제발전에 따라 도시규모 분포가 순위규모 분포에서 종주분포로 변하였다가 다시 순위규모 분포로 변화하는 '역U형'의 비선형적 관계로 변화한다고 주장하고 있다. 즉 경제발전이 시작되기 전에는 순위규모법칙에 따라 도시규모가 분포되지만 일단 경제발전이 시작되면 도시규모 분포가 종주 분포로 변화되기 시작하고 경제발전이 진행됨에 따라 종주화 현상이 심화되다가 그것이 중기단계가 되면 도시종주화가 최대가 되는 점에 이르게 된다. 그 이후부터는 경제발전이 진행됨에 따라 경제발전의 초기단계에서 볼 수 있는 것과는 반대로 도시 종주화가 완화되는 현상이 발생하게 되며 국가경제발전이 최고도에 이르면 도시규모 분포가 다시 순위규모법칙으로 분포된다고 주장한다.

| 제 8 장 |
지역성장

1 개요

지역성장의 원인을 구명하고 그 결과를 분석하는 이론을 지역성장이론이라 한다. 지역성장의 원인과 그 결과는 지역개발학의 중요한 관심영역의 하나이다. 특히 지방자치가 본격적으로 실시되고 있는 현재에 있어서 지역경제성장 문제는 각 지방자치단체와 지역주민들의 최대 관심사항의 하나가 되고 있다. 따라서 이 장에서는 지역경제 성장의 원인과 결과에 관한 이론들을 살펴보도록 한다. 지역경제는 개방성이라는 특성을 가지고 있어 한 지역경제의 변화는 다른 지역경제의 변화에 직접적으로 영향을 미치게 된다. 즉 지역간에는 재화와 용역 그리고 노동이 자유로이 이동할 수 있기 때문에 한 지역의 경제성장은 다른 지역의 경제성장에 직접적으로 영향을 미치게 되는 것이다. 따라서 본 장에서는 지역경제 성장의 원인과 함께 그것이 다른 지역의 경제성장에 미치는 결과를 살펴보도록 한다.

1. 지역성장이론의 유형

(1) 성장의 원인을 중심으로

■ 수요중심이론

지역성장의 원인이 주로 지역의 생산물에 대한 외부의 수요증가에 의하여 이루어진다고 보는 이론으로 경제기반이론, 케인즈학파의 성장이론, 그리고 투입 · 산출분석 등이 수요중심이론에 속한다.

■ 공급중심이론

지역경제성장의 원인이 지역외부의 수요보다는 지역생산요소의 공급수준에 달려 있다고 보는 이론으로 신고전이론이 이에 속한다.

■ 통합이론

지역경제성장의 원인이 수요와 공급 요인 양자에 의하여 결정된다고 보는 이론으로 누적성장이론이 이에 속한다.

(2) 성장의 결과를 중심으로

■ 균형이론

시장경제체제하에서는 지역간의 격차가 장기적으로 완화된다고 보는 이론으로 공급을 강조하는 신고전이론이 이에 속한다.

■ 불균형이론

시장경제체제하에서는 지역간의 격차가 심화된다고 보는 이론으로 통합이론인 누적성장이론이 이에 속한다.

■ 절충이론

지역간의 격차는 단기적으로는 심화되지만 장기적으로는 완화된다고 보는 이론으로 성장거점이론이 이에 속한다.

2 산업발전단계설

1. 의의

이 이론은 지역경제가 산업 구조적 측면에서 일련의 단계를 밟아 성장, 발전한다는 주장을 말한다(North, 1955). 산업발전단계설에도 여러 가지가 있지만 후버(Hoover)와 피셔(Fisher) 등에 의하여 주장된 이론이 대표적이라 할 수 있다. 그들은 지역경제가 ① 자급 자족적 생존경제단계 ② 농업의 특화단계 ③ 상업적 영농단계 ④ 산업화단계 ⑤ 후기산업화 단계의 5단계를 밟아 성장한다고 주장하고 있다(Hoover, 1948).

2. 내용

지역경제의 초기 형태는 자급 자족적인 생존경제 체계라고 할 수 있는데 이 단계에서는 거의 모든 지역주민들이 농업에 종사하고 있다. 그리고 농업은 자급자족을 목적으로 다양한 농작물을 재배하기 때문에 지역간 교역이 거의 발생하지 않는다. 이 단계에서 지역의 농촌인구는 자연자원의 부존 상태에 따라 분포된다.

이 단계가 지나면 두 번째 단계인 농업의 특화단계에 들어서게 되는데 이 단계에서는 지역적 특성에 따라 특화된 농작물을 재배하기 시작하고 지역간의 교역도 부분적으로 발생하게 된다. 첫 번째 단계에서 두 번째 단계로 이행하게 되는 가장 중요한 요인은 교통의 발달이다. 즉 교통이 발달하게 되면 교통비가 감소하게 되고 이것이 지역간의 교역을 촉진시키는 역할을 하게 되는 것이다. 그리고 이 단계에서는 부분적인 분업이 발생하여 각 마을에서는 농민들이 필요로 하는 기초적인 다른 산업이 발달하기 시작하는데 농업사회의 특성상 농업을 지원하는 산업에 종사하는 사람들은 농업인구의 분포상태에 영향을 받게 된다.

지역성장의 세 번째 단계는 상업적 영농단계이다. 이 단계에서는 지역간의 교역이 점점 증대되게 되고 곡물생산을 위주로 하는 농업경제 체제에서 지역특성에 따라 대규모의 채소, 과수, 축산업과 같은 상업적 농업이 발달하고 기계화 영농도 촉진된다. 각 농가는 자급자족적 생계를 유지하기 위하여 농업생산을 하는 것이 아니라 상업적 목적 즉 농산물의 판매를 위한 영농활동에 종사한다.

이 단계가 지나면 지역경제는 산업화 단계에 들어서게 되어 2차 산업이 발달하게 된다. 상업적 영농단계의 후기에 들어서게 되면 인구가 증가하고 농업수익도 체감하게 되어 그 지역은 산업화의 단계로 들어서지 않을 수 없다. 특히 산업화의 초기 단계에서는 지역 특성에 따라 농산물과 임산물을 기초로 한 음식료품, 목재 및 가구업, 그리고 섬유 등의 산업이 발달한다. 산업화가 진전되게 되면 본격적인 공업화가 촉진되는데 광물과 에너지자원을 이용한 공업이 발달하게 된다.

지역경제 성장의 마지막 단계는 후기산업화 단계로서 수출을 위한 3차 산업이 특화되는 단계이다. 이 단계에서 각 지역은 낙후된 지역에 자본, 숙련된 인력 그리고 특수한 서비스 등을 수출한다.

지역경제가 어떤 단계에서 다음 단계로 진행하는 데 있어서 교통의 발달과 교통비의 감소는 대단히 중요한 역할을 담당한다. 교통비의 감소는 여러 곳에 분산되어 있던 생산활동을 한 곳에 집중시키고 분포된 자원의 종류와 성질에 따라서 지역간의 분화와 선택을 촉진시키는 역할을 담당한다.

3. 문제점

이와 같은 내용을 골자로 하는 산업발전 단계설은 유럽의 지역경제와 국가경제 성장과정을 역사적인 관점에서 파악하고 있는 이론으로서 여러 가지 비판을 받고 있다. 그 첫째는 이론이 제시하고 있는 일련의 산업발전 단계가 실제의 지역성장과 발전과정을 잘 묘사하지 못하고 있다는 점이다. 이론에서는 대체로 1차 산업과 2차 산업단계를 거쳐 3차 산업 단계에 진입하는 것으로 주장하고 있으나 실제로 앞의 두 가지 단계를 거치지 않고 바로 3차 산업단계로 진입하고 있는 지역이 얼마든지 있을 수 있는 것이다. 둘째는 지역경제 성장에 있어서 공업화의 역할을 지나치게 강조하는 오류를 범하고 있다는 점이다. 실제로 네덜란드, 덴마크, 노르웨이 등의 국가들에게서 볼 수 있는 바와 같이 농업을 중심산업으로 하고 있는 경우에도 지역경제는 매우 발전된 구조를 보일 수 있다. 그리고 마지막으로 이 이론은 본질적으로 서술적 이론으로서 성장과 변화의 원인에 관한 설명이 부족한 점이라고 할 수 있다.

그러나 산업발전 단계설은 이와 같은 비판을 받고 있음에도 불구하고 지역경제성장이론으로 대단히 중요한 이론이라고 할 수 있다. 그것은 지역경제 성장의 핵심적인 동기는 다른 지역으로 재화와 용역을 수출하는 것이라는 지역경제 성장의 원인에 관한 본질적이고도 결정적인 내용을 담고 있기 때문이다.

3 경제기반이론

1. 의의

이 이론은 1930년대에 호이트(Hoyt)에 의하여 처음으로 제기된 이래 1950년대에 노스(North, 1955)와 티보(Tiebout, 1956)와 같은 일단의 경제학자들이 케인즈의 경제이론 특히 소득과 승수이론을 적용함으로써 독립적으로 발전시킨 지역경제성장이론으로 지역개발이론 가운데 매우 중요한 위치를 차지하고 있다. 이 이론은 지역의 경제성장이 본질적으로 수출에 달려 있다고 본다.

2. 내용

경제기반이론은 먼저 지역산업을 크게 기반산업과 비기반 산업의 두 가지로 구분하고 지역경제의 성장은 본질적으로 기반산업의 성장 여부에 따라 좌우된다고 주장한다. 여기서 기반산업이란 다른 지역에 재화와 용역을 직접 수출하거나 다른 지역의 소비자들에게 판매함으로써 지역의 소득과 고용창출에 기여하는 산업을 말한다. 예를 들면 대구의 섬유산업, 포항의 철강산업, 그리고 경주의 관광산업은 모두 기반산업이라고 할 수 있다. 기반산업은 수출산업 또는 주종산업이라고도 하고, 기반산업에 의한 고용을 기반고용, 기반산업에 의한 소득을 기반소득이라 한다. 그리고 비기반 산업은 서비스산업 또는 지방산업 등으로도 불리우는데 지역 내에서 소비되는 재화와 서비스를 생산하는 산업을 의미한다. 여기에 속하는 것으로는 금융, 보험, 도·소매업 등과 같이 기반산업을 지원하는 각종 산업들이 포함된다. 경제기반이론은 이와 같이 산업을 크게 두 가지로 구분할 수 있다고 보고 기반산업의 성장 여부가 지역경제의 성장을 결정하는 핵심적인 요인이라고 보고 있다.

또한 경제기반이론은 지역경제가 기반산업이 성장하는 만큼 성장하는 것이 아니라 기반산업이 비기반 산업의 성장을 유도하는 효과를 창출하기 때문에 기반산업 자체의 성장보다 훨씬 더 많은 성장을 가져올 수 있다고 보는데 이를 승수효과라 한다. 기반산업에 의한 지역경제의 성장과정을 그림으로 표시하면 [그림 8-1]과 같다. 즉 기반산업의 성장은 노동을 비롯한 기타 생산요소의 수요를 증대시키게 되는데 기반산업에 의하여 고용되는 노동력, 즉 기반고용은 재화와 서비스에 대한 새로운 수요를 창출하게 된다. 여기서 기반고용에 의한 수요를 충당하거나 기반산업에 필요한 다른 생산요소를 공급하기 위하여 비기반 산업이 발달하게 된다는 것이다.

그러나 기반산업의 성장은 비기반 산업의 성장만 촉진하는 것이 아니라 지역외부로부터의 수입도 증가시킨다. 즉 기반산업의 성장은 지역내부와 외부로부터의 재화와 서비스 수요를 동시에 증가시킨다. 따라서 이 이론은 그 지역에서 생산되는 재화와 서비스의 수요가 많은 기반산업일수록 지역의 경제성장을 촉진시키는 효과도 크다고 본다.

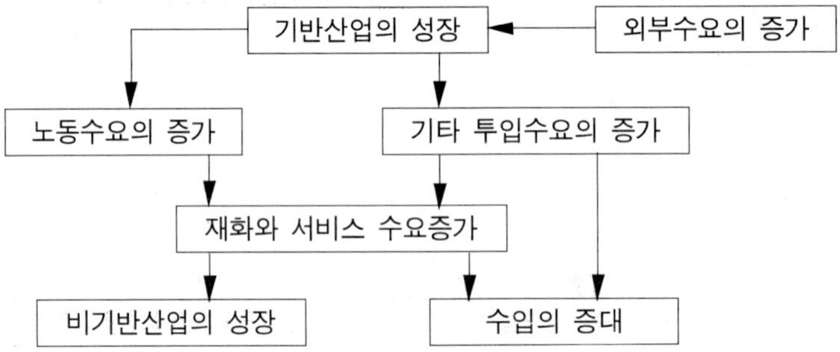

그림 8-1 경제기반 모형

3. 모형

경제기반이론의 주장을 수리적으로 뒷받침하기 위하여 많은 모형들이 제시되어 왔는데 여기서는 가장 단순한 형태의 모형을 살펴보기로 한다. 어떤 지역의 기반산업에 의한 고용 또는 소득을 X로 표시하고 비기반 산업에 의한 고용 또는 소득을 D로 표시하자. 그리고 지역전체의 소득을 T로 표시하면 다음의 관계가 성립한다.

$$T = X + D \tag{8.1}$$

여기서 D는 기반산업의 고용량 X의 일정비율, 즉 $D = dX$ $(d>0)$ 이라 하자. 여기서 d는 0보다 큰 값을 갖는다. 이를 위의 식에 대입하면 다음의 (8.2) 식이 유도된다.

$$T = X + dX = (1+d)X \tag{8.2}$$

이를 증분의 형태로 표현하면,

$$\Delta T = (1+d)\ \Delta X \tag{8.3}$$

$$\Delta T/\Delta X = (1+d) \tag{8.4}$$

식 (8.4)에서 보는 바와 같이 기반산업의 고용량 또는 소득이 1단위 증가하면 지역전체의 고용은 (1+d)만큼 증가하게 된다. 다시 말하면 기반산업의 고용이나 소득이 1단위 증가하면 지역전체의 소득이나 고용은 1단위 이상 증가하게 된다. 여기서 $\frac{T}{X}$를 경제기반승수라 하고 $\frac{X}{D}$를 기반비(base ratio)라 한다.

4. 문제점

이 이론은 비교적 단순하고 직관적인 호소력도 강하며 현실 적응력도 강하나 다음과 같은 문제점을 가지고 있다. 첫째, 수요를 강조하는 지역경제성장이론으로 공급측면을 무시하고 있다. 즉 이 이론은 외부수요의 증가에 따라 생산물의 공급도 자동적으로 증가하는 것으로 간주하고 있는데 이는 노동과 자본 등 지역의 생산요소가 무한하며 탄력적이라는 것을 가정하고 있는 것이다. 그러나 지역의 부존 생산요소는 무한한 것이 아니며 공급이 탄력적이 아닐 수도 있다. 둘째, 복합적인 경제활동을 기반산업과 비기반 산업이라는 두 개 부문으로만 구분하는 개괄성을 갖는다. 그러나 어떤 산업이 기반산업인지 혹은 비기반 산업인지를 구분하는 것은 용이하지 않다. 셋째, 지역의 범위에 따라 기반산업과 비기반 산업의 구분이 달라질 수 있다. 예를 들면 어떤 군이 인근의 다른 군으로 농산물을 수출하고 있다고 하자. 그 군을 기준으로 했을 때 그 농산물은 기반산업이라고 할 수 있으나 도를 기준으로 했을 때 그 농산물은 기반산업이 아닌 것이다. 넷째, 지역의 단위가 큰 경우 기반산업의 역할이 지역경제에서 차지하는 비중이 작아 기반산업의 성장이 지역경제 전체의 성장에 미치는 영향이 적을 수 있다.

4 신고전이론

1. 의의

보츠와 스타인(Borts & Stein, 1964) 그리고 시버트(Siebert, 1982) 등에 의하여 발전된 지역성장이론으로서 국민경제의 성장에 관한 신고전이론을 지역에 적용한 이론이다.[24] 이 이론은 지역경제성장에 있어서 자본, 노동, 기술과 같은 생산요소의 공급을 강조하며 성장의 초기에 나타날 수 있는 지역간의 경제성장 격차는 자유시장 기능의 작용에 의하여 장기적으로 완화된다고 주장하고 있다. 이 이론은 주로 콥-더글라스(Cobb-Douglas) 생산함수를 기초로 지역경제 성장이 어떻게 이루어지고 시장경제체제하에서 지역간의 성장격차가 장기적으로 어떻게 완화되는가를 분석하고 있다(McCombie, 1988a).

2. 내용

신고전이론이 주장하는 내용은 여러 가지가 있으나 중요한 것만 살펴보면 첫째 지역의 총산출은 지역에 부존되어 있는 노동, 자본, 기술 등과 같은 생산요소의 양에 따라서 결정된다고 본다. 이 이론은 산출량과 투입되는 생산요소 사이의 관계에 관한 생산함수를 기초로 하고 있는데 콥(Cobb)과 더글라스(Douglas)에 의하여 정립된 콥-더글라스 생산함수는 다음과 같은 식으로 표시된다.

$$Y = f(K, L) = AK^{\alpha}L^{\beta} \qquad \alpha,\ \beta > 0, \quad \alpha + \beta = 1 \qquad (8.5)$$

위의 식 (8.5)에서 Y 는 생산량, K 는 자본 그리고 L 은 노동을 각각 의미하며 A는 상수이다.

---

24) 국민경제의 성장이론은 신고전학파의 이론과 케인즈학파의 이론으로 크게 양분할 수 있는 데 일반적으로 신고전학파의 이론은 국민경제의 성장에 있어서 공급요인을 강조하는 반면 케인즈학파의 이론은 유효수요를 강조하고 있다. 그리고 신고전학파의 이론은 시장기능의 효율성을 강조하고 있는 반면 케인즈학파의 이론은 시장기능의 불완전성을 강조하여 시장에 대한 정부간섭의 불가피성을 강조하는데 그 차이점이 있다.

한편 위의 식은 증가율의 형태로 표현할 수 있는데 이 경우 산출증가율은 다음과 같이 생산요소의 증가율(growth rate)로 나타낼 수 있다.

$$y = \alpha k + \beta l \tag{8.6}$$

식 (8.6)에서 y는 지역의 생산증가율을 나타내고 k와 l은 각각 자본과 노동 증가율을 나타내며 α와 β는 각각 자본과 노동투입의 산출에 대한 기여를 의미한다. 위의 식은 지역의 생산증가율이 자본과 노동성장률에 따라 결정된다는 것을 의미한다. 만약 기술을 또 다른 생산요소라고 한다면 위의 식은 다음과 같이 보다 일반화된 형태로 표현할 수 있다.

$$y = \alpha k + \beta l + \gamma t \tag{8.7}$$

식 (8.7)에서 t는 기술진보율을 의미한다.

이제 노동 일인당 산출량을 살펴보자. 지역의 일인당 산출량은 앞의 생산함수로부터 자본-노동비에 따라 결정되는 것을 알 수 있다.

$$\frac{Y}{L} = A\left(\frac{K}{L}\right)^{\alpha} \tag{8.8}$$

식 (8.8)에서 알 수 있는 바와 같이 1인당 산출량(Y/L)은 자본/노동비(K/L)가 클수록 증가하는 것을 알 수 있다.

마지막으로 지역 경제성장에 있어서 장기적인 성장의 결과가 어떻게 될 것인가를 살펴보자. 여기서 지역간에 노동과 자본이 임금의 차이와 자본수익률의 차이에 따라 자유롭게 이동한다고 가정하자. 그러면 노동이 풍부한 지역은 노동이 부족하여 임금이 비싼 지역으로 이동하게 되고 자본이 풍부한 지역은 자본이 부족하여 자본수익률이 비싼 지역으로 이동하게 될 것이다. 따라서 두 지역의 자본/노동비가 장기적으로 같아지고 임금과 자본수익률도 같아지게 되며 1인당 산출량도 같아지게 된다.

이상에서 분석한 신고전이론의 주장을 요약하면 첫째, 지역의 산출증가율은 노동과 자본 그리고 기술과 같은 생산요소의 증가율에 따라 결정된다. 즉 지역의 생산요소가 증가하면 지역의 산출량도 증가한다. 둘째, 1인당 산출량은 자본/노동비가 증가할 때 증가한다. 셋째, 자본/노동비는 자본의 한계생산이 체감함에 따라 무한히 증가하는 것이 아니라 일정한 수준에서 머무르게 된다.

넷째, 노동과 자본이 임금과 자본수익률에 따라 자유롭게 이동한다면 장기적으로 모든 지역의 자본/노동비는 동일한 수준을 유지하게 되고 1인당 산출량, 임금, 그리고 자본비용도 동일한 수준을 유지하게 된다.

뒤에서 설명할 후기 케인지언 지역경제성장 이론이 자유시장경제체제가 지역간의 성장격차를 장기적으로 증가시킬 것을 주장하고 있는 데 비해 신고전이론은 자본과 노동의 지역간 이동이 자유롭다면 시장경제가 지역간의 성장격차를 장기적으로 완화시킬 것이라고 주장함으로써 두 이론은 완전히 다른 입장에 있다고 볼 수 있다. 따라서 근본적으로 신고전이론은 정부의 간섭이 없다 하더라도 시장기구가 지역간의 성장격차를 완화시킬 것이라고 하는 점에서 지역문제에 대하여 정부의 제한적 개입을 강조하고 있다고 볼 수 있다.

3. 문제점

신고전이론은 시장기능의 불완전성을 주장하고 지역문제에 대한 정부 정책의 필요성을 주장하는 많은 학자들로부터 다음과 같은 비판을 받고 있다. 첫째, 지역경제 성장에 있어서 공급측면을 강조하는 이론으로 수요측면을 고려하고 있지 않다. 이는 지역에서 생산되는 생산물의 수요는 무한하고 탄력적이라는 것을 가정하고 있다. 둘째, 집적경제 효과를 무시하고 있다. 신고전이론은 규모에 대해 수익이 일정하다고 가정하는데 이는 지역의 산출량이 증가하더라도 지역내 각 기업의 산출량은 일정하다고 가정하는 것을 의미하고 있다. 많은 경우에 지역의 산출량이 증가할수록 집적경제 효과로 인하여 각 기업의 생산비가 감소하거나 생산량이 증가할 수 있다. 셋째, 완전경쟁의 가정은 지역경제모형으로 적절하지 않다. 넷째, 모든 지역의 자본과 노동에 대한 산출탄력성이 동일하다는 가정은 타당하지 못하다. 다섯째, 자본과 노동의 이동은 완전히 자유로운 것이 아니다.

5 불균형성장이론

1. 의의

미르달에 의하여 제시되고 칼도어(Kaldor, 1970), 설월과 딕슨(Thirlwall and Dixon, 1979) 등과 같은 학자들에 의하여 발전된 지역성장이론이다. 이 이론은 미르달의 누적적 인과이론으로부터 출발하기 때문에 누적적 성장이론이라고도 하고 이론의 내용이 후기 케인지언적인 성격이 강하기 때문에 후기 케인지언 지역성장이론이라고도 부른다(McCombie, 1988b).

2. 내용

이 이론이 주장하는 바는 크게 두 가지로서 첫째는 지역경제성장이 지역외부의 유효수요와 자본과 노동 그리고 기술진보와 같은 생산요소의 공급요인 양자에 의하여 결정된다고 본다. 둘째는 시장경제제세하에서는 지역긴의 성장격차가 장기적으로도 완화되지 않는다고 본다. 따라서 이 이론은 시장경제가 지역간의 불균형을 완화시키지 못하는 불완전한 기구이기 때문에 균형을 달성하기 위해서는 정부의 개입이 불가피하다는 점을 역설하고 있다는 점에서 정부의 지역개발에 대한 정책적 필요성을 이론적으로 뒷받침하고 있는 중요한 이론이다.

보다 구체적으로 이 이론은 [그림 8-2]에서 보는 바와 같이 지역생산물에 대한 외부의 유효수요 증가가 지역의 생산능력을 확대하고 생산능력의 확대는 생산성을 증대시키며 생산성의 증대는 생산비의 하락을 촉진시킴으로써 수출가격의 하락을 초래하고 이로 인하여 외부수요는 더욱 확대된다고 주장한다.

이 이론은 생산량과 노동생산성의 증가율은 정의 상관관계가 성립된다고 하는 소위 버둔(Verdoorn)[25]의 법칙에 기초하고 있으며 이 법칙은 규모에 대한 수익체증의 다른 표현이다. 따라서 신고전학파의 이론과 후기 케인즈학파의 이론의 본질적인 차이점 중의 하나는 규모에 대한 수익이 일정한가 또는 체증하는가에 대한 견해의 차이에 있다고 할 수 있다.

25) $r = a + by$
r=생산성 증가율, y=생산량 증가율,
b=버둔계수(Verdoorn coefficient)>0

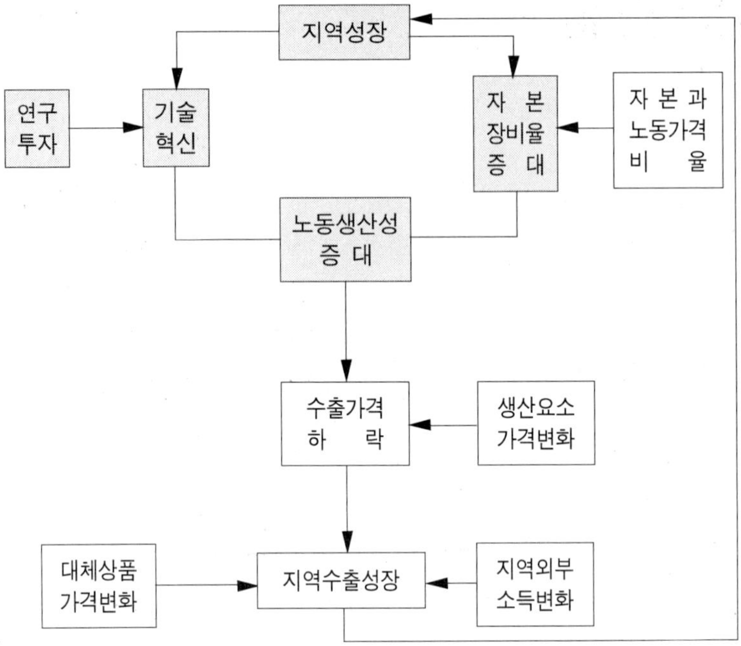

그림 8-2 누적적 인과관계 개념도

3. 문제점

이 이론은 여러 가지 측면에서 많은 비판을 받고 있는데 첫째, 많은 국가들에 있어서 지역간 경제성장 격차가 장기적으로 완화되고 있는 현상을 설명하지 못하고 있다. 그리고 둘째, 버둔의 법칙에 배타적으로 의존하고 있고 이론적 발전수준이 미약하다. 셋째, 신고전이론과 마찬가지로 지역경제 성장에 있어서 정부지출 부문을 고려하지 않고 있다.

6 성장거점이론

1. 의의

이 이론은 본질적으로 앞에서 설명한 불균형성장이론과 맥락을 같이 하는 이론으로 뻬루(Perroux)와 부드빌(Boudeville)과 같은 학자들에 의하여 주장된 이론이다. 이 이론은 지역경제 성장의 초기단계에서는 특정한 지역이 자원의 부존이나 교통의 편리와 같은 입지여건의 이점 때문에 타 지역보다 먼저 성장하여 지역간의 성장의 격차가 심화되나 이 지역의 성장이 어느 단계가 지나면 성장의 효과가 주변지역으로 파급됨으로써 지역 전체의 경제가 성장하고 지역간의 성장격차도 완화된다고 주장한다.

2. 내용

1950년대에 경제성장의 과정과 원인을 설명하기 위하여 균형성장이론과 불균형성장이론이라는 대조적인 두 이론이 제시되었는데 성장거점이론은 바로 불균형성장이론에 그 뿌리를 두고 있다. 로단(Rosenstein-Rodan)과 넉시(Nurkse) 등이 주장한 균형성장론은 경제성장이 국민의 소득향상에 의한 유효수요의 창출에 따라 달성되며 유효수요의 창출은 모든 산업분야가 균등하게 성장할 때 가능하다고 보았다. 반면에 슘페터, 뻬루, 미르달, 그리고 허쉬만과 같은 불균형성장 이론가들은 모든 산업분야가 동시에 발전할 수 없으며 그렇게 하는 것이 바람직한 것도 아니라고 주장하였다. 그들은 국민경제 성장의 과정은 항상 불균형적인 과정으로 소수의 발전 지향적인 선도기업이 먼저 성장하고 이 선도기업이 타 기업의 성장을 유도함으로써 달성된다고 주장하였다. 여기서 프랑스의 경제학자 뻬루는 특히 발전 지향적인 선도적 기업을 '성장극'(growth pole) 또는 지배기업이라 부르고 성장은 모든 곳에서 발생하지 않고 성장극에서 발생하여 타 기업으로 파급된다고 주장하였다. '성장거점'(growth center)이라는 용어는 뻬루의 '성장극'이론에서 유래한다. 불균형성장 이론가들은 그들의 이론을 국민경제성장 문제에 뿐만 아니라 국제경제와 지역경제성장 문제에도 적용하였는데 대체로 성장거점이론이라 함은 지역경제에 적용된 불균형 성장이론을 의미한다.

먼저 부드빌을 중심으로 한 프랑스 학자들은 원래 공간 또는 지역경제의 성장과정에 대한 설명이 없었던 뻬루의 불균형 경제성장이론이 공간적인 차원에서도 그대로 적용될 것으로 보고 그의 이론을 지리공간상에 대한 유사모형으로 적용하여 해석하고자 하였다.

프랑스-벨지움 학파를 중심으로 한 학자들이 뻬루의 이론을 지역경제의 성장과정을 설명하는 데에 이용한 데 비하여, 허쉬만과 미르달은 지역경제의 성장과정에 대하여 경제 이론적 설명을 가하고자 하였다. 먼저 허쉬만에 의하면 지역경제의 성장과정에는 분극효과(polarization effect)와 누적효과(trickling down effect)의 두 가지 상충되는 효과가 존재하고 있다고 하였다. 분극효과라 함은 어떤 지역의 경제가 특별한 이유로 먼저 성장하게 되면 주변지역의 자본과 노동이 중심지역으로 유입되어 기존에 경제가 성장하고 있던 중심지역은 성장의 효과가 가속되는 반면 주변지역은 자본과 노동의 유출현상으로 인하여 상대적으로 낙후되게 되는, 중심지역의 성장이 주변지역에 미치는 바람직하지 않은 효과를 의미한다. 그리고 누적효과라 함은 중심지역이 어느 정도 성장하여 자본과 노동이 중심지역에서 주변지역으로 이동하고 혁신의 확산효과로 주변지역의 성장이 유도되는 바람직한 효과를 의미한다. 허쉬만에 의하면 지역경제 성장의 초기단계에는 분극효과 때문에 지역간의 성장격차가 심화되나 후기단계에서는 누적효과로 인하여 성장의 지역간 격차가 완화된다고 주장하였다.

미르달도 허쉬만과 마찬가지로 지역경제 성장과정에는 역류효과(backwash effect)와 확산효과(spread effect)의 두 가지 상충되는 효과가 있다고 주장하였는데 여기서 역류효과와 분극효과는 각각 허쉬만의 분극효과 및 누적효과와 유사한 개념이다. 두 사람의 이론은 외견상 유사하나 허쉬만이 지역경제 발전이 성숙단계에 진입하면 중심지역의 성장효과가 주변지역으로 전파됨으로써 지역의 균형성장이 달성될 것으로 본 반면 미르달은 지역경제 성장의 후기단계에서도 순수한 시장경제체제만으로는 균형성장을 달성하지 못할 것이라고 주장하여 이를 위한 정부의 역할을 강조하였다. 미르달의 주장은 앞에서도 언급한 바와 같이 후기 케인즈학파인 칼도어에 의하여 계승·발전되었다.

대체로 이 이론은 앞에서 설명한 바와 같이 지역경제 성장의 초기단계에서 있을 수 있는 지역간의 불균형이 자유시장 기능의 작용에 의하여 장기적으로 완화된다는 신고전학파의 이론과 지역경제 성장은 본질적으로 불균형적인 발전과정으로서 장기적으로 지역간의 성장격차가 심화, 발산되거나 적어도 시장기능에 의하여 자발적으로 완화되지는 않을 것이라고 보는 후기 케인즈학파의 절충이론이라고 할 수 있다.

3. 문제점

이 이론은 몇 가지 측면에서 비판을 받고 있는 바 첫째는 불균형 국민경제 성장이론 특히 뻬루의 이론을 지리공간상에 유사모형으로 적용한 이론이기 때문에 이론적 구성이 미비하다는 점이다. 둘째는 거점지역의 경제성장이 구체적으로 어떻게 결정되는지 그리고 어떤 과정을 거쳐 성장하는가에 대한 설명이 구체화되어 있지 않다는 점이다. 그리고 셋째, 파급효과 가설에 대한 비판이 제기되고 있다는 점이다.

| 제 9 장 |

지역혁신

1 개요

혁신(innovation)은 새로운 아이디어 또는 새로운 사상을 포함하는 넓은 개념이지만 좁은 의미로는 주로 기술혁신을 의미한다. 이 문제의 중요성에 처음으로 관심을 가졌던 슘페터(Schumpeter)가 지적한 바와 같이 혁신은 국가경제성장과 발전에 매우 중요한 요소로서 비단 국가경제발전에 영향을 미칠 뿐만 아니라 사회발전에도 영향을 미친다. 국가경제발전에 있어서 혁신의 역할에 관한 슘페터의 연구는 주로 경기순환과 관련되었는데 지역관련 학자들은 혁신에 국가경제뿐만 아니라 지역경제발전에도 큰 영향을 미친다는 사실에 착안하여 따라서 어떤 환경이 혁신을 발생시키고 어떤 조건에서 지역이 발전하는가에 관하여 다음과 같은 다양한 이론이 발전되어 왔다.

2 지역혁신이론

1. 클러스터(cluster) 이론

클러스터(cluster)는 특정분야의 기업, 대학, 연구소, 정부, 지자체 등이 일정지역에 모여 네트워크 구축을 통해 혁신과 사업기회를 확대하는 것을 의미한다. 잘 알려진 바와 같이 Porter(1990)에 의하여 발전된 클러스터이론은 멀리 Marshall의 산업집적이론에 그 근원을 두고 있다. 이 이론은 지리적으로 밀집된 기업들, 특히 부가가치 체인망에 연결된 산업 간에 연계관계가 형성되고,

이와 같은 연계관계가 기업을 넘어 관련 산업, 대학, 연구소, 지원기관 등과 같은 혁신주체로 확대되어 상호 밀접하게 교류하면서 학습하는 기제가 형성되면 혁신을 창출하는 클러스터가 형성된다고 본다. 그리고 일단 형성된 클러스터는 지역경제의 경쟁력의 원천이면서 성장동력으로 작동하게 된다.

2. 지역혁신체제이론

클러스터이론과 국가혁신체제이론(National Innovation System)을 바탕으로 Cook(1993)과 Braczyk(1998) 등이 발전시킨 지역발전이론이다. 국가혁신체제이론은 프리먼(Freeman)과 룬드발(Lundval) 등이 슘페터(Schumpeter)의 고전적 혁신이론을 토대로 발전시킨 국가의 혁신체제 구축이론을 의미한다. Cook 등에 의한 지역혁신체제이론은 기업의 기술혁신능력을 향상시키기 위한 혁신구조 (structure) 또는 제도적 조건을 구축하고 이들 간의 네트워크가 배태된 환경을 통하여 상호작용적인 학습에 참여하는 체제를 의미한다. 여기서 혁신구조는 크게 하부구조 (infra-structure)와 상부구조 (super-structure)로 구성되는데 하부구조는 도로, 공항, 통신망과 같은 물리적 하부구조와 대학, 연구기관, 혁신지원기관, 중앙 및 지방정부, 금융기관, 컨설팅서비스 등과 같은 사회적 하부구조를 포함한다. 그리고 상부구조는 조직과 제도, 문화, 분위기, 규범과 같은 '제도적 환경'과 신뢰와 협력과 같은 '사회적 자본' 등을 의미한다. 지역혁신체제이론은 지식습득과 기술혁신이 혁신주체간의 제도적 학습을 어떻게 효과적으로 촉진하는가에 달려있다고 보고 기술발전이 진화적, 제도적 시각에서 분석되어야 한다고 주장한다.

3. 신산업지구이론

Piore와 Sabel(1984), Markusen(1996) 등에 의하여 발전된 신산업지구개념은 전문화된 소규모 기업들에 의하여 형성된 자생적 산업집적지역으로 유연생산체제하에서 연계된 기업 간 협력이 새로운 혁신을 발생시키는 원동력이 된다고 본다[26]. 신산업지구개념은 특히 이탈리아 북부에 산재한 섬유, 패션, 디

26) 신산업지구의 개념은 다양한 이름으로 불리우고 있다. Piore & Sable을 제2의 산업구분(The second industrial divide)으로, Boyer, Harvey & Schoenberger는 유연적 축적(flexible accumulation), Lash & Urry는 탈조직화된 자본주의(disorganized capitalism) 으로 표현하고 있다(손동원, 2004).

자인 산업의 집적지에서 찾아볼 수 있는 유형이다. 전통적인 마샬리안 산업지구와는 달리 기업 간 네트워크와 다양한 도시활동 간의 연계관계가 특징이다.

4. 혁신네트워크이론

한편 Granovetter(1985)와 Grabher(1993) 등에 의한 네트워크이론은 사회학적 관점에서 산업네트워크를 분석하는 데 관심을 가지고 있다. 그들은 산업조직을 위계와 시장, 그리고 네트워크로 구분하는데 이 가운데 네트워크 조직은 위계와 시장의 중간적 성격에 해당하는 조직으로 아웃소싱, 하청 등의 관계를 맺고 있는 기업 간의 관계를 의미한다. 이 이론은 네트워크의 형성동기를 비롯하여 기업의 혁신에 관한 의사결정이 네트워크에 어떻게 영향을 받는가에 관심을 가지고 있다.

5. 기타 이론

이외에도 혁신환경론(Camagni, 1995), 학습지역(Florida, 1995) 등의 다양한 이론이 있는데 지금까지 고찰한 이론들은 역사적인 발전배경이나 강조하는 측면에서 약간씩 차이가 있으나 모두 기업의 기술혁신은 제도적 환경과 이들 간의 혁신네트워크가 중요하다는 것을 강조하고 있다. 이들은 대체로 산업의 집적(localization), 제도적 밀집(institutional thickness), 네트워킹(networking), 뿌리내림(embeddedness), 제도적 학습(institutional learning) 등을 거쳐 기술혁신의 창출과 확산이 이루어진다고 보고 있다.

3 혁신네트워크의 형성요인

앞에서 고찰한 기술혁신이론을 살펴보면 지역의 기술혁신을 발생시키는 가장 중요한 요소는 혁신주체 간의 네트워크를 구축하는 일이다. 여기서 혁신네트워크를 형성하는 데는 여러 가지 요인이 있는데 첫째, 기업의 기술혁신수요이다. 사실상 모든 기업이 다 혁신네트워크가 필요한 것은 아니다. 일차적으로 중요한 것은 기업의 기술혁신수요이다. 즉, 기업이 기술혁신에 대한 수요가 존재할 때 혁신네트워크가 구축될 수 있다. 대체로 전통적인 업종은 기술개발의 필요성이 약하고 따라서 혁신네트워크의 구축 필요성이 약하다. 반면에 첨단업종의 산업은 새로운 기술과 지식 그리고 정보의 필요성이 강하고 따라서 혁신네트워크의 구축 필요성이 강하다. 물론 전통적인 업종에서도 다 혁신네트워크가 구축되지 않는 것은 아니다. 새로운 제품개발이나 공정개선의 필요성이 있는 경우 새로운 기술개발의 필요성이 있고 따라서 혁신네트워크가 형성될 가능성이 크다.

둘째, 기업 간의 자원 의존성이다. 자원 의존성은 크게 두 가지로 구분된다. 하나는 공생적(symbiotic) 의존성이고 다른 하나는 공통적(commensalistic) 의존성이다. 전자는 부가가치 사슬망에 연계된 수직분화 기업간 투입과 산출 간에 형성되는 관계를 의미한다. 후자는 동일한 산업에서 이루어지는 자원의 의존관계를 의미한다. 이와 같은 생산관계에 특별한 동기가 주어질 때 혁신네트워크가 형성된다. 물론 자원의 의존관계가 혁신네트워크로 발전하기 위한 충분조건은 아니다. 기업간 신뢰와 협조의 문화가 매우 중요한 관건이다.

셋째, 자산의 보완성(complementary assets)이다. 이 요인은 주로 R&D네트워크가 형성되는 동기가 된다. 일반적으로 대학은 기업이 가지지 못한 기술, 지식, 정보, 장비를 갖추고 있어 대학에의 자산의존성이 발생하고 이와 같은 자산의 상호의존성은 혁신네트워크 형성의 동기가 된다. 외적보완자산은 일방적 의존성에 따른 특수자산(specific assets)과 상호의존성에 따른 공동 특수자산(cospecialized assets)의 두 가지로 구분된다. 보유자원의 특성에 따라 상호의존적인 또는 일방적 의존적인 네트워크가 형성된다. 일반적으로 대학은 기업이 가지지 못한 기술혁신 관련 자원을 많이 보유하고 있어 대학 의존적인 일방향의 네트워크가 형성된다. 그러나 대학이 가지지 못한 자산을 기업이 가지고 있는 경우는 상호 의존적인 양방향의 네트워크가 형성된다. 특히 지방의 경우 연구인력의 90%이상을 대학이 보유하고 있는 반면 기업은 연구인력이나 장비가 거의 없는 상황이기 때문에 대학에의 의존적인 혁신네트워크가 형성될 가능성이 크다. 이와 같은 측면에서 대학의 강한 기술혁신능력은 네트워크형성의 중요한 요인이 될 수 있다.

넷째, 기술이전의 외부효과(positive external effect)이다. 대학이나 연구소와 같은 혁신주체와의 네트워크는 기술이전의 외부효과를 발생시킬 가능성을 높이게 된다. 선험 연구에서도 대학에 인접한 기업의 경우 기술혁신이 발생할 확률이 높다. 이와 같은 측면에서 볼 때 지리적 인접성은 혁신환경(innovative milieu)을 구축하는 여건을 제공한다. 혁신주체들이 보다 자주 만나고 의견을 교환할 수 있는 여건을 만들어 주기 때문이다. 다섯째, 혁신주체의 행태적 요인도 중요한 요인의 하나이다. Porter(1990)는 클러스터의 구축에 있어 비전제시자, 시스템통합자, 전문공급자의 세 구성주체가 유기적인 네트워크를 구축하는 것이 중요하다고 하여 대학이나 대기업 또는 행정기관과 같은 혁신리더십의 중요성을 설명하였다(복득규, 2004). 그리고 기업가의 연령, 기업규모, 설립연도 등도 중요한 요소이다.

이외에도, 혁신주체간의 신뢰성은 혁신네트워크가 구축되기 위한 조건이다. 상호간의 신뢰는 비단 혁신네트워크 뿐만 아니라 모든 관계가 형성되는 초석이기도 하다. 또한 다른 분야도 그러하듯이 혁신네트워크를 구축하는데 있어서 정부의 지원은 매우 중요하다. 재정적 지원을 비롯하여 행정적, 제도적인 지원은 네트워크를 형성하는데 중요한 요소이다. 또한 기관 간 인력이동의 용이성도 중요한 요인이다. 대학, 기업, 정부, 벤처캐피털 간에 인력의 원활한 이동은 동일한 분야에 종사하는 인력 간에 강한 네트워크의 형성을 가능하게 하기 때문이다.

| 제 10 장 |
혁신확산

1 개요

쇄신(innovation)은 앞에서 언급한 바와 같이 새로운 기술이나 아이디어와 같은 인간의 창조적 활동을 지칭한다. 이러한 혁신의 확산은 지역발전과 사회발전에 매우 중요한 요소이다. 따라서 혁신의 확산은 여러 학문분야에서 관심을 가진 연구대상이었다. 예를 들어 인류학은 혁신이 서로 다른 인종 간에 확산되는 과정에 관심을 가진다. 어떤 인종은 새로운 문화나 혁신을 잘 받아들이는 경향이 있는 반면 어떤 인종은 보수적이고 배타적이어서 그것을 잘 받아들이지 않는 경향이 있다. 이러한 인종은 발전이 이루어지지 않고 결국 쇠퇴되는 운명을 맞을 수도 있다. 인류학은 바로 이와 같이 혁신이 서로 다른 인종 간에 확산되는 과정과 그 결과에 관심을 가진다. 사회학에서는 혁신이 사회 구성원에 확산되는 과정에 관심을 가진다. 그런데 지역개발에 있어서는 특히 혁신의 공간적 확산(spatial diffusion) 과정에 관심을 갖는다. 혁신을 타 지역보다 먼저 수용하는 지역은 그렇지 못한 지역보다 지역발전의 속도가 빠르기 때문이다.

2 혁신확산의 유형

1. 정보전달의 방법에 의한 분류

■ 팽창확산(expansion diffusion)

혁신이 한 지역에서 다른 지역으로 사람들 사이에 확산되어 나가는 유형으로 사람은 이동하지 않고 혁신에 관한 정보가 전파되어 확산되는 유형이다.

이러한 확산과정에서는 확산되는 혁신이 제자리에 남고 혁신의 종류에 따라서는 발생지역에서 점점 강화된다. 대표적인 예로 소문이나 아이디어가 한 지역에서 다른 지역으로 퍼져 나가거나 잡종 옥수수나 신품종 볍씨 또는 농업기계와 같은 혁신들이 한 농업지대에서 다른 농업지대로 확산되는 현상을 들 수 있다.

이전확산(relocation diffusion)

혁신 창출자나 혁신 전달자가 당초에 혁신이 발생했던 장소에서 다른 장소로 옮겨감에 따라 혁신이 확산되는 것이다. 예를 들어 미국에서 살던 사람이 귀국하여 그곳의 문화를 확산시킨다든지 반대로 한국사람이 미국으로 가서 한국문화를 미국에 전파하는 것들은 대표적인 예이다.

2. 진행과정에 의한 분류

전염확산(contagious diffusion)

혁신이 마치 전염병이 확산되듯이 혁신 발생원을 중심으로 점차 외곽지역으로 확산되는 유형이다. 예를 들어 농부들이 소형 트렉터를 이용하는 과정이나 인도의 부녀자들간에 산아제한을 위한 루프 피임법이 전파되는 과정을 들 수 있다. 일반적으로 이와 같은 확산은 전염병이 접촉에 의하여 전염되듯이 혁신 전달자와 혁신 수용자의 접촉에 의하여 혁신이 확산된다. 이런 유형의 확산은 혁신 발생지에서 원심성을 띠면서 외곽지역으로 진행하고 혁신 채택률은 거리에 강한 영향을 받아 혁신 발생지로부터 멀어질수록 감소하는 소위 거리조락함수를 나타내게 된다.

계층확산(hierarchical diffusion)

혁신이 도시계층이나 사회계층을 따라 확산되는 유형을 의미한다. 예를 들어 어떤 유행이 서울에서 발생되면 부산이나 대구, 광주, 대전 같은 대도시로 확산되고 다시 중소도시로 도시계층을 따라 확산되거나 상위계층의 사회에서 하위계층의 사회로 확산되는 유형을 말한다. 그러나 계층확산이라 해서 혁신이 항상 상위계층에서 하위계층으로 이동하는 것은 아니고 하위계층에서 상위계층으로 확산되는 경우도 있다. 계층확산에 있어서는 도시의 크기가 중요하고 거리는 상대적으로 중요하지 않다.

혁신확산은 이와 같이 전염확산과 계층확산으로 구분되지만 이들은 각각 독립적으로 발생 · 진행되는 것이 아니고 상호 혼합 · 상승 작용을 하면서 진행된다. 즉 혁신이 도시계층을 타고 확산되면서 이미 혁신을 채택한 도시의 주변지역에는 전염확산이 시작되는 것이다.

3 혁신확산의 특성

1. 시간적 특성

경험적으로 볼 때 특정한 인구집단에 혁신이 확산되는 패턴을 살펴보면 일정한 규칙성이 있는데 그것은 [그림 10-1]에서 보는 바와 같이 정규분포곡선의 모습을 띤다는 것이다. 즉 초기에는 혁신을 잘 받아들이는 소수의 혁신자들이 혁신을 채택하고 이어서 상당수의 사람들이 혁신을 받아들이는데 이들을 전기 다수라 한다. 그리고 혁신이 전파된 지 상당한 시점이 지난 후에 후기다수가 혁신을 채택하고 끝까지 혁신을 받아들이지 않던 소수의 사람들이 받아들이는데 이들을 지각자라 한다. 이와 같은 정규분포곡선을 누적적으로 표현하면 에스(S)자 모양의 로지스틱곡선이 된다.

2. 공간적 특성

지역의 혁신 채택률은 혁신 발생지에서 멀어짐에 따라 점점 감소하는 특성이 있는데 이를 거리조락함수라 한다. 공간적 또는 시간적 거리는 혁신에 관한 정보를 전달하는 데 있어 장애 또는 마찰을 일으키는 요인이 된다. 따라서 혁신 발생지에서의 거리가 멀수록 혁신 전달자와 수용자와의 접촉기회가 적어 혁신 채택률이 감소되는 것은 당연하다.

한편 혁신의 공간적 확산과정에 관한 연구의 선구자인 헤거스트란드(Hägerstrand)는 혁신의 확산과정을 크게 네 단계로 나누어 설명하고 있다. 먼저 초기단계(primary stage)에는 혁신의 중심지가 설정되어 확산이 시작되고 혁신 중심지의 혁신 채택률과 외곽지의 채택률에 큰 차이가 발생한다. 그 다음의 확산단계(diffusion stage)에서는 실제적인 확산이 시작되어 강력한 원심효과를 수반하면서 외곽지역으로 진행된다. 혁신 발생지에서 멀리 떨어진 원거리에서도 혁신이 활발하게 채택되어 혁신 발생지와 원거리 지역간에 혁신 채택률의 큰 차이가 없어진다. 세 번째인 응축단계(condensing stage)에서는 혁신 채택률이 거의 모든 지역에서 비슷한 수준이 되고 네 번째 포화단계(saturation stage)에서는 혁신 채택률이 상한선을 향하여 느리게 증가하고 궁극적으로 멈추게 된다고 주장하였다.

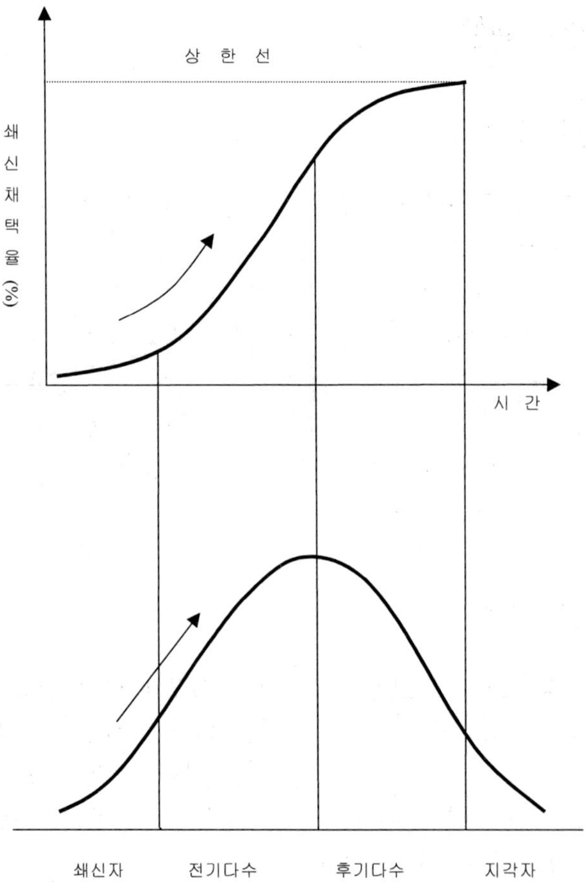

그림 10-1 혁신확산의 시간적 특성

혁신파에 관한 더 발전된 연구에 의하면 모든 파동과 마찬가지로 혁신파도 일정한 기간동안 여러 개의 파동이 형성되어 외곽으로 진행한다. 첫 번째 기간동안 처음 형성된 혁신파는 파동의 진원지에서 가장 큰 영향을 미치지만 외곽지역으로 나아감에 따라 그 힘을 잃어간다. 두 번째 기간동안 혁신파는 보다 외곽으로 진행하지만 정점은 더 낮아지면서 혁신파의 에너지는 더 넓은 지역에 퍼지게 된다. 이를 연속적으로 살펴보면 [그림 10-2]에서 보는 바와 같이 혁신파가 진원지에서 멀어져 감에 따라 강도가 점점 줄어들어 마침내는 그 힘을 완전히 소모해 버린다.

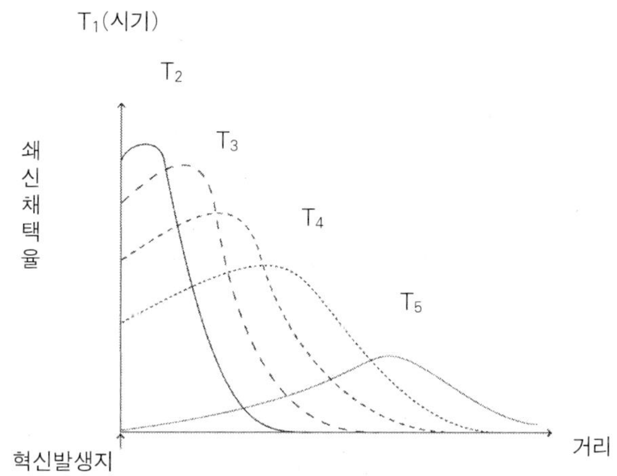

그림 10-2 혁신파의 단면

4 혁신확산의 원인

혁신의 공간확산을 설명하는 제 이론 가운데 가장 전통적인 것은 헤거스란드를 중심으로 한 룬드(Lund)학파의 이론이다. 그들은 혁신의 채택을 정보파급에 의한 개인의 학습과 설득과정의 결과로 보아 혁신 전달자로부터 보내지는 메시지의 흐름은 잠재 채택자의 변화에 대한 저항을 극복하여 그들을 실제 채택자로 변화시킨다고 하였다.

메시지는 커뮤니케이션을 통하여 전달되는 바 혁신 창안자로부터 잠재 채택자로 연결되는 커뮤니케이션망은 국지망(local network), 지역망(regional network), 국제망(international network)의 3개 계층으로 구분되는 데 개인간의 혁신 확산은 국지망을 통해서, 중심지와 배후지 사이의 확산은 지역망을 통해서, 국제간의 확산은 국제망을 통해서 일어난다고 주장하였다.

한편 브라운과 콕스(Brown & Cox, 1971)는 혁신의 확산과정에서 본질적으로 다른 네 가지 유형이 확인된다고 하였다. 첫째는 혁신 전달자(innovation agency)가 혁신의 인식을 유도하기 위하여 잠재 채택자에게 전달하는 커뮤니케이션으로 신문, 라디오, TV 같은 매스미디어를 비롯하여 세일즈맨과 같은 수단들이 이용된다. 둘째는 인적 커뮤니케이션(personal communication)으로 혁신 창출자나 전달자가 인적 접촉을 통하여 잠재 채택자로 하여금 혁신을 채택하도록 유도하는 커뮤니케이션이다. 이 두 가지 요인은 이미 헤거스트란드에 의하여 확인된 것으로써 이를 정보요인이라 한다. 셋째는 쇄신 확산자(innovation propergator)이다. 이는 혁신을 사람들에게 널리 전파시킬 쇄신 전달자를 설립하고 이 전달자는 지역내의 잠재 채택자에게 혁신을 보급시키기 위한 전략을 수립하게 된다. 따라서 거시적 수준에서 볼 때 혁신 확산자의 정책에 따라 혁신 전달자가 분포되는 공간적 양상은 혁신의 공간적 패턴을 결정하는 중요한 요인이 된다. 넷째는 잠재 채택자의 쇼핑통행행태(shopping trip behavior)로서 이 요인은 미시적 수준에서 혁신의 공간적 확산패턴을 결정하는 중요한 요인이다. 브라운과 콕스는 세 번째와 네 번째 요인을 마케팅 요인(marketing factor)이라 부르고 있다(Brown, 1975). 여기서 혁신 전달자가 공간상에서 입지하는 요인은 혁신 확산자에 인식된 시장 잠재력에 따라 결정된다. 즉 혁신 전달자의 공간적 분포와 시간적 순위는 혁신 확산자가 이익과 같은 경제적 기준을 고려하여 평가한 대안의 우선 순위의 결과이고 이는 수요의 공간구조와 관련되어 있다. 브라운 등은 미국 오하이오주 케이블 TV의 확산에서 도시자체의 중요성보다는 혁신 확산자가 인식하는 시장성 조건이 확산을 설명하는 주요한 요인임을 밝혔다(Brown et al, 1975).

5 혁신확산과 지역발전

혁신확산이론이 지역개발에 시사하는 바는 여러 가지가 있다. 첫째는 도시의 역할이 중요하다는 것을 의미하고 있다. 즉 이 이론은 도시가 혁신의 발생지이고 혁신을 가장 잘 받아들이는 수용자이며 혁신을 주변지역으로 확산시키는 전달자로서의 기능을 담당하고 있다는 것을 시사하고 있다(김형국, 1974, 1996). 이러한 의미에서 이 이론은 성장거점전략을 뒷받침하는 이론이라고 주장되고 있는 것이다. 둘째는 계층확산이 의미하는 것으로, 혁신이 국민들 사이에 원활히 확산되기 위해서는 중간규모의 도시를 균형있게 개발하여야 할 필요성이 있다는 것을 시사하고 있다. 이러한 의미에서 혁신확산이론은 균형개발의 필요성을 뒷받침하고 있다고 할 수 있다. 셋째, 교통 · 통신의 역할을 강조하고 있다. 혁신이 확산되는 유형 가운데 전염확산은 바로 혁신의 확산을 위해서는 교통 · 통신이 중요하다는 것을 말해주고 있다.

제 3 편

지역개발전략

제11장 지역개발전략의 의의와 유형

제12장 성장거점전략

제13장 기본욕구전략

제14장 지속 가능한 개발전략

제15장 성장관리전략

제16장 광역권개발전략

제17장 중소도시개발전략

제18장 첨단산업개발전략

제19장 지역정보화전략

| 제 11 장 |

지역개발전략의 의의와 유형

1 지역개발전략의 의의

지역개발전략은 지역개발의 목표를 달성하거나 지역의 문제를 해결하는 데 필요한 구체적인 방법을 의미한다. 앞에서도 언급한 바와 같이 사회과학이론은 크게 실증적 이론과 규범적 이론의 두 가지로 구분할 수 있는데 지역개발전략은 지역개발과 관련한 규범적 이론을 의미한다. 그러나 실증적 이론과 규범적 이론은 전혀 무관하거나 독립적인 것이 아니다. 즉 실증적 이론을 바탕으로 규범적 이론을 발전시킬 수도 있는 것이다.

현대의 사회과학은 실증주의에 크게 영향을 받고 있기 때문에 상대적으로 실증적 이론은 많이 발전되어 있는 반면 규범적 이론은 덜 발전되어 있다. 특히 지역개발분야는 규범적 이론이 많이 필요한 학문 분야이나 사회는 처방을 실험할 수 있는 대상으로서는 한계를 지니고 있을 뿐만 아니라 그 효과도 측정하기 어렵기 때문에 규범적 이론의 발전이 미비한 상태이다. 여기서는 지금까지 학자들에 의해서 제시되어 온 중요한 개발전략들을 살펴본다.

2 지역개발전략의 유형

지금까지 지역개발의 여러 영역에서 다양한 유형의 지역개발전략이 발전되어 왔는데 이와 같은 지역개발전략들은 여러 가지 유형으로 구분할 수 있다. 예를 들면 마보군제(Mabogunje)는 지역개발전략을 크게 경제성장 전략과 배분적 개발전략의 두 가지로 구분하고 있고 아미라마디(Amirahmadi)는 여기에 주민중심 전략을 추가하여 크게 성장 전략, 형평성 전략과 주민중심 전략의 세 가지로 구분하고 있다. 그리고 UN 아시아태평양 경제사회위원회(ESCAP)는 이를 세분하여 성장모형, 재분배모형, 종속모형, 생태학적 모형의 네 가지로 구분하고 있다. 이와 같이 지역개발전략은 학자들에 따라 다양하게 구분되고 있는데 여기서는 몇 가지의 중요한 구분을 살펴본다.

1. 추진방법에 따른 분류: 스퇴르와 테일러에 의한 분류

스퇴르와 테일러(Stöhr & Taylor, 1981)는 지역개발전략을 크게 하향적 개발전략(top down development)과 상향적 개발전략(bottom up development)의 두 가지로 구분하고 있다. 하향적 개발전략은 중앙정부가 개발 주체가 되어 도시성장의 효과를 주변지역으로 파급시킴으로써 지역의 발전을 꾀하는 지역개발전략을 의미한다. 이는 도시를 중심으로 한 지역개발전략으로 성장거점전략이 그 대표적인 예이다. 그리고 상향적 개발전략은 주로 농촌이나 중소도시를 대상으로, 지방정부와 지역주민들이 경제적, 사회적, 정치적인 공동이익을 위하여 그들의 능력과 자원을 동원하는 지역개발방식을 의미한다. 여기에 포함되는 전략은 여러 가지가 있지만 기본욕구전략이 대표적인 전략이다.

표 11-1 상향적 개발전략과 하향적 개발전략의 비교

구분	하향적 개발전략	상향적 개발전략
등장배경	· 1930년대 대공황의 교훈으로 자본주의 경제에 대한 관리의 필요성 인식 · 1950~1960년대 산업화와 도시화에 의한 국가주도의 경제성장 · 불균형 개발 방식의 확산	· 경제성장에 따른 계층간, 지역간 불균형의 심화 · 공업화에 따른 자원의 고갈 및 환경오염의 심화 · 성장거점 전략에 대한 회의와 불신
개발목표	· 경제성장을 통한 1인당 소득증대	· 전반적인 삶의 질 향상
산업특성	· 선도적 공업 · 자본집약적 대기업 · 수출 지향적 산업	· 농업 · 노동집약적 중소기업 · 내수 지향적 산업
이용자원	· 지역외부 자원 · 지역외부 기술	· 지역내부 자원 · 지역부존 기술
전략유형	· 성장거점 전략 · 수출산업육성 전략	· 기본욕구전략 · 주민중심적 전략

이와 같은 두 개발 방식의 특성을 고려하여 하향적 개발전략을 위로부터의 개발(development from above), 밖으로부터의 개발(development from without),

또는 중심-주변개발(center-periphery development)이라고도 하고 상향적 개발전략을 밑으로부터의 개발(development from below), 안으로부터의 개발(development from within), 또는 주변-중심개발(periphery-center development)이라고도 한다. 두 개발전략의 특성을 비교한 것은 다음 표와 같다.

2. 강조 영역에 따른 분류: 프리드만과 위버에 의한 분류

프리드만과 위버(Friedmann & Weaver, 1979)는 지역개발전략을 크게 기능적 접근(functional approach)과 영토적 접근(territorial approach)의 두 가지로 구분하고 있다. 전자는 도시와 농촌, 도시와 도시를 경제적, 기능적으로 통합함으로써 지역의 발전을 도모하고자 하는 지역개발전략을 의미한다. 여기에 속하는 대표적인 지역개발전략은 성장거점전략이다. 한편 영토적 접근은 역사적으로 규정되는 공간영역을 정치, 사회적으로 통합함으로써 지역의 발전을 도모하고자 하는 지역개발전략을 의미하는데 농도개발전략, 기초수요전략이 대표적인 개발전략이다.

3. 지도이념에 따른 분류: 고병호의 구분

고병호(1994)는 지역개발전략을 지도이념, 패러다임의 성향, 개발방식 등을 기준으로 성장모형, 재분배모형, 유연체제모형, 환경모형으로 구분하였다. 성장모형은 효율성과 경제적 합리주의를 달성하기 위하여 추진하는 중앙정부 주도의 하향적인 개발전략을 의미한다. 그리고 재분배 모형은 개발의 목표를 효율성 위주에서 형평성과 삶의 질을 추구하는 데 두는 개발전략을 의미한다. 그리고 유연체제모형은 산업간의 연계성을 강조하는 개발전략이고 환경모형은 환경과 생태계, 그리고 자원의 보존에 관심을 갖는 전략을 의미한다.

표 11-2 지역개발전략의 주요 패러다임 비교

구분	성장모형	재배분모형	유연체제모형	환경모형
지도 이념	· 효율성 · 경제적 합리주의	· 형평성 · 필요의 원칙	· 혁신성 · 유연성의 원칙	· 환경성 · 환경보전의 원칙
패러다임 성향	· 성장 지향적 · 경제적 합리주의	· 분배 지향적 · 사회학적 패러다임	· 혁신 지향적 · 지역주의 패러다임	· 환경 친화적 · 생태학적 패러다임
경제 유형	· 규모의 경제	· 규모의 경제	· 범위의 경제	· 환경 경제

구분	성장모형	재배분모형	유연체제모형	환경모형
주요 개발 방식	· 산업화/경제개발 · 입지적 능률 · 성장거점과 대도시 지향적 개발 · 대규모 사업방식과 자본기술집약 · 중앙중심의 하향식 개발전략과 적극적 정부개입	· 분배의 재구조화 · 고용촉진과 최소한의 소득보장 · 내향적, 내부수요 충족 · 소규모 비공식 부문의 사업 · 도농 통합적 영역 · 노동집약적 중간 기술의 활용 · 지역간 · 계층간 균형개발의 추진	· 지역의 재구조화 · 내향적 투자 · 정보형 개발 · 신산업지구의 조성 · 유연생산 체계에 부응하는 지역공간 · 지방경영의 도입과 탈규제화	· 환경적 지속개발 (ESSD) · 인간활동의 환경적 비용의 고려 · 자원절약적 청정 기술의 사용 · 경제와 환경의 동시 고려 · 에너지 효율적 개발 방식의 모색 · 환경보전 시범도시의 육성
관련 이론	· 신고전 경제이론과 균형성장이론 · 진화주의이론 · 경제발전/국가 발전 단계설 · 산업화이론과 근대화이론 · 경제기반이론과 투자확대이론 · 누적성장이론 · 성장극이론과 성장거점이론 · 불균형적 극화 이론	· 고용지향적 접근 방법 · 최소소득접근방법 · 기초수요접근방법 · 상향식 개발이론 · 분배통한 성장론 · 종속이론 · 소규모 개발론과 중간기술 · 정주권 구상과 도농통합 개발론 · 주민중심전략 · 중간적 개발전략	· 포스트 포디즘 · 지역주의 · 유연생산체제 이론 · 혁신지향적 개발 모형 · 신기술경제 패러다임 · 상황 적응적 이론	· 환경윤리론 · 로마클럽 '성장의 한계' · UN인간환경회의 · 생태개발론 · 나이로비선언 · 동경선언 · 리우선언과 지속 가능한 개발

※ 자료 : 고병호. 1994. "지역개발이론의 체계적 접근과 새로운 파라다임의 형성에 관한 연구," 한국지역개발학회지, 6(2), pp.87~124.

4. 개발영역에 따른 분류: 국토기본법에 의한 분류

국토기본법에 따르면 지역개발은 크게 지역경제개발, 정주체계개발, 자원개발, 사회간접자본개발, 그리고 사회개발의 5대 영역으로 구분되는데 지역개발전략도 개발영역에 따라서 지역경제개발전략, 정주체계개발전략, 자원개발전략, 사회간접자본개발전략, 그리고 사회개발전략으로 구분할 수 있다.

3 지역개발전략의 변천 과정

지역개발전략을 스퇴르와 테일러가 분류한 바와 같이 하향적 개발전략과 상향적 개발전략으로 분류할 때 그 발전과정을 역사적인 측면에서 살펴보면 1945~1970년대, 1970~1980년대, 그리고 1980년대 이후의 3기로 구분해 볼 수 있는 바 각 시대별로 하향적 개발전략과 상향적 개발전략이 번갈아 가면서 발전해 온 것을 알 수 있다.

1945~1970년대

이 시기는 2차 세계대전이 끝나고 세계 각국이 경제성장 문제에 국가적인 노력을 기울이던 시기였다. 선진국은 전후의 경제복구를 위하여, 또한 신생 독립국들은 정치적으로 독립은 하였지만 경제적으로는 빈곤과 기아에 허덕이고 있던 때이므로 역시 경제성장이 필요하던 시기였다. 따라서 이 시기에 세계각국은 경제성장을 세일의 국가·사회적인 목표로 설정하고 이를 달성하기 위하여 국력을 기울이게 된다. 그리고 이 시기는 개발의 시대라 일컬을 정도로 세계경제는 비약적인 발전을 이룩하게 된다.

이와 같은 시대적 필요성에 따라 이론적인 측면에서 경제성장을 달성할 수 있는 여러 가지 방법론이 제시되었는데 이와 관련된 이론들은 크게 균형성장론과 불균형성장론으로 구분된다. 균형성장론은 로단(R. Rodan)과 넉시(R. Nuksey)등에 의하여 제시된 이론으로서 국민경제의 성장을 위해서는 모든 산업분야가 동시에 발전하는 것이 필요하다는 주장을 의미한다. 이에 비하여 불균형 성장이론은 슘페터, 뻬루, 뮈르달, 허쉬만 등에 의하여 주장된 이론으로 국민경제의 성장을 위해서는 발전의 추진력이 강한 공업을 중심으로 경제성장을 추진하여야 한다는 주장을 의미한다. 불균형 성장론자들은 제한된 자원 하에서 모든 산업분야를 동시에 발전시킬 수 있는 재원이 부족할 뿐만 아니라 비효율적인 산업분야를 지원하는 것은 국민경제성장에 도움을 주지 못한다고 하고 경쟁력이 있는 산업분야를 지원하는 것이 효율적인 성장수단이라 주장하였다. 불균형 성장론자들은 그들의 이론을 국민경제의 성장뿐만 아니라 지역경제 분야에도 적용시키게 되는데 이와 같은 불균형성장이론을 배경으로 성장거점전략과 같은 불균형 개발전략들이 발전하게 되었다.

1970~1980년대

그러나 1970년대에 접어들면서 상황은 급변하게 된다. 공업화 위주의 경제성장이 가져다주는 문제점에 대하여 인식하게 된 것이다. 과거 20여 년간 세계 각국의 공업화와 도시화 그리고 이를 바탕으로 한 경제성장은 크게 세 가지 차원의 문제점을 야기한 바 그것은 환경오염과 자원고갈, 그리고 경제적 격차였다. 따라서 공업화 위주의 경제성장을 그대로 추진할 경우 인류의 미래에는 어두운 그림자가 드리워질 것이라는 인식이 확산되고 과거와는 다른 새로운 개발전략을 모색하게 되어 다양한 대안적 개발전략들이 출현하게 된다. 예를 들면 기초수요접근방법, 생태개발, 지속가능한 개발, 주민중심적 개발 등이 이에 속하는 것으로 이 전략들은 과거의 전략과는 반대의 입장에서 접근하는 특징을 갖는다. 즉 대규모의 공업화보다는 중소기업이나 농업을, 중앙집권적 개발체제보다는 지방분권적이며 주민중심적인 체제를, 개발보다는 환경보전을, 성장보다는 분배를 강조하는 특징을 지닌다. 이와 같은 새로운 전략은 1970~1980년대 중반까지 발달하면서 세계 학계의 주목을 받게 되었다.

1980~현재

1980년대 중반부터는 새로운 개발전략이 대두되었는데 그것은 첨단산업과 정보화의 물결이다. 특히 미국의 실리콘 벨리와 같은 첨단산업단지가 국민경제와 지역경제의 성장에 미친 영향이 전세계적으로 알려지게 되면서 테크노폴리스, 과학산업단지, 첨단산업단지 등과 같이 첨단과학기술의 산업화를 목적으로 하는 개발전략이 열풍을 불게 되었다. 그리고 1990년대 중반 들어서는 정보화 전략이 중요한 개발전략으로 자리를 잡아가고 있다. 정보통신기술이 발달함에 따라 지역이 각종의 정보를 쉽게 생산하거나 획득할 수 있도록 정보통신시설을 설치하여 지역의 발전을 도모하고자 하는 일련의 개발전략이 대두된 것이다.

이 두 가지 개발전략은 성격상 하향적 개발전략으로 분류할 수 있는데 이와 같은 지역개발전략의 흐름을 살펴보면 현대에는 개발전략의 다원화가 특징인 것을 알 수 있다. 특히 환경과 자원보존에 대한 관심이 커지면서 산업에 있어서도 첨단산업과 정보산업과 같이 환경오염을 적게 하면서도 부가가치를 높일 수 있는 산업을 육성함으로써 지역의 발전을 모색하는 전략이 주류를 이루고 있음을 알 수 있다.

| 제 12 장 |
성장거점전략

1 의의

성장거점전략(growth center strategy)은 1950년대 중반부터 케인즈와 슘페터의 이론을 바탕으로 뻬루와 부드빌과 같은 프랑스 학자들이 발전시킨 전략개념으로서 과거 40여 년 동안 지역개발에 있어서 가장 대표적인 전략의 하나로 발전되어 온 개발전략이다. 이 전략의 개념에 관해서는 다양한 정의가 있으나 한 마디로 발전의 잠재력을 가지고 있는 소수의 지점에 기반시설과 직접생산 투자를 집중함으로써 이러한 지점의 도시-산업 성장이 장기적으로 낙후지역 전체로 파급되도록 하여 지역전체의 발전을 유도하는 지역개발전략을 의미한다. 즉 집중화된 분산전략으로서 성장거점전략의 요지는 한정된 가용자원을 낙후지역 내 거점에 집중시켜 개발 거점을 확보하고 궁극적으로는 이 거점의 성장력을 주변지역에 파급시킴으로써 지역전체의 성장을 도모한다는 것이다. 여기서 선정된 소수의 지점들을 성장거점이라 한다. 성장거점 전략은 그 특성을 고려하여 거점개발전략(polarized development strategy) 또는 집중적 분산전략(concentrated decentralization strategy)이라 부르기도 한다. 이 전략은 1960년대에서 1970년대에 이르기까지 우리나라와 같이 국가 경제성장과 낙후지역의 개발이 필요하였지만 개발재원이 한정되어 있던 개발도상국들에게 선호되었던 지역개발전략이다.

2 이론적 배경과 성격

1. 이론적 배경

성장거점전략은 앞에서 설명한 여러 가지 이론 가운데 불균형 성장이론과 혁신확산이론, 그리고 중심지이론 등의 다양한 이론을 배경으로 하고 있는데 그 가운데 가장 중요한 이론은 불균형 성장이론이라 할 수 있다. 2차 세계대전 후 선진국은 경제복구, 후진국은 빈곤의 탈피가 중요한 과제로 등장하였기 때문에 세계적으로 경제성장이 가장 중요한 국가적인 관심으로 등장하게 된다. 이 당시에 경제성장의 방법과 관련하여 대립적인 두 가지의 견해가 나타나게 되는데 균형 성장론과 불균형 성장론이 바로 그것이다. 균형성장론은 로단(Rodan)과 빈곤의 악순환이론으로 유명한 넉시(Nurkse) 등과 같은 학자들에 의하여 주장되었다. 그들은 경제발전이 국민의 전반적인 소득향상에 의한 유효수요의 창출에 따라 이루어진다고 보고 전반적인 유효수요의 창출을 위해서는 모든 산업분야가 균등하게 발전할 수 있도록 육성하여야 한다고 주장하였다.

그러나 이와 같은 주장은 슘페터, 뻬루, 미르달, 허쉬만으로 대표되는 불균형성장 이론가들에 의하여 비판을 받게 된다. 이들은 균형성장론이 산업간에 재화와 용역의 이동이 없는 폐쇄체제를 가정하고 있고 생산요소의 부적절한 배분은 생산비의 증가를 초래할 수 있을 뿐만 아니라 무엇보다도 개발도상국의 경우에는 대규모의 투자(big push)를 할 수 있는 재원이 부족하다는 비판을 하면서 경제발전 과정에 있어서는 추진력 있는 산업(propulsive industry) 또는 선도산업(leading industry)이 중요하다고 주장하였다. 이들은 경제성장은 불균형적인 것으로써 경제발전 과정에서 선도산업이 먼저 발전하면 이 선도산업과 연관관계를 맺고 있는 타 산업이 발전되는 효과를 창출하여 전반적인 경제성장이 가능하다고 보았다. 이들은 선도산업은 새로운 기술을 보유하고 역동적이며, 규모가 커서 경제적인 지배력을 행사할 수 있고 제품은 수요의 가격탄력성이 높아서 주변의 다른 산업에 비해 성장속도가 빠르며, 여타 경제부문과의 산업간 연계성이 강한 특성을 가진다고 하였다. 뻬루는 이와 같은 산업을 지배적 산업(dominant industry) 또는 성장극(growth pole)이라 불렀는데 이에 따라 뻬루의 이론을 성장극이론이라 하였다. 그의 이론은 미르달과 허쉬만에게도 영향을 미치게 된다. 뻬루의 이론은 공간적인 차원의 불균형이론을 제시하지 못한 결점이 있었는데 미르달과 허쉬만은 이를 발전시켜 국민경제의 성장뿐만 아니라 지역경제와 국제경제의 성장과정을 설명하는 데 있어서도 불균형적인 성장이론을 적용하였다. 이와 같은 공간적인 차원이 추가된 불균형성장이론과 혁신확산이론, 그리고 중심지이론 등을 기초로 성장거점전략이 발전하게 되고 프랑스를 비롯한 세계각국이 이를 하나의 규범적인 지역개발전략으로 채택함으로써 성장거점전략은 널리 전파되게 되었다.

2. 성격

성장거점전략은 여러 가지 특성을 갖는데 그 첫째는 공업화와 도시를 중심으로 한 불균형 개발방식이라는 점이다. 앞의 이론적인 배경에서도 살펴본 바와 같이 이 전략은 처음에 개발의 잠재력이 있는 소수의 지점에 사회간접자본과 발전추진적인 선도산업을 집중적으로 투자하여 발전을 의도적으로 유도한 후에 이 지점으로부터 개발의 효과를 주변지역으로 확산시키는 것을 목적으로 하고 있기 때문에 공간적인 의미의 불균형개발전략이라는 특성을 갖는다.

둘째는 형평성과 효율성의 균형을 추구하는 중간적인 개발전략이다. 개념적으로 볼 때 지역개발전략은 낙후지역의 개발을 위하여 한정된 자원을 균등하게 배분하는 형평성 지향적 전략과 대도시에 개발을 촉진하는 효율성 위주의 개발전략으로 구분할 수 있다. 그런데 성장거점전략은 낙후된 지역 가운데 일정한 지역을 거점으로 선정하여 투자를 집중하기 때문에 규모의 경제를 살리면서도 형평성을 해치지 않는 개발전략, 즉 형평성과 효율성, 집중과 분산, 성장과 복지를 적절하게 조화시키는 개발전략으로 평가받고 있다.

셋째는 외부 지향적 개발전략이다. 일정한 지점을 거점으로 육성하기 위해서는 지역외부의 자원과 기술 그리고 인력 동원이 불가피하다. 이는 뒤에 언급할 기본욕구개발전략이 지역내부의 자원과 기술 그리고 인력을 동원하는 것이 필요하다는 발상과는 대조적인 특성을 이룬다.

넷째는 하향적 개발전략이다. 이는 개발전략을 추진하는 데 있어서 국가 또는 지방정부가 주체가 된다는 것을 의미한다. 앞에서도 언급하였지만 어떤 지점을 성장거점으로 육성하기 위해서는 많은 자원과 기술 및 인력이 필요하다. 따라서 중앙정부가 강력한 의지를 가지고 추진하여야 한다. 이러한 의미에서 성장거점전략은 하향적 개발전략이라는 특성을 가진다.

다섯째 성장거점전략은 거점과 주변지역의 경제적, 기능적 통합을 지향하는 개발방식이다. 성장거점으로부터 개발의 효과를 주변지역으로 확산시키기 위해서는 거점과 주변간에 교통, 통신시설을 연결하는 것이 필요하다. 따라서 이 전략은 주변과 중심지간의 기능적 통합을 지향하는 개발방식이다.

3 성장거점전략의 유형과 선정

성장거점의 선정방법과 관련하여 성장거점전략은 크게 보강적 전략(reinforcing strategy)과 능동적 전략(active strategy)의 두 가지로 구분할 수 있다. 전자는 성장거점으로서 어느 정도 기반이 조성되어 있는 기존의 도시를 거점으로 개발하는 전략을 의미하고, 후자는 전혀 기반이 조성되어 있지 않은 지점을 거점으로 개발하는 적극적 전략을 의미한다. 예를 들어 안동을 경북북부지역의 개발거점으로 육성한다면 이는 기존의 도시기능을 보강하여 거점으로 육성하는 것이므로 보강적 전략이라 할 수 있다. 브라질이 낙후된 중·북부지역의 개발을 위한 성장거점으로 건설했던 브라질리아의 사례는 대표적인 능동적 전략이라 할 수 있다.

그런데 일반적으로는 투자의 효율성을 높인다는 측면에서 보강적 전략이 많이 채택되는데 이 경우 다음과 같은 도시를 성장거점으로 선정하는 것이 바람직하다. 첫째는 도시성장의 영향이 파급될 수 있는 잠재력 있는 배후지를 가져야 한다는 점이다. 성장거점전략의 목적이 낙후된 지역전체의 발전을 유도하는 데에 있는 만큼 배후지를 가져야 한다는 것은 당연하다. 둘째는 도시자체의 개발잠재력이 있어야 한다. 그리고 셋째는 도시에서 수용하게 될 산업, 교육, 문화 등의 입지조건이 적절해야 한다는 점이다.

4 성장거점전략의 사례

성장거점전략이 맨 처음으로 시행된 국가는 프랑스이다. 프랑스는 '파리와 사막으로 구성된 국가'라는 표현에서 보는 바와 같이 수도인 파리와 지방간의 발전격차가 심한 나라이다. 프랑스는 이와 같은 문제점을 극복하기 위하여 지방의 8개 도시를 성장거점으로 지정하여 낙후지역의 발전을 도모하는 한편,

파리 대도시권의 인구와 산업을 지방으로 이전하는 정책을 펼쳐 왔다.

우리나라에 있어서는 제2차 국토종합계획에서 성장거점전략을 지역개발전략으로 채택하였다. 이 계획에서는 우리나라의 도시 가운데 성장잠재력이 크고 지역서비스 공급기능을 가진 15개 도시를 성장거점도시로 선정하였다. 이 가운데 대전, 광주, 대구와 같은 지방 대도시는 1차 성장거점으로 지정하여 서울과 부산 지향적인 인구와 산업을 분산, 수용하는 인구 정착기반의 역할을 담당하도록 하였다. 그리고 지역중심지로서의 성장 잠재력이 큰 춘천, 강릉, 원주, 청주, 천안, 전주, 남원, 목포, 순천, 진주, 안동, 제주 등 12개 도시는 2차 성장거점도시로 선정, 육성하여 지역발전과 지역서비스 공급을 위한 중심지로서의 역할을 수행하도록 하였다.

5 성장거점전략의 평가

1. 긍정적인 면

성장거점전략은 긍정적인 측면이 있는 바 첫째는 제한적인 자원을 효율적으로 이용할 수 있다는 점이다. 즉 성장거점전략은 한정된 자원을 발전의 잠재력이 있는 제한된 지점에 집중적으로 투자하기 때문에 제한적인 자원을 효율적으로 이용할 수 있다. 둘째, 거점은 혁신수용과 확산의 매개체가 될 수 있다. 지역발전에 있어서는 혁신을 적극적으로 수용하는 것이 필요한데 거점은 혁신수용과 확산의 매개체가 될 수 있다. 셋째 대도시 인구집중을 완화할 수 있다. 거점은 농촌으로부터 대도시로 이동하고자 하는 인구를 수용함으로써 지역주민의 지방정착을 유도할 수 있을 뿐만 아니라 대도시의 과도한 성장도 억제할 수 있다. 넷째, 국가 경제성장과 지역균형 발전을 어느 정도 조화시킬 수 있다.

2. 부정적인 면

그러나 이 전략은 여러 가지 측면에서 비판을 받고 있는데 첫째는 개발을 추진력 있는 선도산업에 의존하고 있는 불균형 지역개발전략이라는 점이다. 둘째는 아직 실험 중에 있는 개발전략으로서 파급효과 가설이 완전히 검증되지 않고 있다. 이와 관련하여 리차드슨은 파급효과가 나타나기까지는 15년에서 25년까지의 오랜 기간이 소요되기 때문에 그 효과를 단기에 걸쳐 측정하기는 어렵다고 주장하고 있다. 셋째 거점의 성장효과가 지역에 내부화되지 못하고 외부로 누출되는 경우가 많다. 거점으로 육성하기 위해서는 집중적인 직접생산부문과 사회간접자본에 대한 집중적인 투자가 필요한데 이러한 투자의 효과가 지역외부로 유출되는 경우가 많은 것이다. 넷째, 주변낙후지역의 발전을 거점에 의존하는 개발방식이므로 내국적 식민주의라는 이념적 비판을 받고 있다.

| 제 13 장 |
기본욕구전략

1 의의

기본욕구전략의 중심개념인 기본욕구는 기초욕구 또는 기본수요 등과 같이 다양한 이름으로 불리는데 그 개념은 품위 있는 인간생활에 필요한 최소한의 필요물(minimum requirements) 또는 최소한의 생활수준(minimum standard of living)을 의미한다. 그러나 기본욕구는 최소한의 필요물이라 해서 의, 식, 주와 같은 기초적인 욕구만을 의미하는 것은 아니고 사회적 활동과 정치적 참여 그리고 문화적 욕구 및 안전과 자유를 포함하는 매우 포괄적인 개념이다.

여기서 기본욕구전략은 바로 지역주민들이 인간다운 생활을 영위하는 데 필요한 최소한의 필요물을 충족시켜 줌으로써 전반적인 삶의 질(Quality of Life)을 향상시키는 것을 목적으로 하는 지역개발전략을 의미한다. 이 전략은 1950~1960년대 1인당 GNP위주의 경제성장전략이 계층간, 부문간, 지역간 경제적 격차를 심화시켰을 뿐만 아니라 환경오염과 자원고갈을 초래함으로써 특히 저소득계층의 생활이 훨씬 어려워졌다는 반성 하에 저소득계층이 인간다운 삶을 영위하는 데 필요한 기본적인 필요물을 공급함으로써 생활의 질을 향상시키는 것을 목적으로 하는 개발전략이다.

2 대두배경

앞에서도 언급한 바와 같이 이 전략은 원래 국가경제개발에 있어서 공업화와 도시화를 중심으로 추진되어 왔던 1950~1960년대의 불균형개발전략에 대한 비판으로부터 제시된 대안적인 개발전략의 하나이다. 2차 세계대전 이후

공업화와 도시화 위주의 경제성장은 여러 가지의 부작용을 야기하게 되고 1인당 GNP의 증대가 과연 최고의 가치를 가지는 목표인가에 대하여 회의론이 증대하기 시작하였다. 개발의 시대에 경제성장이 낳은 부작용은 불균형 문제와 환경오염 그리고 자원고갈 등의 여러 가지가 있었고 이 가운데 계층간, 지역간, 국가간 소득의 불균등한 배분을 시정하는 개발전략이 필요하다는 인식이 대두되게 되는데 이를 주도한 기구는 세계노동기구(ILO)이다.

이 기구는 1960년대 말에서 1970년대에 걸쳐 일련의 대안적 개발전략을 제시하였는데 그 첫 번째는 고용 지향적 개발전략이다. 특히 1960년대에는 전세계적으로 높은 실업률이 만연해서 이를 끌어내려야 한다는 인식이 팽배해 있었기 때문에 모스(Morse)는 1970년 세계노동기구(ILO)의 켐브릿지회의에서 성장의 척도인 국민총생산 개념을 개발의 왕좌에서 끌어내려야 한다고 하고 앞으로는 고용이 개발의 주요 목표이고 평가 기준이 되어야 한다고 주장하였다. 이후 ILO는 고용증대를 위한 각종의 프로그램을 개발하게 되고 1972년에 발표한 케냐 보고서(Kenya Report)에서는 고용에 대한 관심에서 한 걸음 더 나아가 소득 재분배와 형평성에 대한 관심을 표명하게 된다.

이어 1976년에 졸리(Richard Joly) 등은 세계노동기구가 주관한 세계고용회의에서 앞으로의 개발은 국민들의 기본욕구, 특히 저소득 계층의 기본욕구를 충족시킴으로써 국민들의 전반적인 생활의 질을 향상시키는 방향으로 전개되어야 한다고 주장하여 기본욕구전략이 대두되게 된다. 이후 이 전략은 세계은행(IBRD)과 세계보건기구(WHO)에 의하여 받아들여짐으로써 새로운 국가개발전략으로 확립되었고 유엔지역개발센타(UNCRD)는 이 전략을 지역개발전략으로 수용함으로써 하나의 지역개발전략으로 자리잡게 되었다. 이 전략개념의 출현으로 개발의 개념이 1인당 GNP를 증가시키는 것에서부터 국민 또는 지역주민들의 생활의 질을 향상시키는 것으로 규정되게 되었다.

3 기본욕구의 유형

기본욕구의 범주에 포함하여야 할 내용과 그 기준을 사회지표(social indicator)라고도 하는데 기본수요에 어떤 항목을 포함하고 그 최소한의 기준을 어떻게 설정해야 할 것인가에 대해서는 매우 다양한 견해가 있다. 여기서는 기본욕구의 유형을 몇 가지 기준에 따라 구분하여 살펴본다.

1. 기능에 따라

① 생활에 필수적인 욕구: 의, 식, 주
② 복지증진에 필요한 욕구
: 보건의료, 교육, 교통, 통신, 전력, 시장, 공공시설
③ 경제적 기회 욕구: 토지, 용수, 산림, 자본, 고용, 소득
④ 안전과 자유에 필요한 욕구: 인권, 시민참여, 사회안정, 국방, 규범

2. 내용에 따라

① 개인적 소비욕구: 의, 식, 주
② 경제적 기회욕구: 소득, 고용, 기술
③ 공공 서비스욕구: 의료, 보건, 교육
④ 제도적 욕구: 사회활동, 정치참여

3. 평가주체에 따라

① 객관적 욕구(objective needs) 또는 규범적 욕구(normative needs)
: 국가나 공공기관이 과학적, 기술적 준거에 의하여 객관적으로 규정하는 욕구
② 주관적 욕구(felt needs, subjective needs)
: 수혜자가 주관적으로 규정하는 욕구
③ 수요적 욕구(demand needs)
: 경제의 수요와 공급측면에 따라서 규정 되는 욕구
④ 비교적 욕구(comparative needs)
: 유사한 집단과 비교함으로써 규정되는 욕구

4. 역할에 따라

① 호혜적 욕구: 지역사회와 주민이 상호 공급하여야 할 욕구
② 사회적 욕구: 집단의 생존과 번영에 필요한 욕구
③ 개인적 욕구: 개인의 생존과 번영에 필요한 욕구

4 기본욕구전략의 내용과 특징

1. 전략의 주요내용

기본욕구전략은 크게 세계노동기구, 세계은행, 세계보건기구, 유엔과 같은 국제기관에 의해 추진되는 보수적인 내용에서부터 맑스주의자에 의하여 주장되는 급진적인 내용까지 다양하다. 예를 들면 리스트(List)와 웨르네크(Werneke)는 이 전략의 주요내용으로서 ① 빈곤층의 소득과 생산성을 향상시켜 이들의 기본소비재 이용이 가능하게 한다. ② 농촌지역 또는 도시주변 극빈층들의 기본적인 공공서비스를 향상시킨다. ③ 농촌과 도시의 전통적 부문에 비하여 현대도시부문에 대한 호의와 편견을 바로잡는다. ④ 기본욕구를 충족시키기 위하여 적절한 성장을 창출한다는 주장을 개진하였다. 그리고 그린(Green)도 ① 식품, 의복, 주택, 가구 등 기본적인 개인 소비재에 대한 접근을 용이하게 한다. ② 초등 및 성인교육, 예방적 및 치료적 보건서비스를 제공한다. ③ 자본 및 중간재를 확보하기 위해 물리적, 인간적, 기술적 기반시설을 제공한다. ③ 개인적, 집단적 기본재화와 서비스를 공급하기 위해 필요한 초과잉여를 공급한다는 주장을 개진하였다. 한편 프리드만은 앞에서 언급한 추진전략 외에 저소득계층의 기본욕구를 충족시키기 위해서는 토지를 비롯한 생산수단을 공유하는 것이 필요하다고 하여 보다 급진적인 추진전략을 제시하였다.

2. 특징

이상 여러 학자들이 제시한 기본욕구전략의 내용을 살펴보면 이 전략은 다음과 같은 특징을 가지고 있다. 첫째, 개발의 목표는 지역주민들의 기본욕구를 충족시키는 것을 강조한다. 둘째, 저소득계층을 개발의 목표계층으로 설정하고 있다. 따라서 이 전략은 효율성보다 형평성을 중시하는 개발전략이다. 셋째, 지역자원을 이용하고 노동집약적이고 지방적으로 적절한 기술을 사용하는 산업의 육성을 강조한다. 넷째, 지역주민들의 자발적 참여와 자조적 노력을 강조한다. 이러한 측면에서 기초수요전략을 내발적 개발(development within)방식이라고도 한다. 다섯째, 부문간의 상호연계체계를 강조한다. 여섯째, 지역의 사회, 경제적 여건에 따라 다양한 형태로 적용될 수 있다.

5 기본욕구전략의 사례

1. 농도계획(agropolitan planning)

기본욕구전략은 그 내용이 일정하게 규정된 것이 아니고 다양한 형태로 적용될 수 있는데 프리드만은 기본욕구전략에 자조적 개발의 개념을 통합하여 소위 농도계획을 제창하였다. 여기서 농도지구는 농촌과 중심도시를 정치적으로 통합한 개념이다. 그는 농도계획에서 기본욕구의 보다 구체적인 추진전략을 제시하였는데 예를 들면 ① 개발은 적정규모의 지역에서 수행한다. ② 생산요소를 지역의 공동소유로 한다. ③ 주민들에게 동등한 기회를 부여한다. ④ 생산분배의 구조적 변화를 유도한다 등을 들 수 있다. 그는 기본욕구를 충족시키기 위해서는 사회의 구조적 변화가 필요하다고 보고 농도계획에서 이를 달성하기 위한 보다 급진적인 개발전략을 제시하였다.

2. 정주권계획

일본의 경우 1979년 제3차 전국종합개발 10개년 계획을 시작하면서 기본욕구전략 개념을 수용한 정주권개발을 지역개발의 주요 전략으로 활용하였다. 이 계획에서는 전국을 인구 20~30만 명 단위로 200~300개의 정주권을 설정하고 이 정주권 내에서 지역주민이 필요로 하는 모든 기본욕구를 충족시키도록 계획하였다.

3. 생활권 계획

우리나라도 이와 같은 시대적 흐름에 영향을 받아 국가발전계획과 지역개발계획에서 기본욕구전략을 수용하게 되었다. 그때까지 매 5년마다 수립하던 경제개발 5개년 계획을 1982년부터 경제·사회발전계획으로 이름을 고쳐 그전에는 1인당 GNP를 높이는 것을 최고의 목표로 삼던 것을 국민들의 기본욕구 충족 또는 생활의 질을 향상시키는 것을 국가목표로 추구하기에 이르렀다. 그리고 1982년부터 추진된 국토종합계획에서도 생활권 전략이라는 일종의 기초수요전략 개념을 도입하여 전국을 28개의 생활권으로 구분하여 지역주민들의 기본욕구를 충족시키는 개발전략을 추구하였다. 현재도 기본욕구전략은 우리나라의 지역개발, 특히 시·군개발과 같은 지방적 지역개발에서 기본적으로 채택되는 개발전략이다.

6 기본욕구전략의 평가

기본욕구전략은 지역개발에 커다란 영향을 미친 전략이나 이론적인 측면에서 여러 가지 문제점을 안고 있다. 첫째, 기본욕구가 정적인 개념이 아니고 동적인 개념이라는 점이다. 즉 어느 한 시점의 기본욕구 수준은 다른 시점에 있어서는 달라질 수 있다. 둘째, 기본욕구를 계량적으로 측정하기 어렵다. 특히 사회·문화적인 욕구의 경우는 이를 정확히 계량화하기 어렵다. 셋째, 성질이 다른 기본욕구를 비교·평가하기 어렵다. 그리고 넷째, 정치, 사회, 경제의 근본적인 변화 없이는 목표를 달성하기 어려운 경우가 많다.

| 제 14 장 |

지속 가능한 개발전략

1 의의

경제성장 위주의 개발전략이 환경을 오염시키고 자원을 고갈시킴으로써 인류의 생존기반을 위협하는 단계에 이르렀기 때문에 환경을 고려하는 새로운 개발전략이 필요하다는 인식에서 출발한 개발전략이다. 지속 가능한 개발전략(ESSD: Environmentally Sound and Sustainable Development)은 영어표현에서도 알 수 있듯이 원래 환경적으로 건전하고 지속 가능한 개발이라는 긴 이름을 가지고 있지만 이를 단순화하여 지속 가능한 개발이라고도 한다. 이 전략의 보다 구체적인 개념은 학자에 따라 약간씩 다르게 정의되지만 이 개발전략을 주도한 UN에 따르면 대체로 '미래세대의 욕구나 복지를 충족시킬 수 있는 능력과 여건을 저해하지 않으면서 현세대의 욕구를 충족시키는 개발전략'이라 정의할 수 있다. 이 개발전략은 지역개발뿐만 아니라 도시개발, 지역사회개발 등 모든 개발분야에서 다양한 형태로 적용되는 개발전략이다.

2 대두배경

1950년대부터 추진된 공업화의 추진 결과 1960년대 말부터 여러 가지 문제점이 나타나게 되었다. 이 문제점은 크게 환경오염, 자원고갈, 그리고 경제적 격차문제를 들 수 있다. 이 가운데 특히 환경오염 문제와 자원고갈 문제를 우려하고 이에 대한 대책을 수립하여야 한다는 인식이 확산됨에 따라 전세계적으로 환경보전을 위한 체계적인 노력이 시행되었는데 그 첫 번째가 1972년 스톡홀름에서 '하나뿐인 지구(only one earth)'를 슬로건으로 개최된 유엔인간

환경회의(UNCHE)이다. 이 회의는 환경에 관한 첫 국제회의로서 유엔인간환경선언이 채택되었고 이의 실행을 위하여 유엔환경기구(UNEP: United Nations of Environmental Programme)가 설치되었다.

이와 함께 민간차원의 노력도 추진되었는데 예를 들어 로마클럽(1972)의 결성을 들 수 있다. 특히 이 조직은 '성장의 한계'(1972)와 '전환기에 선 인류'(1974) 등과 같은 연구보고서들을 출판하여 환경과 자원에 대한 인류의 각성을 요청하기에 이르렀다. 이와 같은 시대적 요청에 따라 생태개발(ecodevelopment)과 같이 환경보존을 추구하는 개발전략이 제시되게 되었다.

1982년에는 인간환경회의 10주년 기념행사가 아프리카의 나이로비에서 개최되었다. 이 행사에서 유엔환경기구(UNEP)는 나이로비 선언을 채택하였는데 이 선언에서 처음으로 지속 가능한 개발이라는 개념을 제시하여 환경보전과 경제개발에 대한 선진국과 개발도상국간의 의견을 접근시키려는 시도가 있었다. 그후 1983년 UN의 주도로 환경과 개발에 관한 세계위원회(WCED)가 설치되어 1987년 '우리들의 공동미래'[27]라는 보고서를 출판하였는데 이 보고서에서 환경 친화적이고 지속 가능한 개발전략(ESSD)이라는 개념을 정립하게 된다.

그리고 1992년 브라질의 리우데자네이루에서 각국의 정부대표들이 중심이 된 유엔환경개발회의(UNCED)와 각국의 민간단체가 중심이 된 지구환경회의가 열렸는데 유엔환경개발회의에서는 리우선언과 이의 실천강령인 의제 21(Agenda 21: the Agenda for the 21st century)을 채택하였다. 이 리우선언은 지구 환경 보전을 위한 각 국가들의 행동원칙을 규정한 것이고, 의제 21은 리우선언의 행동지침이라 할 수 있다. 리우선언은 환경과 개발에 관한 27개조의 원칙으로 구성되어 있다. 주요원칙을 보면 인류는 자연과 조화를 이루면서 건강하고 생산적인 생활을 할 권리가 있으며(제1원칙), 각국은 자국의 자원을 개발할 권리를 지니는 동시에 다른 국가의 환경에 손상을 주지 않도록 할 책임이 있다(제2원칙). 또 개발권리의 행사는 현재와 미래 세대의 개발과 환경상의 필요성을 충족시키는 범위 내에서 가능하고(제3원칙), 환경보호와 개발은 일체적으로 추진되어야 한다(제4원칙). 또 이러한 지속 가능한 개발을 위해서는 빈곤 퇴치에 노력해야 한다고 하고 있다.

그리고 의제 21은 500쪽이 넘는 보고서로서 38장으로 구성되어 있다. 의제 21은 '92 리우회의에서 우리나라를 비롯한 150여 개국이 승인한 문건으로 법

27) 이 조직을 주도한 Brundtland의 이름을 따서 Brundtland Report라고도 한다.

적 구속력은 없으나 방향을 제시하고 있다는 점에 의의가 있다. 의제 21은 전문과 사회적 · 경제적 요소, 개발을 위한 자원의 보전과 관리, 주요 사회 구성원의 역할 강화, 실시 수단 등 4부로 나누어 총 40장으로 구성되어 있다. 주요 내용으로는 지속 가능한 개발의 추진과 생활 양식의 실현, 주거환경의 개선, 자원의 효율적 이용, 지구환경 문제 등 국토개발 계획 전반에 대한 내용과 그 실행을 위한 자금, 기술이전, 국제기구, 국제법 등의 설치를 규정하고 있다. 의제 21은 지속 가능한 개발을 위하여 인류가 실행하여야 할 과제로서 ① 에너지와 자연자원의 소모 감축 ② 환경오염 배출물의 감축 ③ 생태계의 보호 ④ 경제적 격차의 완화와 기회의 균등화 등을 들고 있다. 그리고 이 회의에서는 의제 21의 실현을 위해 각국의 지방자체단체가 지방의제 21(Local Agenda 21)을 지역주민과 협의하여 작성한 후 1996년까지 유엔의 지속개발위원회에 제출토록 하였다.

3 지방의제 21

의제 21에서는 지속 가능한 개발을 촉진하기 위하여 각국 지방정부의 역할이 중요하다는 인식 하에 이 개발을 효과적으로 추진하기 위한 지방정부의 역할을 규정하고 있는데 이를 살펴보면 다음과 같다. 첫째, 지방정부는 여러 차원에서의 환경문제를 해결함에 있어서 결정적으로 중요한 주체이다. 둘째, 지방정부는 지속 가능한 개발을 추진함에 있어 주민을 교육하고 동원하며 주민들의 요구에 부응해야 한다. 셋째, 지방정부는 관할구역내의 여러 조직 위에 군림하고 통치하는 것이 아니라 주민, 기업가, 그리고 지역사회조직과 협조관계를 유지하고 끊임없이 의견을 나누어야 한다. 넷째, 지방정부는 지속 가능한 개발을 달성하기 위한 정책, 행동, 계획, 조례 및 각종 규제조치를 수립하고 이를 평가하며 수정해야 한다. 다섯째, 지방정부는 지속 가능한 개발의 실현을 위해 필요한 재원을 확보하여야 한다. 이상과 같이 지방의제 21에 나타난 지속 가능한 개발의 실현주체는 지방정부임을 인식하고 있다. 이에 따라 각국의 지방자치단체는 1996년까지 지역주민들과의 협의를 거쳐 '지방의제 21'에 대한 합의를 도출하여 유엔의 지속 가능한 발전위원회에 보고서를 제출토록 하였다.

4 추진전략

지속 가능한 개발의 핵심적 요소는 환경목표와 경제목표가 밀접하게 상호 연계되어 있다는 인식이다. 따라서 이 전략은 생태계의 문제만 언급하지 않고 사회·경제적인 차원에 이르기까지 다양한 요소를 담고 있다. 도널드(Donald, 1996)는 지속 가능한 개발전략의 보다 구체적인 추진전략을 크게 실체적 기준과 절차적 기준의 두 가지로 구분하여 영역별로 제시하고 있다.

1. 실체적 기준

(1) 생태적인 차원

■ 재생 가능한 자원

개발에 필요하거나 영향을 받는 재생 가능한 자원은 재생산 용량(regenerative capacity)이상 사용하지 않는다. 이 기준은 물(지하수와 지표수), 토양, 어류, 산림, 그리고 초지 등과 같은 자원에 적용된다.

■ 재생 불가능한 자원

개발에 필요하거나 영향을 받는 재생 불가능한 자원은 다른 재생 가능한 자원으로 대체하거나, 개발에 의하여 발생하는 소득으로 대체할 수 있는 능력 이상으로 사용하지 않는다. 이 기준은 화석연료와 광물 등에 적용된다.

■ 쓰레기 처리(waste assimilation)

개발에 의하여 직접 또는 간접으로 발생하는 쓰레기는 공기(airsheds), 토지, 물 등과 같이 자연이 처리할 수 있는 양을 초과해서는 안된다.

■ 생물의 다양성

개발은 종의 손실을 초래하지 않고 생물의 다양성을 유지할 수 있어야 한다.

(2) 사회 · 경제적 차원

■ 인간의 기본욕구

개발은 주민들의 기본욕구를 충족시켜야 한다. 기본욕구는 건강, 주택, 식량, 사회활동 등을 포함하여야 한다.

■ 형평성

개발은 비용과 편익이 균등하게 분배될 수 있도록 함으로써 모든 주민들이 보다 나은 삶을 영위할 수 있는 기회를 제공하여야 한다. 이는 환경의 질, 고용, 사회 · 문화적 측면을 모두 포함한다.

2. 절차적 기준

(1) 정시적 차원

■ 의사결정에의 참여

의사결정 과정에서 효과적인 주민참여가 이루어져야 한다.

(2) 방법론적 차원

■ 통합(integration)

개발의 의사결정 체제와 과정은 앞에서 언급한 실체적 기준들을 동시에 강조할 수 있어야 한다. 이는 개발의 생태적, 사회적, 경제적 요소가 목표를 설정할 때와 대안을 설정할 때 그리고 평가나 모니터를 실시할 때 동시에 고려되어야 한다는 것을 의미한다.

■ 적응성(adaptive)

의사결정 체제나 기술적인 지원기능은 목표나 집행의 불확실성과 자연환경에 관한 정보의 부족에 충분히 적응할 수 있도록 하여야 한다. 이는 의사결정 과정에 있어서 사회학습 과정을 도입하고 연구에 있어서 모니터링과 환류를 강조하는 적응적 방법을 채택하는 것을 필요로 한다는 것을 의미한다.

5 지속 가능한 개발전략의 평가

지속가능성이라는 개념은 환경과 자원을 보존함으로써 미래세대의 욕구와 복지를 도모하고자 하는 일종의 비전으로 우리에게 나아가야 할 방향을 제시해 주는 목표와 지침이 되고 있고, 개인의 행동이나 단체, 국가의 정책들이 관심을 가지고 지키고 따라야 할 가치와 윤리, 그리고 도덕적인 원칙으로 중요한 위치를 차지하고 있다. 그러나 지속 가능한 개발전략의 개념은 지나치게 광범위하고 애매 모호하여 사용하는 사람마다 다른 의미를 지니고 있어 모든 사람에게 모든 것을 의미하는 것처럼 인식되어 왔으며, 견고한 이론적인 기반을 가지지 못하고 있다는 비판을 받고 있다.

| 제 15 장 |
성장관리전략

1 의의

1. 의의

성장관리(growth management)는 미국의 토지연구소가 1973년에 출판한 '성장관리와 규제'(management and control of growth)라는 책에서 처음으로 사용한 용어이다(이양재 외, 1991). 성장관리는 특정도시나 지역에 경제활동이 지나치게 집중되어 발생하는 심각한 과밀의 문제를 해소하기 위한 방안의 하나로 제시된 전략으로서, 개발의 규모, 시기, 위치 등을 적절하게 조절하고 규제하며 바람직한 성장수준이 이루어지도록 유도하는 것을 의미한다.

대도시 문제를 보는 시각은 크게 두 가지가 있는데 하나는 부정적 시각이고 다른 하나는 긍정적 시각이다. 대도시 부정론은 도시가 너무 비대하게 될 경우 집적의 불경제가 발생하고 1인당 공공서비스의 공급비용이 증가하게 되어 규모의 불경제가 발생한다는 견해이며, 대도시 긍정론은 대도시일수록 혁신의 창출과 전파가 빨리 일어나서 지역 및 국가 발전에 유리하다는 견해이다. 이 두 견해 가운데 대도시 성장관리론은 대도시 부정론에 기초를 두고 있는 것으로 과도한 도시성장은 주민들의 생활의 질을 향상시키는 데 바람직하지 않다는 관점에서 출발하고 있다.

미국에 있어서 성장관리의 개념은 대도시뿐만 아니라 중·소도시 그리고 주까지 확대되고 있는 상황이다. 그러나 우리나라에서는 주로 서울과 수도권이 성장관리전략의 적용 대상이 되어 왔고 그것도 중앙정부차원에서 추진되고 있을 뿐 지방정부 차원에서 계획이 수립되고 집행된 경험은 거의 없는 실정이다.

2. 성장관리와 성장억제

때때로 성장관리(growth management)와 성장억제(growth control)는 혼용되어 사용되고 있기 때문에 개념상의 혼동이 초래되고 있다. 일반적으로 성장억제는 인구증가, 주택건설, 그리고 경제성장 속도를 둔화시키기 위하여 일정기간동안 지방정부가 건축허가 건수와 인구증가 등의 지표에 대한 상한선을 정하고 이를 통제하는 정책을 말한다. 즉 성장억제정책은 지역전체의 성장규모나 성장률을 줄이는 것을 목적으로 하고 있다. 반면 성장관리는 과도한 성장으로 인해 발생할 수 있는 부정적인 사회적, 환경적, 경제적, 재정적 효과를 최소화하기 위하여 성장을 재분배하는 정책을 말하는 것으로 성장억제와 함께 성장촉진을 위한 토지이용정책도 포함하는 포괄적인 개념이다(전명진 외, 1991). 따라서 성장관리는 성장억제를 포함한 보다 광의의 개념으로 이해할 수 있다. 그러나 이 책에서는 성장억제 개념을 중심으로 성장관리전략을 설명한다.

2 성장관리의 목적과 유형

1. 성장관리의 목적

성장관리는 여러 가지 목적으로 시행되는데 앞에서 언급한 바와 같이 지역의 과도한 성장으로 야기될 수 있는 교통혼잡, 대기오염, 높은 세금, 그리고 지역주민의 동질성이나 일체감의 상실 등을 미연에 방지하여 삶의 질을 높이는 것을 목적으로 하고 있다. 대도시는 긍정적인 측면도 있지만 부정적인 측면도 많이 있는데 대도시에서 발생하는 부의 외부효과 문제로는 교통혼잡문제, 환경오염문제, 부동산투기문제, 도시기반시설의 부족문제 등 실로 다양하다. 이와 같은 문제들은 대부분 도시의 물리적 한계를 넘어 인구와 산업이 집중하기 때문에 발생한다고 볼 수 있다. 성장관리전략이란 바로 이와 같은 집적의 불경제를 극소화하면서 집적의 경제를 극대화하는 방안을 강구하는 것을 목적으로 하는 것이다.

2. 유형

성장관리는 다양한 기준과 방법에 의하여 그 유형을 구분할 수 있으나 시행 주체를 기준으로 할 때 다음과 같이 분류할 수 있다(Gale, 1992).

중앙정부 주도형

중앙정부가 주도하는 유형으로서 지방정부로 하여금 성장관리계획의 수립 및 제출을 의무화하고 성장관리정책에 동참하지 않는 지방정부에 대해서는 강한 제재를 가하게 된다. 지방정부들이 과도한 성장을 지향하고 있거나 성장관리정책을 제대로 실시할 수 없는 경우 시행하게 된다. 우리나라의 경우 대체로 이와 같은 방식이 주류를 이루고 있다.

지역통합체-지방정부 협조형

지역통합제와 시방정부간의 조정으로 성장관리계획을 수립하고 집행하는 유형을 의미한다. 지역문제는 단일한 지방정부내의 행정구역에서만 발생하는 것이 아니라 다수 지방정부의 행정구역에 걸쳐서 발생하는 경우가 많다. 따라서 성장관리를 시행하여야 할 지방정부의 연합체가 개별 지방정부간의 협의에 의하여 성장관리를 추진하는 방법을 의미한다.

중앙정부-지방정부 협상형

중앙정부가 계획수립의 주도권을 갖지만 계획이 완료된 후 지방정부와 상호 심의와 합의를 도출하는 과정을 거치는 방식을 의미한다.

절충형

중앙정부 주도형과 같이 중앙정부가 성장관리계획의 수립 및 제출을 의무화하지만 그 대상을 급격히 성장하는 지방정부로 한정하고 있는 것을 의미한다.

3 성장관리의 정책수단

성장관리는 추진 목적과 내용에 따라 다양한 정책수단이 동원된다. 여기서는 중요한 성장관리의 정책수단을 살펴본다.

1. 개발 부담금(impact fee)

일종의 비용부담제도(development exactions)로서 성장에 의해 야기되는 기반시설의 추가수요에 소요되는 비용을 개발업자들로 하여금 부담토록 하는 제도를 말한다. 예를 들어 주택 및 상업시설과 같은 시설이 새로 입지하면 이들을 위하여 도시기반시설을 추가적으로 공급하여야 하는데 이 서비스공급 비용을 개발업자에게 부과하는 제도를 의미한다.

2. 하향 용도지역제(down zoning)

주거용지, 상업용지, 공업용지에 대한 용적률을 낮추는 제도를 의미한다. 예를 들어 현재의 용적률이 400%일 경우 이를 200%정도로 낮추는 방식이다. 이와 같이 용도지역을 낮추게 되면 개발압력이 그만큼 낮아지게 된다.

3. 그린벨트

우리나라의 개발제한구역과 같이 도시의 평면적 확산을 방지하기 위하여 주로 도시주변의 일정한 구역을 지정하여 개발을 금지하는 제도를 의미한다.

4. 엔터프라이즈 존(enterprise zone)

기업유치지구 또는 산업장려지구라고도 불리는데 경제적, 물리적으로 쇠퇴한 지역의 개발을 유도하기 위하여 토지이용상의 혜택이나 제반 기반시설을 제공하는 등의 인센티브를 제공하는 제도를 말한다. 다른 정책수단이 성장을 통제하는 것이 주목적인 데 비하여 이 제도는 성장을 유도하는 목적을 가지고 있다.

5. 기타 성장관리제도

이외에도 성장관리를 추진하기 위하여 다양한 정책수단이 동원되는데 외국에서 많이 사용되는 정책수단에는 다음과 같은 것들이 있다(조철주 외, 1998).

기반시설의 충분성 기준(adequate public facilities standards)

흔히 동시성 요건(concurrency requirement)으로도 불리는 이 제도는 개발예정지 주변지역에 일정수준의 충분한 공공서비스 시설이 확보되어 있지 않으면 개발을 허가하지 않는 제도이다. 즉 성장이 급격히 이루어져 지역도로망, 상·하수도시설, 쓰레기수거 및 처리시설, 공원, 학교 등과 같은 기반시설이 이를 수용할 수 없을 때는 개발을 유보하는 반면 인구 및 산업의 유입을 감당할 수 있을 때 개발을 허용하는 제도이다.

성장단계 프로그램(growth phasing program)

이 제도도 기반시설의 이용 가능성이나 미리 설정된 기준에 따라 개발의 위치와 시기를 규제하는 제도이다. 예를 들어 공공시설의 수용능력, 환경여건, 일자리 수 등을 감안하여 매년의 개발총량이나 성장률을 설정하거나 지구별로 단계적인 개발을 추진하는 것을 의미한다.

도시성장 경계(urban growth boundaries)

도시의 성장을 일정지역의 내부로 한정하는 한계선을 정하는 것이다. 이 제도는 단기적으로 개발허가를 억제하기 위하여 설정하는 경우가 많고 장기적으로 설정하는 경우는 드물다.

성장률 설정제도(rate-of-growth program)

개발허가와 관련하여 일정비율의 성장률을 책정하여 이를 매년 적용하는 방식이다. 일종의 총량규제방식이다.

이와 같이 성장관리프로그램에는 다양한 종류들이 있는데 지역의 여건과 상황에 따라 다양한 유형의 프로그램과 비용부담제도를 적절히 통합·운영하는 것이 바람직하다.

4 성장관리정책의 효과

1. 긍정론

성장관리의 효과에 관해서는 크게 긍정론과 부정론의 대립적인 견해가 있다. 먼저 긍정적인 효과에 관해서 가드쵸크(Godschalk, 1992)는 성장관리가 저소득 계층의 주택구입을 어렵게 하고 어느 정도의 사회적 비용을 필요로 하는 정책이기는 하지만, 환경을 보호하고 도시기반시설의 효율적인 공급과 지속 가능한 토지이용 및 교통체계의 구축, 그리고 녹지의 보존 등과 같은 지역정책 목표를 달성하는 데 반드시 필요한 정책이라고 주장한다.

2. 부정론

한편 알론소(Alonso)는 성장관리의 표면적인 목표는 성장의 부정적인 효과를 경감하고 지역주민들의 삶의 질을 향상시키는 것이지만 이면적인 목표는 지역 내로 이주를 원하는 사람들의 이주를 막는 것이라고 비판하고 있다. 그는 미국 내에서 이 정책을 채택한 지역은 대부분 소득수준이 높고, 흑인 또는 소수민족과 같은 저소득계층 주민들이 이주해 오는 것을 막기 위해서 성장관리정책을 시행하고 있다고 비판하였다. 그는 또한 주민들이 성장관리정책을 지지하는 이유는 주택의 공급을 제한함으로써 야기되는 주택시장에서의 공급부족현상과, 성장억제로 인해 향상되는 주거환경 때문에 야기되는 주택수요의 증가가 결국 주택가격을 상승시켜 주택소유자에게 경제적 이익을 제공하기 때문이라고 하였다.

다운스(Downs, 1992)도 이 정책이 주택가격을 상승시켜 서민들의 주택구입을 어렵게 한다고 주장하였다. 랜디스(Landis, 1992)는 성장억제정책을 시행하고 있는 도시와 그렇지 않은 도시들간의 주택가격, 녹지나 환경오염 정도, 공공서비스 공급량 및 수준을 비교한 결과, 차이가 없다는 연구결과를 제시하고 있다. 그는 교통혼잡의 경우 성장억제정책을 시행하지 않는 도시에서 상대적으로 악화된 것으로 나타났지만, 인구증가율은 오히려 이 정책을 시행하는 도시에서 높다는 결과를 제시해 이 정책이 원래 의도하였던 목표를 제대로 달성하지 못한다는 것을 보여주고 있다.

5 우리나라의 성장관리정책

1. 유형

우리나라에 있어서 성장관리의 역사는 1960년대로 거슬러 올라갈 수 있다. 그 당시 서울의 인구집중이 국가, 사회적으로 심각한 문제로 인식되면서 수도권지역에 인구와 산업의 집중을 억제하고 동시에 지방분산을 촉진하기 위하여 다양한 규제시책을 추진하기 시작한 것이 우리나라성장관리정책의 효시라 할 수 있다.

이외에도 우리나라에는 일종의 성장관리정책이라 할 수 있는 다양한 정책들이 시행되고 있는 바 이들은 크게 지역차원에서 시행되는 정책, 도시차원에서 시행되는 정책, 단지차원에서 수행되는 정책, 그리고 필지 차원에서 수행되는 정책의 네 가지로 구분할 수 있다. 이 가운데 가장 대표적인 정책은 지역적 차원에서 시행되는 수도권정비계획과 도시차원에서 시행되는 개발제한구역이다.

표 15-1 우리나라의 성장관리정책

구분	유형	정책 목표	법적 근거
지역	수도권 정비계획 국토이용계획	국토균형개발	수도권정비계획법 국토이용계획법
도시	개발제한구역 지역지구제	대도시성장관리 용도규제	도시계획법
단지	도시설계 지구단위계획 재개발	-	건축법 도시계획법 도시재개발법
필지	사선제한 최소대지규모	건축물의 형태규제 최소필지규제	건축법

2. 수도권정비계획

앞에서 언급한 바와 같이 우리나라의 성장관리정책 가운데 지역차원에서 시행되는 대표적인 경우가 수도권정비계획이다. 이 계획은 1984년에 제정된 수도권정비계획법에 의하여 수립된 계획으로서 수도권은 서울과 경기도를 포함한다. 1984년에 수립된 수도권정비계획에서는 수도권을 이전촉진, 제한정비, 개발유도, 자연보전, 개발유보권역 등의 5개 권역으로 구분하고, 인구 및 산업

집중을 억제하기 위한 광역적 토지이용규제를 시작하였다. 그러나 1994년에는 종전의 5개 권역을 과밀억제권역, 자연보전권역, 성장관리권역의 3개 권역으로 통합하고 이들 권역에서의 행위제한 내용을 대폭 바꾸었다. 또한 규제방식을 종전의 개별적, 물리적 규제방식에서 총량관리제도 및 과밀부담금제도의 도입을 통한 총량적, 경제적 규제방식으로 전환하였다.[28]

3. 개발제한구역제도

(1) 연혁

이 제도는 도시의 성장을 강력히 통제하기 위하여 도시주변지역의 일정한 구역을 지정하는 제도를 의미한다. 역사적으로 개발제한구역의 뿌리가 되었던 사례들은 고대에까지 거슬러 올라가고 1516년 토마스 모아의 유토피아 속에서도 유사한 개념을 발견할 수 있다. 그러나 이 제도가 가장 먼저 발달한 국가는 영국으로서 이미 1580년 엘리자베스 1세의 칙령으로 런던시의 각 성문으로부터 3마일 이내의 구역에서는 건물의 신축을 일체 금지한 기록을 찾아볼 수 있다.

현대적인 의미의 개발제한구역은 하워드(Howard)가 1898년에 제시한 전원도시계획이라 할 수 있다. 이 계획에서는 도시주변에 환상형의 녹지를 설정하여 도시성장을 억제하는 한편 도시민을 위한 식량공급이나 여가 및 위락공간으로 활용토록 하고 있다. 도시의 성장억제를 위한 환상녹지의 개념은 그후 점차 발전하여 언윈(Unwin) 등이 작성한 대런던 계획보고서에서도 강력하게 추천되었다. 마침내 1938년 런던카운티 의회는 '그린벨트법'을 제정하고 100만 파운드가 넘는 비용으로 약 10,500ha에 달하는 띠모양의 공원녹지공간을 확보하였다. 그후 1955년 그린벨트는 국가계획의 한 부분으로 채택되어 당시 주택부 장관이었던 샌디즈(Sandys)는 잉글랜드와 웨일즈의 모든 계획당국에 대해 그린벨트의 설치를 고려하도록 요청하였다. 영국의 경우 그린벨트를 지정하는 목적은 시가지의 무질서한 확산억제, 인접한 도시간의 합병방지, 개별도시의 특성보전을 비롯하여 도시주변지역의 농촌지역보호, 도시내 황폐한 토지의 재활용 촉진 등이다.

28) 자세한 내용은 제22장 수도권정비계획 참조.

(2) 지정 현황

우리나라에서 개발제한구역은 1971년 도시계획법이 개정되어 개발제한구역에 관한 규정이 신설됨에 따라 이를 근거로 지정되기 시작하였다. 최초의 개발제한구역은 1971년 7월 서울시 주변지역에 설정된 것으로서 그 면적은 463.8㎢이다. 그 후 1971~1977년 사이에 8차에 걸쳐 대도시, 도청소재지, 공업도시, 그리고 자연환경보전이 필요한 도시 등 14개 도시권역을 대상으로 개발제한구역을 지정하였다. 1998년 현재 개발제한구역은 서울특별시와 광역시를 포함하여 28개시와 36개 군에 걸쳐 전국토의 5.4%에 해당하는 5,397.1㎢이 지정되어 있다. 우리나라의 도시계획법에는 도시의 무질서한 확산을 방지하고 도시주변의 자연환경을 보전하여 도시민의 건전한 생활환경을 확보하기 위하여 또는 국방부장관의 요청이 있어 안보상 도시개발을 제한할 필요가 있다고 인정될 때 도시계획으로 개발제한구역을 지정토록 하고 있다.

표 15-2 개발제한구역 현황 (1998년 현재)

지정도시권	수도권, 부산권, 대구권, 광주권, 대전권, 울산권, 청주권, 전주권, 마산 · 창원 · 진해권, 여수권, 제주권, 춘천권, 진주권, 통영권
지정면적	5,397㎢(16억평)
토지이용 현황	임야 61.6%, 농지 24%, 대지 1.6%, 기타 22.8%
거주인구	245천가구, 742천명
건축물	총 45만동

(3) 개발제한구역의 변화

그러나 1999년 정부는 기존의 개발제한구역제도가 도시성장 관리의 목표를 달성하였음에도 불구하고 지정당초부터 불합리하게 지정된 사례가 있고, 엄격한 규제로 재산권의 제약과 생활불편이 초래되었으며, 다른 지역에 비해 땅값이 현저히 낮아 주민들의 불만이 지속적으로 제기되어 온 문제점들이 야기됨에 따라 개발제한구역의 조정을 추진하고 있다. 그 내용은 시가지 확산압력이 낮고 환경훼손의 우려가 적다고 평가된 춘천권, 청주권, 전주권, 여수권, 진주권, 통영권, 제주권 등 7개 지역은 전면 해제하고 나머지 대도시권은 부분적으로 조정하는 것이다. 전면 해제되는 개발제한구역은 녹지지역으로 지정하여 개발제한구역보다는 강력한 수단은 아니지만 성장관리의 효과를 어느 정도 달성할 수 있도록 하고 있다. 그리고 부분 해제되는 도시권의 경우에는 개발제한구역에 대한 환경평가를 실시하여 보전가치가 높은 지역은 개발제한구역으로 계속 지정하고 보전가치가 낮은 지역은 해제하는 대신 이를 녹지지역으로 지정토록 하고 있다.

| 제 16 장 |
광역권개발전략

1 의의

광역권이라는 용어는 크게 세 가지 뜻으로 사용된다(전경구, 1995). 첫째는 광역도시권의 개념으로, 특정한 대도시를 중심으로 그 도시와 경제적 · 기능적인 측면에서 밀접한 보완관계를 갖는 주변 중 · 소도시와 농촌을 포괄하는 공간영역을 의미한다. 이는 프리드만(Friedmann)과 같은 학자들이 이해하고 있는 광역권의 개념으로 도시를 개방체계로 보는 견해에서 출발하는 개념이다. 둘째는 광역동질권의 개념으로서 하나 또는 다수의 동질적인 특성을 기준으로 구분되는 지리적으로 연속된 비교적 넓은 공간영역을 의미한다. 브랜치(Branch)와 같은 학자들이 정의하고 있는 개념이다. 그리고 셋째는 광역행정구역의 개념으로, 다수 지방정부의 행정구역을 포괄하는 공간영역을 의미한다. 길링워터와 하트(Gillingwater & Hart), 그리고 그래슨(Glasson) 등은 광역권을 이 개념으로 이해하고 있다. 광역권개발은 세 가지 유형의 광역권 가운데 주로 대도시와 그 주변지역을 대상으로 하는 통합적 지역개발의 한 방식으로서 둘 이상 지방자치단체의 행정구역에 걸쳐서 발생하는 여러 가지 문제점을 해결하기 위하여 이들을 포괄하는 공간영역을 대상으로 추진하는 개발사업을 말한다.

앞에서 언급한 바와 같이 대도시와 그 주변지역은 경제적, 기능적으로 밀접한 관련을 가지고 있기 때문에 이를 일체로 개발하는 것이 바람직하다. 그리고 도로나 지하철 그리고 쓰레기 처리장과 같은 시설은 각 자치단체가 개별적으로 설치하는 것보다는 공동으로 이용하는 것이 바람직하다. 광역개발은 이와 같이 대도시와 그 주변지역에 있어서 둘 이상의 지방자치단체간에 발생하는 문제를 극복하기 위하여 추진하는 일련의 개발사업을 의미하는 것이다.

2 이론적 배경

1. 광역주의의 의의

일반적으로 광역주의(regionalism)은 특정한 도시문제나 지역문제를 해결하는데 있어서 경제적, 사회적, 기능적으로 밀접한 연계관계에 있는 도시나 지방자치단체들이 공동으로 대처하거나, 자원의 의존관계에 있는 지역들이 자원이용에 공동으로 대처하고자 하는 지역정책을 의미한다. 이와 같은 광역주의는 20세기 초부터 지역정책분야에 광범위하게 나타난 현상이지만 그 내용과 특징에 있어서 시대별로 차이가 있는데 크게는 고전적 광역주의(traditional regionalism)와 신광역주의(new regionalism)로 구분할 수 있다.

앞에서 언급한 바와 같이 20세기 초에 대두되었던 고전적 광역주의는 광역문제를 해결하는데 있어서 중앙정부가 주도하거나 행정구역 통합을 통하여 새로운 광역정부를 구성하여 광역문제를 해결하는데 관심을 가진 광역주의를 지칭한다(Feiock and Park, 2006; 박재욱, 2006). 고전적 광역주의는 행정구역 통합의 문제점과 경제적 효율성에 대한 강한 비판이 제기된 후 정책적 관심이 약화되었는데 그 후 1990년대 들어 유럽과 미국을 중심으로 다양한 유형의 새로운 광역정책이 추진되기 시작하였다(Carr and Foick, 2003; 양광식, 2008; 김동주 외, 2010, 2011). 휠러(Wheeler, 2002)가 지적한 바와 같이 새로운 광역정책의 흐름은 국가와 지역에 따라 다양한 형태로 추진되었는데 예를 들면 미국에 있어서는 도시권 정부들이 각종의 도시문제나 교외화의 문제점에 공동으로 대처하기 위한 지역정책들이 제시되었고, 영국의 경우는 중앙정부를 대신하여 대도시권의 경쟁력을 강화하기 위한 정책들이 추진되었다. 이와 같이 새로운 광역정책들은 다양한 목적으로 추진되기 시작했지만 하나의 공통적인 특성이 있는 바 개별 지방자치단체 중심의 계획수립 방법론에서 탈피하여 관련 지방자치단체 간의 협력을 바탕으로 광역적으로 계획을 수립하고 경제개발 촉진과 공공서비스를 제공하며 지역 간의 격차를 완화하고자 하는 것이었다(Wheeler, 2002; 조철주, 2009). 따라서 고전적 광역주의가 광역문제를 해결하는데 있어서 중앙정부나 주도하거나 행정구역 통합을 통하여 새로운 광역정부를 구성하여 광역문제를 해결하는데 관심을 가진데 비하여 1990년대부터 대두된 신광역주의는 지방자치단체의 행정구역을 그대로 둔 채 비교적 느슨한 형태의 광역행정체제를 구축하거나 지자체간 연계협력을 통하여 광역행정서비스를 제공하는 것을 지향한다는 측면에서 그 특성이 있다(Swanstrom, 1996, 2001).

앞에서도 언급한 바와 같이 박근혜정부가 추진하는 지역행복생활권이나 지역협력권은 개별 지역보다는 다수 지역을 하나의 권역으로 설정하여 권역 내 지방자치단체, 공공기관, 기업, 그리고 주민들이 연계 · 협력을 통하여 공동의 비전과 목표를 설정하고 공동으로 추진할 수 있는 사업을 모색하는 것을 목적으로 한다. 이와 같은 측면에서 박근혜정부의 지역정책은 가까이에는 이명박정부의 광역경제권정책이나 기초생활권 정책의 연장선상에 있는 한편 전 세계적으로는 최근 등장한 신광역주의에 이론적 뿌리를 두고 있다고 볼 수 있다.

정책의 내용과 대두 배경을 볼 때 신광역주의는 신자유주의와 공공선택이론의 영향을 강하게 받았다고 할 수 있다. 특히 티보(Tiebout)의 발로 하는 투표(voting with feet) 가설은 지방정부의 행정적 통합보다는 다수의 분절된 체제하에서도 지방정부간의 경쟁이 지방정부 운영의 효율화를 가져 올 수 있고, 지방자치가 활성화되고 자치권이 강해질수록 이러한 경쟁은 더 치열해 질 것이라는 공공선택이론 논리를 제공하고 있다. 이와 같은 공공선택이론의 관점에서 지방정부 간의 갈등은 지방정부를 합병 또는 통합하지 않거나 광역정부를 별도로 구성하지 않아도 지방정부들이 자율적인 거버넌스를 구축하여 지방정부 간의 협상과 타협에 의하여 해결될 수 있고 공공서비스의 공급도 협의에 의하여 바람직한 결과를 창출할 수 있다고 주장하고 있다.

이와 같은 측면에서 볼 때 신광역주의는 신자유주의 사상과 공공선택이론에 큰 영향을 받고 있다고 볼 수 있으나 그 스펙트럼은 넓다. 예를 들면 도시권의 행정체제와 관련하여 고전적 광역주의의 영향이 강한 경우는 보다 통합된 광역행정체제가 바람직하다는 견해를 보이는 경향이 있는 반면, 공공선택이론의 영향이 강한 경우 약한 거버넌스 체제의 효과성을 주장하는 견해를 보이는 경향이 있다. 전자는 행정구역의 통합만큼은 아니지만 보다 강한 조직의 필요성을 역설한다. 미국과 캐나다, 그리고 일본의 일부 대도시권이 도입하고 있는 특별구(special district)나 연합체(federation), 광역의회, 공사의 설립과 같은 광역행정조직 구성은 전자의 견해를 반영하는 정책이다. 반면 후자는 이와 같은 광역행정조직이 없다고 하더라도 지방정부간의 자발적 협력이 가능하고 이를 통하여 광역서비스를 공급할 수 있다고 본다. 이를 뒷받침하는 대표적인 사례는 미국의 대도시권이다. 미국의 경우 하나의 메트로폴리탄 지역에 수십 개 또는 수백 개의 지방정부가 존재하기도 한다. 그럼에도 불구하고 미국의 지방정부는 광역적인 문제를 해결하는데 있어 생산성이 높은 편인데 그것은 광역정부를 구성하거나 지방자치단체의 구조적 변화 없이도 지방정부 간의 협력 거버넌스체제를 비롯한 다양한 형태의 거버넌스를 구축하여 협상에 의하여 갈등을 해결하고 공공서비스를 공급하는 방법을 폭 넓게 활용하고 있기 때문이다(박형준 · 이인원, 2009).

우리나라의 광역정책에 있어서도 이와 같은 대조적인 경향을 볼 수 있다. 예를 들면 이명박 정부가 광역경제권을 추진하기 위한 기구로 광역경제발전위원회를 구성한 것이나 광역경제권별로 선도산업추진단을 구성한 것은 상대적으로 보다 강한 광역행정체제를 구축한 사례라고 볼 수 있다. 그러나 박근혜 정부가 추진하고 있는 지역생활권과 지역협력권은 새로운 광역 행정체제를 구축하지 않고 오직 지역 간의 연계협력을 통하여 주민들이 필요로 하는 서비스를 제공하겠다는 정책의지를 표방하고 있어 상대적으로 매우 약한 거버넌스 체제를 구축하고자 하고 있다고 볼 수 있다.

2. 신광역주의의 대두 배경

(1) 전통적 개혁주의 이론

신광역주의 대두 배경에 관해서는 다양한 시각에서 논의될 수 있지만 개혁주의 이론은 정통적인 주장의 하나이다(Wheeler, 2002). 변화하는 사회경제적 환경 속에서 각 지방자치단체에서 발생하는 경제, 사회적 문제나 주민들의 일상생활권은 행정구역과 근본적으로 일치되지 않기 때문이 문제를 효과적으로 처리하기 곤란한 경우가 많을 뿐만 아니라 주민들이 필요로 하는 광역행정서비스를 제대로 제공하기 어려운 경우가 많다. 따라서 이 견해에 따르면 광역적 도시권은 다수의 지방자치단체로 분절되어 있는 상황 하에서 도시화 과정에서 발생하는 교통, 환경, 공공시설 등의 제반 문제에 효과적으로 대처하고 공공서비스를 효율적으로 공급함으로써 경제적, 사회적 효율성을 제고하기 위한 목적으로 대두되었다고 본다. 또한 중심도시와 인근지역은 경제사회적으로 밀접하게 관련되어 있으므로 각 자체단체는 도시권 문제해결을 위하여 역량을 집중할 필요가 있다고 본다. 이 관점에 따르면 광역적 도시권은 개별 지방자치단체가 공급하는 도시서비스를 보다 효과적으로 공급할 수 있을 뿐만 아니라 산업클러스터를 육성하는 데에도 효과적이다.

(2) 지역의 세계화론

이 견해는 경제적 혁신과 성장엔진으로 작동하는 광역도시권의 대두를 국민국가의 공동화와 이와 관련된 세계화 과정에서 근거를 찾고 있다(Jones and MacLeod, 2004; Jonas and Pincetl, 2006). 즉, 경제공간과 자본이동공간의 세계화 추세에 따라 국가는 일련의 제도적, 정치적, 정책적인 측면의 획기적인 변화를 추구하게 되었고 이는 국가의 재 영역화 즉 정치-제도적 공간을 근본적으로 변화시키는 계기로 작용하였다고 주장하고 있다. 이와 같은 국민국가의 공동화 과정의 하나로 지역단위가 영역의 경제적 성장, 경쟁력, 혁신, 이를 위한 조율제도의 구축 등 영역적 정치-경제의 모습이 구체적으로 형상화되는 지리적 규모로 부상하게 되었다는 주장이다(겐이치, 1997; 조철주, 2013).

국민국가의 공동화를 계기로 나타난 정통적 신지역주의 개념의 지역은 경제적 번영과 경쟁력 등 시장 친화적이고 기업가 지향적인 가치를 함축하고 있다(Deas and Ward, 2000; Tomaney, 2002). 이 견해에 따르면 지역의 광역화는 세계화가 진전되면서 경제적으로 경쟁의 우위를 확보하는 것이 모든 나라의 중요한 정책과제가 되고 있고 이를 위하여 기업형 체제를 구축하는 것이 불가피하다는 신자유주의 사조를 바탕으로 하고 있다. 여기서 기업형 체제는 경제를 조율하는 정치, 경제, 사회 등 모든 제도를 경쟁력을 강화하는 쪽으로 전환하는 시장친화적인 정책을 의미한다. 이와 같은 흐름 속에서 광역지역은 자본축적의 주요 단위로 부상하여 국민경제의 성장 혹은 경쟁력이 국가보다는 그 하위의 지역규모에 의해 좌우되는 국면이 전개되고 있다는 것이다(Jones and Pincetl 2006; Jones and MacLeod, 2004). 이는 국가경제의 성장과 경쟁력을 결정하는 주 무대가 국가영역규모에서 하위의 지역영역규모로 바뀌었음을 의미한다(조철주, 2013). 이와 같은 입장에서는 세계화 경제체제에서 경제적 성장과 경쟁력 창출 및 이를 조절하는 역할을 국가를 대체해서 지역이 대신하게 되었다고 본다. 즉 이제는 세계경제가 국가 간의 경쟁이 아니라 지역 간의 경쟁이라고 할 수 있고 이에 따라 개별도시만으로는 세계적인 경쟁에 이길 수 없고 규모의 경제를 이룬 광역권의 대두가 불가피하게 되었다고 보는 것이다(Hall and Pain, 2006; 김동주 외, 2010, 2011).

(3) 규모의 신정치 이론

광역적 지역단위의 부상을 지방행정체제의 개혁이나 경제적 세계화에 논리적 근거를 두는 견해와 달리 정치적 투쟁 또는 사회적 갈등의 산물로 보는 또 다른 시각이 있는데 이른바 규모의 신정치이론(new politics of scale)이다(조철주, 2009, 2013). 이 관점은 주로 중앙정부를 대상으로 특정 지역의 정치, 행정, 경제적 이익을 추구하기 위하여 지방자치단체들의 연대와 협력 즉 정치적 과정에 의해 지역의 광역화가 촉진되었다고 본다(Brenner, 2002; MacLeod and Jones, 2007). 주로 정치지리학자들을 중심으로 논의되는 이 분야의 관심도 다양하나 특히 주목을 받는 것은 광역지역 내 협력 거버넌스의 대두 배경에 관한 설명이다. Brenner(2001, 2002)에 따르면 도시권이 다수의 지방자치단체로 분절되어 있어 정치적 갈등이 많이 발생하고 있으나 광역권 거버넌스 체제의 출현은 이와 같은 정치적 갈등을 완화할 수 있다. 즉 사회적인 측면에서는 지역이기주의에 의한 님비(NIMBY) 또는 핌비(PIMBY) 등의 갈등이 발생함으로써 사회적 문제가 발생하고 있으나 도시권이 하나의 권역으로 효과적으로 관리될 경우 이와 같은 사회적 갈등을 완화하고 사회적 문제를 해결하는 수단이 될 수 있다. 따라서 미국의 대도시권에서 활발하게 발생하고 있는 대도시권 거버넌스와 지방자치단체 간의 협력은 이와 같은 사회적 모순과 갈등을 해결하기 위한 수단으로 성행하고 있다고 본다. 규모의 새로운 정치적 과정을 통해 형성되는 지역은 매우 다양하고 정형화되어 있지 않으며 불안정하다는 특성이 있다. 참여조직이나 구성주체 간 자발적 선택과 협력에 의하여 지역이 조직되기 때문에 신 규모의 정치에 의한 지역은 그 범역이 일정치 않다. 또한 여건이 변함에 따라 정치적 연대의 대상이 달라질 수 있기 때문에 지역을 구성하는 조직과 주체가 수시로 변할 수 있고 따라서 지역조직이 불안정하다는 특징을 갖게 된다. 정치적 과정을 통하여 자발적으로 형성된 각양각색의 표준화되지 않은 미국의 지역조직이나 유럽전역에 걸쳐 지역의 필요에 따라 국경이나 기존의 행정구역의 경계와 무관하게 협력과 연대를 통하여 조직된 지역이 여기에 해당된다(Deas and Lord, 2006; 조철주, 2013).

지역의 부상을 규모의 정치적 과정의 산물로 파악할 경우 지역은 고정된 영역단위가 아니고 상황과 여건이 변함에 따라 해당 영역에서의 정치적 과정을 통하여 형성되고 재형성되는 역동적 성격을 지닌다. 이는 지역의 현상 즉 지리적 경계, 정책이슈, 지역을 구성하는 영역단위와 행위주체 등이 수시로 변할 수 있음을 의미한다. 따라서 규모의 신정치 관점에서 지역은 계층적으로 일관성 있게 조직된 고정된 영역 규모를 말하는 것이 아니고 사회·정치적 과정을 통하여 구성되는 사회적 생산물로서의 영역을 의미한다(Brenner, 2002; 조철주, 2013).

(4) 네트워크론

네트워크는 다양한 측면에서 접근할 수 있는데 도시권과 관련해서는 보완적 연계 또는 협력을 통해 외부효과를 유발하는 전문화된 도시 간의 비계층적, 수평적인 연계관계로 형성된 도시체계를 의미한다. 네트워크 도시론은 개별도시가 성장하는 것보다는 기능적인 보완관계에 있는 인접한 도시들을 하나의 체계로 엮는 것이 시너지 효과를 발생시킬 뿐만 아니라 외부효과를 가져올 수 있다고 생각한다(Batten, 1995; 권오혁, 2009). 또한 이 이론은 네트워크로 연결된 도시체계가 가장 안정적이면서 외부효과 및 시너지효과를 통해 경쟁력을 제고할 수 있는 바람직한 형태라고 본다. 이와 같은 네트워크 도시권에서는 기능의 보완성을 강화하는 한편 이들을 연계하는 광역적 교통시설을 공급해 주는 것이 중요한 과제이다. 네트워크 도시권은 관련 기업의 집적으로 원활한 중간재 공급, 노동경제의 달성, 관련 정보의 원활한 획득과 같은 지역특화경제를 촉진할 수 있으며, 이에 따라 산업클러스터가 보다 용이하게 구축될 수 있다고 본다.

3. 한국의 광역정책

한국에 있어서도 여러 지방자치단체 간 협력에 의하여 공동의 사업을 추진하는 것을 목적으로 하는 계획이나 정책이 지속적으로 추진되어 왔는데 박근혜정부가 추진하는 지역생활권 계획과 가장 가까운 정책은 1982년부터 추진된 제2차 국토종합계획상의 생활권계획이다. 이 계획은 전국을 28개의 생활권으로 구분하여 주민들의 기본욕구를 충족시키고 생활의 질을 향상시키기 위한 목적으로 추진한 정책인데 생활권을 크게 5개 대도시생활권, 17개 지방도시생활권, 6개 농촌도시생활권으로 구분하였다. 그러나 이 생활권계획은 여러 가지 이유로 제대로 실행에 옮겨지지 못했고 1986년의 수정계획에서는 폐지되었다. 그 대신 수정계획에서는 전국을 수도권, 중부권, 동남권, 서남권의 4대 경제권으로 구분하여 지역특성에 부합하는 지역경제 활성화를 도모하도록 하였다.

그 후 1994년 「지역균형개발 및 지방중소기업육성에 관한 법률」에 따라 광역개발권역을 지정하여 광역개발을 추진하였다. 광역개발권역은 광역시와 그 주변지역, 산업단지와 그 배후지역 또는 여러 도시가 상호 인접하여 동일한 생활권을 이루고 있는 지역을 의미하고 광역개발계획은 이와 같은 지역을 광역적으로 개발할 필요가 있는 경우에 수립하는계획을 의미한다. 이 법률에 의한 광역개발권은 크게 대도시중심형, 신산업지대중심형, 연담도시형의 세 가지 유형으로 구분되는데 대도시중심형은 박근혜정부가 추진하고 있는 지역생활권 가운데 중추도시생활권과 유사한 개념이다. 그리고 2000년대에 들어서는 「국토의 계획 및 이용에 관한 법률」에 따라 광역도시계획을 수립하게 된다. 광역도시계획은 인접한 둘 이상의 특별시 · 광역시 · 시 또는 군에 대하여 장기적인 발전방향을 제시하거나 적정한 성장관리를 도모하기 위하여 수립하는 계획을 의미한다. 관련법에는 관련 지방자치단체 간의 협력을 위한 자세한 규정이 정해져 있다.

노무현정부가 들어선 이후 우리나라의 지역정책은 국가정책으로 부상하면서 여러 가지의 중요한 지역정책이 추진되었지만 지역의 광역화 정책은 이명박정부에서 본격적으로 추진되었다. 3차원 광역화정책으로 명명되는 초광역경제권, 광역경제권, 기초생활권이 그것인데 앞에서 설명한 바와 같이 이 가운데 기초생활권은 대도시지역을 포함하여 지역생활

권으로 계승, 발전된다. 지금까지 우리나라에서 지역 간 연계협력을 토대로 하는 지역계획과 정책을 설명한 바 그 특성을 살펴보면 다음과 같다.

첫째, 확정형 권역을 설정하였다. 제2차 국토종합계획의 지역생활권계획 이후 수립된 각종의 광역계획에서는 권역의 공간적 범위가 사전에 결정되고 이 권역 내에서 모든 계획과 사업이 추진되었다. 이와 같은 권역은 계획의 성격에 따라 생활권에서부터 교통권, 그리고 경제권까지 다양하다. 그리고 새로운 계획이 추진됨에 따라 권역은 주기적으로 재설정(rescaling) 되었다.

둘째, 주로 중앙정부에서 하향적으로 권역을 설정하였다. 물론 권역을 설정할 때 지역의 여건도 고려하고 지역의 의견을 수렴하기는 했지만 대부분 중앙정부가 하향적으로 결정하였다. 광역개발권역이나 광역도시계획의 권역설정과 같이 지역이 자율적으로 권역을 설정하도록 유도하였음에도 불구하고 지방자치단체 간에 의견일치가 이루어지지 않아 불가피하게 중앙정부에서 설정한 경우도 있었지만 대부분 중앙정부 주도로 권역설정이 이루어졌다. 이에 따라 지역의 여건이 제대로 반영되지 못했고 정책의 추진에도 부정적인 영향을 미친 결과를 야기했다고 볼 수 있다.

셋째, 가장 중요한 문제점으로 지방자치단체 간의 협력이 효과적으로 이루어지지 못했다. 광역계획이나 정책을 추진하거나 광역적인 문제를 해결하는데 있어서 지방자치단체 간에 다양한 협력이 추진되었고 일부 성공적인 사례가

있기는 하지만 전체적으로 자치단체 간의 공동노력과 협력이 부족하였다.

넷째, 연계협력체제가 제도적으로 정착되지 못했다. 지방자치단체 간에 협력이 이루어졌다 하더라도 사업위주의 협력이 이루어지고 사업이 완료된 후에는 그 관계가 단절됨으로써 지속적인 협력관계가 이루어지지 못하였다.

3 광역개발의 필요성과 광역도시시설

1. 필요성

(1) 도시권의 경제·사회적 연관성

대도시와 그 주변에 있는 중소도시와 농촌지역은 경제·사회적으로 밀접한 관련을 맺고 있다. 따라서 대도시권내에 있는 중심도시와 주변의 개별도시와 농촌을 분리하여 개발을 추진하는 것은 효과적이지 않다.

(2) 생활 및 경제권역의 확대

교통통신의 발달에 따라 주민들의 생활권은 점점 확대되는 추세에 있다. 그리고 도시와 농촌의 구별도 어려운 것이 현대의 특성이다. 따라서 이를 일체로 하는 광역도시권을 개발할 필요성이 있는 것이다.

(3) 규모의 경제성 제고

막대한 비용이 소요되는 시설을 각 자치단체가 개별적으로 설치하는 것보다는 수 개의 자치단체가 공동으로 설치·운영하는 것이 경제적으로 효율적이다.

(4) 지역 내의 균형개발 촉진

도시화와 산업화의 촉진은 지역간, 지역내의 불균형을 야기하게 된다. 동일한 도시권내에서도 중심도시와 주변도시간에 개발의 불균형이 야기될 수 있고, 낙후된 농촌지역이 있을 수 있다. 따라서 기능의 적절한 분담을 목적으로 하는 광역권 개발이 필요하다.

2. 광역도시시설

광역개발에서 야기되는 문제 가운데는 각종의 시설 가운데 어떤 것을 광역개발의 대상으로 하고, 어떤 것을 개별 자치단체가 처리토록 하여야 하는가 하는 문제가 있다. 이 문제에 관해서는 학자들 사이에 여러 가지 견해가 제시되어 왔는데 펄로프(Perloff, 1967)는 골격기준(skeleton criteria)과 세포기준(cellular criteria)의 두 가지 기준으로 설명하고 있다. 이는 당해 서비스의 이해관계를 기준으로 설정한 것으로써, 골격기준은 광역권내 지역간에 이해관계가 긴밀하게 연계된 기능은 광역적으로 처리를 해야 한다는 것이다. 이에 속한 것은 상·하수도, 도시계획, 교통, 통신 등을 들 수 있다. 그리고 세포기준은 지역주민들의 이해나 관심이 직결되는 시설은 각 지방정부에게 일임하는 것이 바람직하다는 기준이다. 여기에 속한 것은 초등학교, 중학교, 소방, 경찰 등이다. 이를 기준으로 할 때 지역간에 이해관계가 긴밀하게 연계되어 광역개발의 대상이 되는 시설에는 다음과 같은 것들이 있다.

(1) 상호연계형

지역간에 지리적 또는 지형적으로 연계되는 시설을 의미한다. 예를 들어 상수도 수원지나 하수종말처리장과 같은 시설은 수계가 매우 중요한데 동일한 수계 내에는 여러 지방정부가 관련이 되어 있다. 따라서 이러한 시설들은 광역적 차원에서 처리하는 것이 바람직하다.

(2) 지역 연결형

시설이 물리적으로 지역간에 연계성을 유지하지 않으면 서비스를 제공할 수 없는 시설로서 상수도, 전철, 고속도로 등을 들 수 있다.

(3) 기능 연계형

이는 시설의 물리적 형태가 아니라 그 시설이 수행하는 기능 또는 서비스가 인접되는 시설로서 시외버스 터미널, 항만, 공항, 유통센터 등이 이에 속한다.

(4) 입지 제한형

환경 시설의 입지가 주변지역에 부의 영향을 미치는 시설로서 쓰레기 매립장, 공동묘지 등이 이에 속한다.

(5) 기반규모 의존형

규모의 경제성이 매우 큰 시설로서 종합운동장, 종합병원 등이 이에 속한다.

4 광역행정 체제

1. 집중형

자치단체의 정치적 통합을 통하여 광역권 개발을 추진하는 방법을 말한다. 즉 광역권의 개발을 효과적으로 추진하기 위하여 몇 개의 지방자치단체를 통·폐합하여 하나의 법인격을 갖는 자치단체를 신설하거나 특정한 자치단체가 주변지역을 자기의 관할경계 내에 흡수하는 방식이다. 이는 광역도시권내에 다수의 정부가 존재하면 상호 독립적인 지방정부들이 자신들의 이해증진을 목표로 하기 때문에 불필요한 경쟁을 유발하게 되고 정책의 부정합을 낳게 되어 광역적인 문제를 해결할 수 없다는 인식을 바탕으로 하고 있다. 따라서 행정의 효율성을 극대화하고 공공서비스 공급의 불균형을 해소하며 개발과 성장을 효율적으로 관리하는 가장 효과적인 수단으로서 정치적 통합을 강조한다. 집중형에도 여러 가지 종류들이 있는 바 합병과 편입 등의 유형이 있다.

(1) 합병(consolidation)

이는 2개 이상의 지방자치단체를 통합하여 하나의 단일정부를 구성하는 것을 말한다. 합병되는 자치단체들은 중심도시와 주변도시 모두 동일한 지위에서 다 법인격이 소멸되고 관련 자치단체의 이전구역을 관할구역으로 하여 새로운 법인체가 창설된다. 합병은 1950년대와 1960년대에 영세한 자치단체의 규모를 적정화하고 광역개발의 능률성을 제고하기 위하여 성행한 지방정부 조직개편방식이기도 하다. 그러나 최근에 들어와서는 주민들의 공동체 의식의 약화, 이해의 대립에 의한 갈등의 심화, 세금증가 등의 우려와 아울러 기초자치단체를 경시하거나 대치한다는 등의 이유로 널리 사용되고 있지 않다.

(2) 편입(annexation)

중심도시에 도시화된 인접지역을 편입시켜 광역적인 문제를 해결하는 방식이다. 이는 우리나라를 비롯하여 세계 각국이 도시팽창을 겪으면서 주변지역과의 일체적인 광역행정을 수행하기 위하여 자주 사용되어 온 방식이다.

2. 분산형

광역자치단체를 구성하는 것보다는 기초자치단체의 기능을 강화하고 관료제의 장점인 책임성을 강화할 수 있도록 다수의 지방정부를 구성하여 광역문제를 해결하는 방식을 말한다. 이 방법에는 합의·협정, 기능이양, 협의회 구성 등의 3가지 유형이 있다.

(1) 합의·협정(interlocal agreement)

이는 2개 이상의 지방자치단체가 광역적인 서비스를 공급하기 위하여 협정을 체결하는 것을 말한다. 이 방법의 장점은 비교적 저렴한 가격으로 소규모 지방자치단체의 행정서비스 수준을 높일 수 있고 지방자치단체의 기능과 조직의 중복을 피할 수 있으며 계약을 통한 전문인력의 이용이 가능하다는 점이다. 그리고 정치구조의 현상유지가 가능하므로 정치적 실현 가능성이 높다는 것이다. 그러나 계약에 의하여 서비스가 제공되기 때문에 지방자치단체의 이해관계에 영향을 받을 수 있고 서비스를 제공하는 지방자치단체가 독점적인 행위를 할 위험성이 있으며 계약에 의한 것이기 때문에 서비스 제공의 영속성이 보장되지 않는다는 결점이 있다.

(2) 기능이양

지방자치단체의 특정기능을 다른 지방자치단체에 이양하는 경우를 말하는데 주로 상위 지방자치단체에 이양하는 것이 보통이다. 특히 하나의 도시권에 포함되는 모든 지방자치단체가 특정기능을 상위의 지방자치단체에 이양하는 경우가 있는데 이를 기능통합이라 한다. 기능이양 방식은 합의·협정과는 달리 기능을 이양받는 지방자치단체가 그 기능에 관련되는 모든 책임과 권한을 가지게 된다.

(3) 협의회 구성

이 방식은 상대적으로 최근에 제도화된 지방자치단체간의 협력방식인데 미국에서는 제4의 구성요소 또는 제4의 계층이라고도 한다. 협의회는 주로 대도시권 지역에서 공동으로 특정한 사무를 조사·연구하고 공공정책을 결정하기 위한 자발적인 정부간 협의기구이다. 이 기구는 강제적인 집행력과 재정력을 가지고 있지 않기 때문에 일반적인 의미의 지방자치단체는 아니고, 다만 광역적인 사무에 관한 지방자치단체간의 조정역할만 수행하는 것이다. 이러한 협의회는 광역적인 목표를 달성하기 위한 조정적·자문적 역할을 수행할 수 있다는 긍정적인 평가가 있기는 하지만 비정부단위로서 강제적인 재정권과 집행권이 없는 결점이 있다.

3. 이원형

이 방식은 집중형과 분산형의 장·단점을 절충한 중간적인 형태로서 다기능적 일반 지방자치단체인 광역정부를 구성하는 것이다. 이원형은 기존의 광역행정 체제에서 광역지방자치단체는 권한이 없고 기초지방자치단체는 비효율적이어서 양자간의 관계를 어느 정도 조정할 필요가 있나고 본 것이다. 이원형에는 연합체, 지방자치단체조합, 특별구, 공사 등 네 가지가 있다.

(1) 연합체

광역도시권내에 있는 둘 이상의 지방자치단체가 각각 독립적인 법인격을 유지하면서 새로운 다목적의 대도시 정부를 창설하여 광역적인 업무를 처리하도록 하는 방법을 말한다. 이 방법은 주로 캐나다에서 채택하고 있는데 그 대표적인 예가 토론토 연합정부와 몬트리올 도시공동체이다.

(2) 지방자치단체 조합

지방자치단체의 사무 중에서 한 개 또는 수 개의 사무를 공동으로 처리하기 위하여 2개 이상의 지방자치단체가 합의에 의한 규약을 만들어 설치하는 것으로 법인격을 가진 공공단체이다. 이 방법은 조합의 설립에 참여하는 모든 지방자치단체들에게 독자성과 평등한 참여의 기회를 제공하며 기존의 지방자치단체를 구성원으로 하고 특정한 기능을 수행하기 때문에 특별지방자치단체라고도 한다.

(3) 특별구

특별한 광역행정사무를 처리하기 위하여 지방자치구역과는 다른 별도의 구역을 설정하고 관할하는 지방자치단체를 구성하는 광역행정 방식을 말한다. 이러한 특별구는 일정한 구역을 가지고 있으며 그 구역 내에 거주하는 주민선거에 의하여 구성되는 의회와 과세권, 조례 제정권이 있으므로 일반적인 지방자치단체와 유사하다.

(4) 공사

특별한 목적을 달성하기 위하여 설립이 필요한 해당 지방자치단체간의 협의를 기초로 중앙정부가 명령하여 설치하는 조직이다. 대표적인 예는 영국에 있어서 대도시권의 개발을 위하여 설립한 도시개발공사를 들 수 있다.

| 제 17 장 |

중소도시개발전략

1 의의와 배경

1. 중소도시의 의의

중소도시(secondary city)란 도시계층에 있어서 대도시와 농촌의 소도읍을 연결하는 중간규모의 도시로서 주로 주변농촌과 소도읍에 대한 중심지 기능을 담당하는 도시를 말한다. 중소도시의 인구규모는 학자에 따라 달리 규정되기 때문에 이를 정확히 정의하기는 어려우나 대체로 인구 5만에서 100만 사이의 도시를 지칭한다. 그리고 소도읍은 인구 5만 이하의 소도시를 의미한다. 여기서 중소도시개발전략이란 중간수준의 도시가 제 기능을 수행하도록 하는 일련의 개발전략을 의미한다.

일반적으로 중소도시개발전략은 분산적인 도시개발을 통해서 효율성과 형평성을 동시에 추구할 수 있고 도시와 농촌간의 연계를 강화시키는 정책으로 평가되고 있다. 그러나 우리나라의 중소도시들은 서울, 부산, 대구와 같은 대도시의 인근에 있는 위성도시나 일부 산업도시들을 제외하고는 개발의 관심에서 멀어져 인구와 산업이 정체되어 있어 정주체계의 불안정을 초래하고 있을 뿐 아니라 국토의 균형발전에도 커다란 장애요인으로 등장하고 있는 실정이다. 이와 같은 측면에서 본 장에서는 중소도시의 필요성을 고찰한 다음 이를 개발하기 위한 방안을 모색토록 한다.

2. 배경

중소도시의 기능과 개발의 필요성에 관한 논의는 1980년대 초 리차드슨(Richardson)과 론디넬리(Rondinelli) 등과 같은 학자들에 의하여 본격적으로 시작되었다. 이 전략은 종래에 채택되어 온 성장거점전략과 같은 하향적 개발방식이나 기초수요전략과 같은 상향적 개발전략 가운데 어느 한 가지만 선택하는 것보다는 중소도시가 매개된 일종의 절충식 개발방식이 보다 바람직한 발전전략이라는 인식에서부터 출발한다. 먼저 리차드슨은 개발도상국에서의 국가도시체계 개발전략 중 가장 중요한 것은 중소도시를 육성하는 것이라고 보았다. 그리고 론디넬리도 대부분의 국가들에 있어서 성장거점정책은 농촌배후지역의 침체와 국가경제의 2중 구조를 심화시켰는가 하면 상향식 전략으로도 사회적 균형을 가진 경제성장을 동시적으로 이룰 수 없기 때문에 농촌의 발전이 중소도시를 매개로 더불어 행해져야 한다고 주장하였다. 그는 중소도시의 이점을 두 가지로 요약하고 있는데 그 하나는 대도시의 인구를 분산할 수 있는 것과 수위도시로의 인구유입을 차단할 수 있는 것이고, 다른 하나는 균형발전을 촉진시킬 수 있는 도시적 활동의 중심지를 보강할 수 있다는 것이다. 이는 상위도시체계와 하위도시체계의 중간에 있는 중소도시가 보강됨으로써 경제성장의 확산과 이익의 균형배분이라는 교량적 역할을 다할 수 있다는 것을 의미한다.

2 중소도시의 유형과 기능

1. 중소도시의 유형

중소도시는 다양한 종류들이 있는데 그 특성에 따라 다음과 같이 분류할 수 있다. 그러나 경우에 따라 중소도시들은 어느 한 가지 특성만 가지는 것이 아니라 둘 이상의 특성을 가질 수 있다.

■ 일반중소도시

주변 농촌지역에 재화와 도시적 서비스를 제공하는 중심지기능을 담당하는 중소도시를 말한다. 비교적 역사가 오래되고 그 수도 가장 많다.

전략산업도시

중앙정부주도의 공업화 정책의 추진과정에서 발달한 공업도시들로서 울산, 구미, 포항, 창원, 여천, 안산, 광양 등이 포함된다.

위성도시

대도시 부근에 존재하고 있는 도시로서 대도시에 경제적으로 종속된 도시를 의미한다. 서울, 부산, 대구, 인천 등과 같은 대도시에 인접한 도시이다.

계획도시

분당이나 일산 등과 같이 주로 서울을 중심으로 대도시 인근에 계획적으로 건설된 도시를 의미한다.

대학도시

학원도시라고도 하는데 주로 대학이 입지하여 전문교육기능을 담당하는 도시를 말한다. 외국의 경우에 많이 볼 수 있는 도시인데 우리나라의 경우도 경산이나 천안과 같이 다수의 대학이 입지하고 있는 도시는 대학도시라고 할 수 있다.

2. 기능

중소도시는 경제, 사회, 행정적 측면에서 도시가 가지는 일반적인 기능 이외에도 도시체계상 대도시와 소도읍의 중간수준에 있는 도시로서의 특유한 기능을 수행하고 있다. 여기서는 중소도시 특유의 기능을 중심으로 이들이 어떤 기능을 수행하는가를 보다 구체적으로 살펴보자.

경제적 기능

중소도시는 경제적인 측면에서 첫째, 생산과 소비의 기능을 담당한다. 이는 도시가 가지는 본원적 기능이기는 하지만 중소도시는 특히 주변지역으로부터 원료나 중간재를 구입하여 중간재나 완제품을 생산하고 이들 재화를 당해 도시와 주변지역 그리고 도시체계상 상위에 있는 대도시에 공급하는 기능을 담당한다. 그리고 중소도시는 생산기능 뿐만 아니라 다른 지역에서 생산된 제품을 구입하여 소비하는 기능도 담당한다. 주변 농촌지역에서 생산된 농산물을 소비하고 대도시나 중소도시 자체에서 생산된 상품을 소비하는 기능을 담당하는 것이다. 둘째, 교역의 중심기능을 담당한다. 즉 중소도시는 농촌에서 생산되는 각종 농산물을 수집하고 저장하며 이를 대도시의 소비자들에게 공급하는 중간교역의 중심기능을 담당하는 것이다. 셋째, 결절기능을 담당한다. 앞의 두 가지 기능과도 관련이 있는 기능이지만 중소도시는 대도시와 소도읍 그리고 농촌을 연결하는 결절기능을 가지고 있다. 넷째, 지역개발의 거점기능을 담당한다. 중소도시는 주변지역의 개발을 선도하고 촉진하는 성장거점기능을 가진다.

사회 · 문화적 기능

중소도시는 사회 · 문화적인 측면에서도 여러 가지 기능을 담당하고 있는데 첫째, 대도시의 인구집중을 억제한다. 사람은 농촌지역에서 중소도시를 거쳐 대도시로 이동하는 인구이동의 경로를 거친다. 따라서 중소도시는 대도시로 향하는 인구를 수용함으로써 대도시 인구집중을 예방하고 대도시문제의 부작용을 사전에 예방하는 효과를 가진다. 둘째, 혁신확산을 촉진한다. 중소도시는 대도시로부터 새로운 지식과 기술, 그리고 정보와 혁신을 수용하여 주변 농촌지역에 전파하고 근대적인 정치 · 행정제도를 수용함으로써 농촌의 근대화를 촉진시키는 역할을 담당한다. 셋째, 서비스를 공급한다. 중소도시는 의료, 교육, 문화 등의 도시적 서비스를 주변농촌지역에 공급한다.

정치 · 행정적 기능

정치 · 행정적인 측면에서 중소도시는 지방정치와 행정의 중심지 역할을 담당한다. 먼저 중소도시는 지방자치의 중심도시로서 정치적 기능을 수행한다. 또한 중소도시는 군청, 중앙정부의 지방관서, 금융기관, 우체국, 지방법원 및 지원 등과 같은 행정기관을 수용하고 있고 이 행정기관들을 통해서 각종 행정서비스를 제공하고 있으므로 지방행정의 중심지로서의 역할을 담당하고 있다.

공간 구조적 기능

국토공간 구조적인 측면에서 중소도시는 다음과 같은 기능을 수행한다. 첫째, 도시체계의 유기적인 시스템이 안정적으로 작동되게 한다. 둘째, 인간 정주의 선택의 대상이 되는 장소로서 삶의 터전에 대한 폭을 넓히는 기능을 지니고 있다. 서울 주변에 있는 부천, 수원, 안양 등과 같은 도시에서 보는 바와 같이 중소도시들은 주거공간으로서의 기능을 담당하고 있는 것이다. 셋째, 사회적 기능과도 관련이 있지만 대도시에서 분산되는 인구와 농어촌에서 이동하는 인구의 흡인기능을 담당한다.

3 중소도시 육성의 필요성

1. 대도시의 과밀화 방지

종주도시를 포함한 소수의 대도시에 인구와 산업이 집적하여 과대·과밀하게 되면 이들 대도시들의 경제적 능률성이 감소하게 된다. 많은 개발도상국의 대도시는 교통혼잡, 주택부족, 실업자, 환경오염, 비공식 노동, 불법·불량주거지역이 형성되어 심각한 사회, 경제적 문제를 야기하고 있다. 또한 소수 대도시의 지속적인 성장은 농촌의 자본과 유능한 인력을 흡수함으로써 효과적인 농촌개발을 더욱 어렵게 한다. 따라서 소수의 대도시가 과대·과밀화에서 초래되는 비능률성을 감소시키기 위하여 중소도시개발정책이 필요하다.

2. 효율적인 공간체계의 구성

대도시와 중소도시 그리고 소도읍이 도시 체계적인 측면과 공간 조직적인 측면에서 골고루 발전하도록 체계적으로 구성되면, 종주도시만 발전한 경우나 소도읍만 발전한 경우보다는 하나의 체계로서 효율적인 공간체계가 구성되어 지역발전과 국가발전에 효율성이 높아진다.

3. 균형있는 지역개발의 촉진

중소도시를 그 특성에 따라 균형있게 개발하는 것은 지역개발의 촉진과 주민복지의 증진을 위해 중요하다. 우리나라의 많은 중소도시들에 거주하는 주민들은 그들의 도시가 대도시에 비하여 상대적으로 낙후되었다는 불만감을 가지고 있어 이것이 정치·사회적으로 커다란 문제가 되는 경우가 많고 지역과 국가의 통합과 발전에 장애가 되기도 한다. 따라서 지방의 중소도시를 균형있게 개발하여 주민들이 성장의 열매를 균점하고 있다는 인식을 심어줄 필요가 있다.

4. 농촌개발의 촉진

농촌개발은 다양한 방법에 의하여 촉진할 수 있지만 공간적인 측면에서는 중소도시를 다수 개발하는 것이 중요한 정책이다. 왜냐 하면 도시와 농촌은 정치, 경제, 사회적으로 밀접한 상호 보완적인 관계를 맺고 있기 때문이다. 앞에서도 언급한 바와 같이 도시는 농촌에서 생산하는 농산물의 소비처일 뿐만 아니라 농촌 주민들에게 고용과 교육, 그리고 의료와 같은 도시서비스를 제공하며 새로운 정보와 혁신의 전달자 역할을 하기 때문이다. 도시에서 멀리 떨어진 농촌을 의미하는 산간벽지 또는 오지라는 표현은 농촌의 발전에 도시가 얼마나 중요한 역할을 하는가를 나타내고 있다 할 수 있다.

4 중소도시개발전략

중소도시가 지역발전이나 국가발전의 측면에서 이와 같이 중요함에도 불구하고 우리나라의 중소도시들은 수원, 부천, 안산, 광명, 군포 등 수도권에 소재하고 있는 도시들을 제외하고는 산업구조가 취약하고 생활환경이 열악할 뿐만 아니라 재정자립도도 약하다. 뿐만 아니라 국가의 정책적 관심도 크지 않고 기존의 제도들도 체계적으로 연계되지 못해 그 효과를 제대로 발휘하지 못하고 있는 실정이다. 따라서 이러한 문제점을 개선하여 중소도시들이 제 기능을 발휘할 수 있도록 하는 것이 바람직하다.

1. 경제기반의 강화

중소도시의 가장 중요한 과제는 경제기반을 강화하는 일이고 이를 위해서는 기반산업을 강화하는 것이 필요하다. 기반산업은 재화나 서비스를 타 지역이나 국가에 수출하는 산업을 의미하는 것으로 제조업만을 의미하는 것이 아니고 관광과 같은 서비스산업이나 농업도 기반산업이 될 수 있다. 경제기반을 강화하기 위해서는 지역의 여건과 특성에 부합하는 수출산업을 육성하는 것이 가장 중요하기 때문에 지역의 자연자원과 인적자원 그리고 기술을 고려하여 특색있는 지역산업을 육성하는 것이 필요하다.

2. 생활환경의 개선

지방 중소도시는 주택, 상 · 하수도, 공원, 교통, 통신, 교육, 문화 등의 생활기반시설이 대도시의 경우보다 열악하여 사람들이 거주하기 어려운 경우가 많이 있다. 따라서 이러한 생활환경을 개선하여 사람들이 거주하기에 매력적인 정주공간을 만들 필요가 있다.

3. 재정구조의 개선

대체로 우리나라의 지방중소도시들은 재정자립도가 낮아 지방주민의 욕구를 충족시키기 힘든 실정이다. 또한 중앙정부에 대한 재정적 의존비율이 높아 독립적이고 자조적인 개발이 어렵다. 따라서 지방정부의 재정구조를 개선해야 할 필요성이 있는 바 이를 위해서는 국세의 지방세 이양, 세외수입의 증대, 신세원의 발굴을 통하여 자체재원을 확충하는 한편 교부세, 보조금, 양여금 제도를 개선하여 재정구조를 개선해야 할 필요가 있다.

| 제 18 장 |
첨단산업개발전략

1 의의

첨단산업은 일반적으로 기술적인 측면에서 보다 진보된 제품을 생산하는 산업을 의미한다. 그리고 첨단산업개발전략이란 첨단산업을 육성함으로써 지역의 발전을 도모하고자 하는 지역개발전략을 의미한다. 그러나 첨단이라는 개념 자체가 시간의 경과에 따라 변할 수 있는 동태적인 성질의 것이기 때문에 첨단산업이라는 용어도 명확히 정의되는 것은 아니다. 여기서 첨단산업의 개념에 관한 여러 가지 견해를 살펴보면 먼저 국토연구원(1986)은 '첨단산업이란 발전된 기술을 사용하여 제품의 기능적 측면에서 과거보다 더욱 개선된 기능이나 과거에 없던 전혀 새로운 기능을 제공해 주는 제품을 만들어 내며, 그 생산과정에서 지식 집약적 공정을 거치는 산업'이라 정의하고 있다. 그리고 박삼옥(1989)은 '기술집약도가 높고 기술혁신의 속도가 빠르며 높은 부가가치를 창출할 뿐만 아니라 입지 및 자원절약적 산업으로 소득탄력성이 높아 빠른 성장이 기대되고 관련산업에의 파급효과가 높은 산업'으로 정의하고 있다. 말레키(Malecki, 1984)는 '새로운 상품과 생산공정을 지향하는 탈전통적이고 탈정형화된 산업'을 의미한다고 하고 있다. 첨단산업에 대한 정의는 이와 같이 다양한데 우리나라에 있어서는 첨단산업에 관한 정의가 구체적으로 내려져 있지 않고 '고도의 기술을 기초로 한 산업'이라는 일반적인 개념을 사용하고 있다. 이와 같은 개념에 따르면 산업의 어느 분야에서도 고도의 기술을 기초로 하는 첨단산업이 존재할 수 있다.

이와 같은 정의는 첨단산업의 기능적인 특성을 기초로 규정한 개념적 정의이다. 그러나 이 정의들은 특정한 산업을 첨단산업으로 규정할 수 있는지에 관하여 모든 사람들이 동의할 수 있는 객관적인 결과를 도출하기 어렵다는 결점이 있다. 따라서 일부 학자들은 첨단산업을 보다 구체적이고 객관적으로 정의하기 위하여 비용을 기초로 조작적인 정의를 시도하고 있다. 첨단산업의 특성은 새로운 기술이 필요한 산업을 의미하는데 기술혁신은 무료로 얻을 수 있는 것이 아니고 그것을 얻기 위해서는 연구 및 개발(research & development)비의 투입이 필요하다. 따라서 일부 학자들은 첨단산업을 전체 생산비 가운데 연구개발비용이 차지하는 비중을 기준으로 정의하고 있다. 예를 들면 오키 등(Oakey *et al.* 1988)은 '연구개발비용과 인적 구성비가 타 산업에 비하여 현저하게 높은 산업'으로 정의하고 있다. 그리고 미국에서는 이를 구체화하여 연구개발비가 전체 생산비의 10%를 넘는 산업으로 규정하고 있다.

지금까지 첨단산업의 개념에 관하여 살펴보았는데 요약하면 첨단산업은 고도의 기술을 기초로 한 산업으로서 연구개발비와 그 인적 구성의 비중이 상대적으로 높은 산업을 의미한다고 볼 수 있다.

2 배경

이론적인 측면에서 첨단산업개발전략은 경제발전과 경기순환에 있어서 기술혁신의 역할에 관한 슘페터(Schumpeter)와 멘쉬(Mensch) 등의 이론이 그 바탕을 이루고 있다. 세계경제는 기술진보에 따라 일정한 순환성을 보인다는 주장이 콘드라체프, 쥬글라, 키친 등에 의하여 제기되었는데 그 중에서도 가장 잘 알려진 이론이 소련의 경제학자인 콘드라체프(Kondratieff)의 장기순환론이다. 1922년 콘드라체프는 자본주의 경제가 1750년 산업혁명 이래로 규칙적인 장기파동을 이루면서 진행되고 있는 사실을 발견하였다. 즉 그는 1780년에서 1920년 기간 중 영국, 프랑스, 미국의 경기변동을 조사한 결과 자본주의 경제는 약 50년마다 주기적으로 불황-호황-불황이라는 순환성을 나타낸다는 사실을 발견하였다.

콘드라체프가 발견한 장기 파동이 왜 발생하느냐에 관해서는 전쟁설과 금생산설을 비롯하여 여러 가지 이론이 주장되어 왔으나 그 중에서도 대표적인 이론이 슘페터의 기술혁신이론이다. 그는 콘드라체프의 장기순환이 혁신(innovation)의 출현과 깊은 관계가 있다고 주장하였다. 그는 제1파(1780~1842)의 정점을 1814년이라고 하고 그것의 원인을 섬유와 제철을 중심으로 한 영국의 산업혁명에서 찾고 있다. 그리고 제2파(1843~1897)는 정점을 1872~1873년으로 보고 증기, 철강, 철도의 발흥에서 찾고 있으며, 제3파(1898~1930)는 1920년을 정점으로 보고 전기, 화학, 자동차 공업의 출현과 연결짓고 있다. 그는 자본주의를 발전시키는 근본 요인으로서 혁신을 통한 기술진보와 혁신적 기업가 정신을 강조하고 있다.

콘드라체프와 슘퍼터의 이론을 종합한 사람이 멘쉬로서 그는 1979년 '기술의 교착상황'(stalemate in technology)이라는 저서를 통해 슘페터의 주장과 마찬가지로 혁신의 출현이 자본주의 경제의 흐름을 좌우한다고 주장하였다. 그는 지난 200년 동안의 자료를 분석하여 발명은 어느 시기에나 일어날 수 있으나 혁신기술은 짧은 기간에 다발로 이루어진다고 보고 이러한 혁신은 새로운 산업을 발생시키고 나아가 경제를 성장시키는 요인으로 작용한다고 주장하였다. 그는 혁신의 발생시기와 관련하여 어떤 규칙성을 발견하였는데 대체로 이러한 혁신은 경기불황의 저점에서 절정에 달하며 역사에 있어서 급진년도(radical years of history) 이후에는 경기가 회복국면에 접어든다고 주장함으로써 혁신이 경기불황을 극복하게 한다고 역설하였다. 그는 1784년에는 섬유와 제철, 1825년에는 증기기관과 철도, 1886년에는 전기, 화학공업, 1935년에는 전자, 항공산업이 주요한 혁신이었는데, 학자들은 다음의 급진년도가 1989년경이고 이 때는 컴퓨터, 유전공학, 그리고 에너지분야에서 첨단기술혁명이 나타나 그 이후의 경제를 주도할 것으로 예측하였다.

3 첨단산업의 종류와 특성

1. 첨단산업의 종류

앞에서도 언급한 바와 같이 첨단산업은 고도의 기술을 기초로 한 산업을 의미한다. 따라서 어떤 산업분야도 첨단산업이 될 수 있으나 현재까지 일반적으로 첨단산업으로 인식되고 있는 산업분야는 다음과 같은 분야를 들 수 있다.[29)]

① 반도체산업: 실리콘, 게르마늄, 세렌 등 주로 반도체소자를 생산하는 산업
② 컴퓨터산업: 중앙처리장치, 주변기기, 단말장치, 퍼스컴

29) 국토개발연구원, 1986, 전게서.

③ 신소재: 신세라믹, 고기능성합금, 금속계 신소재, 파이버
④ 정밀기계 · 정밀화학: 광학기기, 측량기구, 의약, 농약, 염료, 향료, 도료, 안료, 인쇄잉크, 사진약품
⑤ 정보통신산업: 송전장치, 데이터통신, 디지털통신, 소프트웨어
⑥ 항공우주산업: 항공기, 인공위성, 로케트
⑦ 의공학 · 생명공학: 초음파진단기, 인공심장, 세포융합, 세포배양, 유전자 재조합
⑧ 에너지산업: 태양열, 핵융합로, 고속증식로

2. 첨단산업의 특성

첨단산업은 전통산업과는 다른 여러 가지 특징을 가지고 있는데 중요한 것은 다음과 같다. 첫째, 에너지와 자원절약적 산업이다. 즉 첨단산업은 에너지와 자원을 많이 쓰지 않는 특성을 가지고 있다. 둘째, 지식 집약적 산업이다. 이는 첨단산업은 새로운 기술과 아이디어가 필요한 산업이라는 것을 의미한다. 셋째, 제품주기가 짧다. 전통적인 산업은 제품이 출시될 경우 오랜 기간 생명력을 유지할 수 있었는데 첨단제품의 주기는 개인용 컴퓨터에서 볼 수 있는 바와 같이 2~3년에 불과한 경우가 많고 이보다 짧은 경우도 많다. 넷째, 제품의 부가가치가 높다. 첨단제품은 제품판매의 위험성이 높기 때문에 부가가치가 높은 것이 특징이다. 다섯째, 제품의 부피가 작다. 첨단제품은 무게가 가볍고 크기가 작으며 부피도 작은 것이 일반적이다. 여섯째, 기술 융합적 산업이다. 즉 첨단산업제품은 어느 특정한 분야의 기술만 필요한 것이 아니고 여러 분야의 기술이 종합적으로 필요한 경우가 많다.

3. 첨단산업의 입지요인

지역개발에 있어서는 첨단산업을 유치하는 것이 대단히 중요한 과제의 하나이다. 따라서 첨단산업이 어떤 지역에 입지하는가는 대단히 중요한 문제이다. 왜냐하면 첨단산업을 유치하기 위해서는 첨단산업이 입지하기 좋은 환경을 조성할 필요가 있기 때문이다. 일반적으로 첨단산업은 다음과 같은 입지특성을 갖는 것으로 알려져 있다. 첫째, 좋은 과학기술인력이 필요하다. 이는 첨단산업이 기술 및 지식 집약적 산업이라는 특성을 지니기 때문에 유능한 과학기술

인력이 풍부한 지역에 입지하는 경향이 있기 때문이다. 둘째, 공항이나 고속도로와 같은 교통시설에의 접근성이 양호한 곳에 입지하는 경향이 있다. 이 요인은 비단 첨단산업에만 국한하는 것은 아니지만 특히 첨단산업은 공항과 같은 접근성이 양호한 곳에 입지하는 경향이 있다. 셋째, 대학이나 연구소와 같은 연구개발시설은 첨단산업에 필요한 고급기술인력이 풍부할 뿐만 아니라 첨단연구시설이나 장비가 많기 때문에 첨단산업의 입지에 매우 중요한 요인으로 작용하고 있다. 넷째, 자연환경이 쾌적하고 주거, 문화, 교육, 위락시설이 잘 갖춰진 곳에 입지하는 경향이 있다. 이는 첨단산업이 필요한 고급기술인력이 임금이 높은 곳보다는 생활환경과 여건이 쾌적하여 삶의 질이 높은 곳에 거주하고자 하는 경향이 있기 때문이다. 다섯째, 모험자본을 쉽게 확보할 수 있는 곳에 입지하는 경향이 있다. 산업입지에 있어서 자본은 중요한 입지요인이지만 첨단산업은 모험산업인 경우가 많기 때문에 모험자본을 쉽게 조달할 수 있는 곳에 입지하는 경향이 있다. 여섯째, 첨단산업은 기존의 첨단산업이 입지하고 있는 곳에 입지하는 경향이 있다.

첨단산업의 입지와 관련하여 유퍼스나무효과(Upas tree effect)라는 것이 있다. 유퍼스 나무는 인도네시아 자바섬에서 자라나는 나무인데 독성이 강할 뿐만 아니라 번식력도 매우 강하여 그 주변에는 동식물들이 자랄 수 없다. 첨단산업도 철강과 같은 사양산업이 자리잡고 있는 지역에는 발전하지 못하는 경향이 있는데 이는 사양산업의 독성이 첨단산업의 발전을 가로막고 있기 때문이다. 이를 유퍼스나무효과라 한다.

4 첨단산업개발전략

1. 창업보육센터(business incubator)

(1) 개념

기술과 아이디어는 있으나 사업화에 어려움을 겪고 있는 창업예비자나 신생기업을 대상으로 자생력을 갖출 때까지 보육해 주는 곳을 말한다. 창업보육센터는 자본이 부족한 창업 희망자에게 입주공간, 공동작업장, 범용설비 등의 공간과 설비를 제공하고, 경영 · 기술지도와 함께 정보를 종합적으로 제공함으로써 기업의 경영능력을 향상시키며, 독자적인 사업경영능력을 배양하여 사업초기에 겪는 위험부담을 줄여 창업성공률을 제고하는 것을 목적으로 하고 있다. 그리고 나아가 참신한 아이디어 및 기술의 창업화로 지역고용을 창출함으로써 지역경제를 활성화하는 것을 목적으로 하고 있다.

(2) 유형

창업보육센터에는 여러 가지 종류가 있는데 기술유형에 따라서 일반창업보육센터(business incubator), 이미 개발된 기술의 상업화를 지원하는 것을 주목적으로 하는 기술기업보육센터(technology business incubator: TBI), 새로운 기술의 개발활동을 지원하는 것을 주목적으로 하는 기술보육센터(technology incubator: TI) 등으로 구분된다. 그리고 창업보육센터를 주도하는 기관을 중심으로 대학주도형, 지방정부주도형, 기업프렌차이즈형, 민간형, 협력형 등으로 구분된다.

2. 테크노마트

테크노마트를 협의로 정의하면 기술의 매매가 이루어지는 물리적 시장으로 정의할 수 있다. 그러나 광의의 개념은 국내외 기술의 수요자와 공급자간에 이전거래가 이루어지는 시장으로서 단순한 장소의 의미를 넘어서 기술이전거래의 전 단계에 걸쳐 체계적인 기술이전거래를 가능하게 하는 총체적인 기술이전시스템을 의미한다. 테크노마트는 구체적인 장소와 형태를 갖는 물리적 시장시스템과 웹이나 인터넷을 통한 사이버 시장시스템으로 구분할 수 있다.

우리나라에는 여러 가지 종류의 테크노마트가 있다. 예를 들어 산업기술정보원에서 주관하는 테크노마트가 있는데 여기서는 1993년부터 우리나라기업들의 기술도입선으로 가장 큰 비중을 차지하고 있는 미국과 일본의 첨단기술정보를 입수 · 전파하고 기술이전을 촉진하기 위하여 테크노마트를 정기적으로 개최하고 있다. 이 행사는 이벤트성격이 강한 것이 특징이다. 이외에도 과학기술부 연구개발정보센터(KORDIC), 한국과학기술원 신기술창업지원단(HTVC) 등도 테크노마트를 개최하고 있다.

3. 첨단산업단지

(1) 개념과 유형

첨단산업단지는 말 그대로 첨단산업을 집단적으로 유치한 지역을 말한다. 첨단산업단지에는 여러 가지 종류들이 있는데 이 유형을 선형혁신모형과 관련시켜 분류할 수 있다(강병수 외, 1999). 선형혁신모형은 기초연구, 응용연구, 시제품개발, 상업적 생산, 확산이라는 과정을 통한다는 주장을 의미한다. 이 모형을 선형혁신모형이라고 부르는 이유는 과학적 연구로부터 상품화에 이르는 일련의 활동들이 연속적으로 상호 연결되어 있기 때문이다.

선형혁신모형과 단지유형을 연관시킬 경우 먼저 연구단지는 순수한 기초연구를 수행하는 기능들이 집적된 단지를 의미한다. 그리고 과학단지 또는 테크노파크는 기초연구를 바탕으로 응용연구와 시제품개발에 주력하는 단지를 의미한다. 첨단산업단지는 기초연구와 응용연구기능이 존재하기는 하지만 주로 핵심기술을 외부로부터 도입하여 반제품가공이나 완제품을 생산하고 외부의 수요에 대응하여 상업적으로 대량생산하는 생산 지향적인 단지를 의미한다. 그리고 테크노폴리스는 이 모든 활동들이 하나의 밀집된 장소에서 일어나면서 주거기능과 같은 도시적인 기능을 포함한 단지를 의미한다. 이외에도 대도시의 집적이익에 따라 첨단산업이 대도시에 개별적으로 입지하는 유형을 단지입지의 경우와 대비하여 개별입지라고 한다.

(2) 첨단산업단지 사례

■ 미국

미국에는 30여 개가 넘는 많은 첨단산업단지들이 있지만 실리콘 벨리(Silicon Valley), 루트 128(Route 128), 그리고 리서치 트라이앵글(Research Triangle)이 3대 첨단산업단지라고 할 수 있다. 이 첨단산업단지들을 개괄적으로 살펴보기로 하자.

① 실리콘 벨리(Silicon Valley)

미국 캘리포니아 산타클라라군에 소재하고 있는 첨단산업단지로서 첨단산업단지의 원형이라고 할 수 있다. 실리콘 벨리라는 명칭은 반도체 칩의 원료인 '실리콘'에서 비롯되었는데 1971년 반도체잡지의 편집자인 돈 호플러가 만든 이름이다. 이 지역에서는 실리콘으로 만들어지는 반도체 칩이 많이 생산되기 때문에 이 지역을 상징하는 이름으로 붙인 것이다(국토연구원, 1986).

미국 실리콘 벨리의 성장은 스탠포드 대학의 터어만(F. Terman)교수의 노력이 결정적인 역할을 하게 되었는데 그는 '실리콘의 대부'라고 불리기도 한다. 그는 1920년대에 그의 졸업생들에게 스탠포드대학 주변지역에 머물면서 공장을 설립할 것을 계속 권유하였다. 그의 권유에 따라 1939년에 휴렛(Hewlett)과 패커드(Packard)가 캠퍼스 가까운 차고에서 회사를 설립하게 되었는데 그 회사가 현재에는 세계에서 가장 큰 전자회사의 하나가 되었다. 1950년대와 1960년대에도 많은 회사들이 터어만교수의 권유에 의하여 설립되었다.

이와 아울러 터어만 교수는 스탠포드 대학 측에 기존 및 신설기업의 유치를 위한 특수한 산업단지를 개발할 것을 제안하였는데 이것이 '스탠포드 산업단지'(Stanford Industrial Research Park)가 되었다. 이 단지는 우수한 두뇌의 유출을 막고 대학의 연구지원체제를 활용하려는 것이 본래의 설립동기였는데 스탠포드대학 주변에 새로운 전자산업을 발생시키는 원동력의 하나가 되었다. 이 산업단지는 스탠포드대학이 기업들에게 임대하는 것으로서 현재는 약 90개사에 80만평의 토지가 임대되어 있고 2만 5천명의 종업원이 일을 하고 있다. 스탠포드 산업단지로부터 발달한 실리콘 벨리에는 일렉트로닉스와 관련된 약 6,000개의 기업이 모여 있다.

② 루트 128

이는 보스톤시 외곽에 건설된 8차선 고속도로로서 이 도로를 따라 많은 첨단산업단지가 건설되어 있고 수많은 전자산업들이 입지해 있어 미국 동부의 실리콘 벨리라고 할 수 있다. 1947년경 미 해군을 제대한 브레이클리(Blakely)라는 사람이 캠퍼스 산업단지(campus industrial park)를 구상하여 산업단지를 조성하기 시작한 것이 루트 128이 조성되는 계기가 되었는데 1970년대 중반까지 루트 128을 따라 16개의 산업단지가 조성되었다. 여기에는 MIT대학의 학장이던 칼 콤프턴의 영향이 컸는데 루트 128에 입지하고 있는 많은 기업들이 MIT연구실에서 분리(spin-off)한 경우가 많다.

③ 리서치 트라이앵글 파크(Research Trinagle Park)

이 지역은 노스케롤라이나주의 랠리(Raleigh), 더햄(Durham) 그리고 채플

힐(Chapel Hill)시를 연결하는 삼각형 형태의 지역에 있는 첨단기술단지를 말한다. 이 세 개의 작은 도시에는 노스케롤라이나 주립대학, 듀크대학, 노스케롤라이나 대학이 있는데 리서치 트라이앵글은 이들 3개 대학간의 상호 의존적인 연구활동을 촉진하고 대학이 지니는 두뇌자원을 기술개발에 활용하려는 의도에서 1960년에 루터 호지스 (Luther Hodges)에 의하여 기획되었다. 그는 노스케롤라이나의 주지사를 역임하고 케네디 행정부시절 상무장관을 역임했던 인물인데 실리콘 벨리의 발달에 스탠포드대학의 산업단지가 중요한 역할을 하였음을 인식하고 그 원리를 적용시켰다. 앞의 두 산업단지와는 달리 이 지역은 주로 연구목적을 위하여 설립된 것이 특징이라 할 수 있다.

1965년에 IBM사가 이 곳에 연구개발시설을 설치한 것이 계기가 되어 이 지역에 많은 연구기관들이 입지하기 시작하였는데 루터 호지스를 비롯한 몇몇 영향력이 있는 사람들이 그들의 정치적 영향력을 발휘하여 RTP에 공공 연구기관을 유치함으로써 RTP의 발전에 지대한 역할을 하였다. RTP에는 전자, 생화학 및 제약, 그리고 보건분야 등에 관한 다양한 연구개발기관이 약 130개 입지하고 있다. 이 곳은 원래 연구단지로 조성이 되었으나 많은 반도체 생산업체들이 유치되고 있어 미국 내의 주요 첨단산업단지로 발전되고 있다.

일본

일본의 첨단산업단지는 테크노폴리스(technopolis)라고 불리운다. 이는 1979년 일본 통산성의 한 공무원이 (高橋 達直) 미국의 실리콘 벨리를 염두에 두고 고안한 용어로 기술 (technology)과 도시(polis)를 결합한 합성어이다. 이는 첨단산업, 대학과 연구기관, 그리고 좋은 주거공간이 결합된 미래지향적 고도기술집약도시를 가리킨다.

일본에 있어서 産, 學, 住 삼위일체의 테크노폴리스 구상은 첨단기술산업을 전략산업으로 육성하여 제2의 경제도약을 이루는 동시에 지역의 균형발전과 인구의 지방정착을 위한 수단으로 구상되었다. 이 테크노폴리스 계획은 1980년에 통산성에 의하여 구상되었는데 1982년까지 지방의 15개 지역을 지정하여 테크노폴리스 건설작업을 추진 중이다. 또한 1983년에는 "高度技術工業集積地域開發促進法 (약칭 테크노폴리스법)"을 제정하여 테크노폴리스 건설을 뒷받침하고 있다. 이러한 테크노폴리스 개발계획은 중앙정부가 계획에 포함될 내용과 개발지침을 규정하고 이를 기준으로 지방정부가 구체적인 계획을 수립토록 함으로써 지방의 의견과 요구를 최대한 반영토록 하고 있다.

대체로 일본의 테크노폴리스는 인구 15만 명 이상의 대도시 근처에 건설하되 240~300만평의 토지에 4~5만 명의 인구를 수용하는 신도시의 성격을 띠고 있다.

영국

① M4 회랑(Corridor)

영국에서 대표적인 첨단산업단지는 런던 서부지역인 M4 회랑지대이다. 런던에서 서부의 브리스톨까지 연결되어 있는 도로가 M4인데 그 가운데 런던에서 버크셔(Berkshire)까지의 부분이 M4 회랑지대로서 영국의 많은 첨단산업들이 발달해 있다.

② 과학기술단지(Science Park)

1981년 대학에 대한 예산 배정액이 대폭 삭감되자 재정상의 타격을 받은 대학들이 기입과 긴밀하고도 적극적인 상호협력관계의 필요성을 인식하게 되어 산학협동과 연구결과의 상업화를 촉진하게 되었다. 따라서 1970년대만 하더라도 Cambridge와 Heriot-Watt에만 있던 과학기술단지가 1982~1984년 사이에 10개가 증가하여 1984년까지 모두 12개로 증가하게 되었다.

우리나라

우리나라의 경우 계획적으로 조성되고 있는 첨단산업단지가 대부분인데 그 역사가 오래되지 않은 탓에 조성이 완료된 곳은 대전의 대덕연구단지 하나뿐이고 나머지는 조성 중이거나 계획단계에 머물고 있는 것이 대부분이다. 첨단산업단지도 다양한 종류가 조성되고 있는데 대표적인 것이 테크노파크이다. 우리나라에서 테크노파크는 기술창업과 중견기업의 신기술제품개발을 촉진하기 위하여 필요한 물리적, 운영적 제반시설을 기술적, 관리적 능력을 보유한 대학 등 기술개발주체의 인접지역에 설치한 단지[30] 또는 대학 · 연구기관 · 기업 간의 유기적인 협력을 통해 특정지역의 기술혁신과 첨단산업발전을 효과적으로 달성하기 위하여 연구기능, 창업보육기능, 교육훈련기능, 지원서비스기능, 그리고 시범수준의 생산기능을 한 지역에 집적시킨 단지를 의미한다.[31]

30) 산업통상부. 1997. 시범테크노파크사업 설명회 자료.

31) 이성근 외. 1995. "대학연구단지의 조성 및 운영관리방안에 관한 연구," 과학기술처.

우리나라에서는 처음 6개의 시범테크노파크를 조성하기 시작하여 현재 전국적으로는 18개의 각종 테크노파크가 조성되어 있다.

표 18-1 시범테크노파크 조성현황

명칭	송도	안산	대구	경북	광주 · 전남	충남
주관기관	인천광역시	안산시	경북대	영남대	광주광역시	충청남도
참여기관	-인천광역시 -2개 대학 -1개 연구소	-안산시, -경기도, -6개 대학	-대구광역시 -3개 대학	-경상북도 -경산시 -5개대학 -경산상의	-광주광역시 -전라남도 -6개 대학 -1개 연구소	-충청남도 -천안, 아산, 공주시 -9개 대학
소재지	인천시 송도미디아 벨리	경기도 안산시 신규단지	대구시 경북대학교 캠퍼스	경산시 영남대학교 캠퍼스	광주첨단 산업단지	호서대학교 캠퍼스+ 신규단지
사업기간	1998~2004	1998~2004	1998~2004	1998~2004	1998~2004	1998~2004
사업비 (억원)	1,226.0	965.0	1,6746.4	844.2	686.5	760.0
부지규모 (평)	100,000	30,000	25,000	46,400	30,000	120,850

※ 자료 : 산업자원부. 1999. '99년도 테크노파크조성사업 지원계획, p.4.

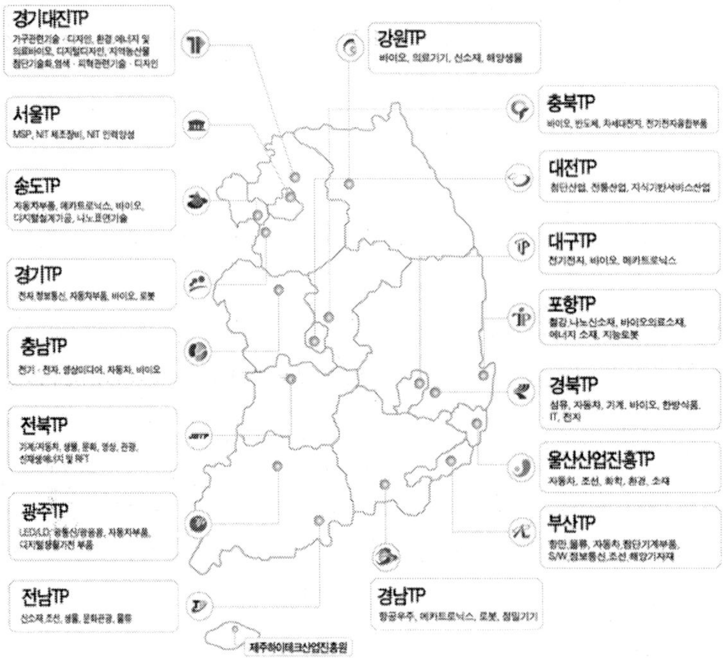

그림 18-1 테크노파크 현황

| 제 19 장 |

지역정보화전략

1 의의

1. 정보화

근래에 정보화라는 용어가 널리 사용되고 있고 지역정보화도 정보화의 하위 개념으로 많이 사용되고 있다. 따라서 지역정보화전략의 개념을 고찰하기 전에 먼저 정보와 정보화의 개념부터 살펴보자. 정보는 다양한 뜻으로 사용되고 있지만 일반적으로 어떤 의도를 가지고 수집된 자료의 집합 혹은 인간의 의사결정과 선택에 영향을 주는 조직화된 무형의 경제재라고 정의할 수 있다. 그리고 정보화란 정보의 생성 · 처리 · 가공 · 전달 · 이용에 관한 활동을 정보관련 기술의 도입을 통하여 강화 · 효율화함으로써 그 이용가치를 높이는 활동이다. 그리고 정보화란 사회활동에 있어서 정보의 가치가 증대되며 나아가 정보의 상품화가 초래되는 것을 의미한다.

2. 지역정보화

정보화의 개념이 다양한 것과 마찬가지로 지역정보화도 다양한 뜻으로 사용된다. 예를 들어 안문석(1995)은 특정지방을 대상으로 정보시스템을 효과적으로 구축하여 그 지방의 정보생산 및 정보소비를 촉진하고 이를 통하여 지역경제를 활성화하고 지방문화를 발전시키는 것을 의미한다고 주장하고 있다. 그리고 이윤식(1994)은 국가 또는 지방정부가 정치, 경제, 사회, 문화, 교육 등의 제 측면에서 지역격차를 해소하여 균형발전을 이룩할 목적으로, 지역 특성에 적합한 정보통신시스템 및 정보기반시설을 구축하여 이용케 하는 정책적

제활동을 의미한다고 정의하고 있다. 우리나라에 있어서 이 분야의 책임 부서라고 할 수 있는 정보통신부에서는 고도 정보화의 선행적 시책으로 지역간 균등한 정보접근성의 보장, 지역특성에 맞는 정보시스템의 구축과 뉴미디어 보급의 촉진 등을 통하여 지방경제의 활성화, 지역주민 생활의 질의 고양, 지방문화의 육성 등을 도모함으로써 지역주민의 정주성을 제고하고 지역간의 활발한 교류를 촉진하기 위한 정책적 개념으로 정의하고 있다.

이를 종합하면 지역정보화는 국가나 지방정부가 사회전반에 걸쳐 지역상호간 또는 중앙과 지방간의 격차 뿐 아니라, 지역과 외국간의 격차도 해소함으로써 궁극적으로 국가사회 전반의 균형적 발전을 이룩할 목적으로 지역특성에 적합한 정보통신시스템 및 정보기반시설을 구축하여 이용케 하는 정책적 활동을 의미한다. 이 개념은 지역정보화가 크게 두 가지 뜻으로 사용되고 있다는 것을 의미하는데 그것은 국가정보화의 하위개념으로 사용되는 경우와 대응되는 개념으로 사용되는 경우이다. 전자의 경우는 국가 정보화의 하위개념으로서 분야별 정보화의 지역적인 확대를 유도하는 것, 즉 국가정보화의 달성수단으로서 분산화된 정보화를 추진하는 노력의 일환으로서 지역단위의 정보화를 의미한다. 그리고 후자 즉 국가정보화에 대응되는 개념으로서의 지역정보화는 중앙에서 제공되는 정보화와는 달리 지역에 필요한 특수한 지역정보를 데이터베이스화하여 이를 해당 주민들은 물론 타 지역 주민들에게도 제공할 수 있도록 하는 것을 의미한다.

2 대두배경

지역정보화전략은 지역의 정보화를 촉진함으로써 지역발전을 의도적으로 유도하고자 하는 개발전략을 의미한다. 이와 같은 의미의 지역정보화 전략은 서구에서보다도 주로 일본에서 1980년대 중반부터 발전되어 온 지역개발전략 개념이다. 일본의 경우 1980년대 중반부터 중앙정부의 주도로 지역정보화사업이 추진되기 시작하였다. 여러 부서가 그 기능에 따라 각각 지역정보화 사업을 추진하였는데 대표적인 것으로는 우정성의 텔레토피아, 통산성의 뉴미디어 커뮤니티, 그리고 건설성의 인텔리전트시티 등을 들 수 있다. 이름은 약간씩 다르지만 중앙정부 주도의 이와 같은 지역정보화 사업은 지역에 현대적인 정보, 통신시스템을 설치하여 각종의 정보를 생산, 전파, 수용함으로써 지역의 경제, 사회, 문화를 발전시키자는 취지에서 시작된 것이다. 중앙정부의 이러한 촉진정책에 따라 각 지방자치단체에서도 지역의 독자적인 발전을 위한 전략으로 정보화계획을 경쟁적으로 수립하게 되었다.

우리나라에서는 정부가 1980년대에 들어와 정보화사회기반구축을 위한 사업으로 행정전산화사업, 국가기간전산망사업을 추진하면서 지역정보화사업에 관심을 보여오다가 1990년대에 들어와서 일본의 영향을 받아 지역균형발전을 위한 개발전략으로 추진하기 시작하였다. 우리나라에서도 정부의 여러 기관에서 그 기관의 기능과 역할에 관련된 정보화사업을 추진하고 있는 상황이다. 예를 들면 정보통신부의 지역정보통신센터, 행정자치부의 지역종합정보센터, 그리고 산업통상부의 산업기술정보유통 지역정보센터 등을 들 수 있다. 이와 같은 추세에 따라 앞으로도 정보통신분야의 발전과 함께 지역정보화 사업은 매우 활발하게 추진될 것으로 예상된다.

3 지역정보화전략의 필요성과 유형

1. 지역정보화의 필요성

(1) 지역경제의 발전과 경쟁력 강화

정보화 사회에 있어서 각 산업이 경쟁력을 가지기 위해서는 고도의 정보를 신속하게 수집 · 활용하는 것이 중요하다. 따라서 지역산업의 발전을 위해서는 지역정보화가 필수적이다.[32)]

(2) 지역간 불균형의 해소

지역발전에 있어서 정보화는 필수적인 역할을 할 것인 바 정보화가 미비한

32) 정보화가 지역발전에 미치는 영향에 관해서는 다음과 같은 주장이 있다. 첫째, 현재의 경제적 위기는 생산과정의 통제력의 약화에서 비롯되는 것으로 보고 정보화는 이들 통제력을 강화시켜 줄 수 있다는 신포디즘적 견해와, 둘째, 현 생산체계인 대량생산체계의 경직성에서 위기의 원인을 찾아 정보통신의 발달이 생산체계의 유연성 및 신축성을 이룰 수 있다는 탈포디즘의 시각이 있다.

지역은 더욱 낙후될 가능성이 크다. 따라서 정보의 생산 및 유통이 상대적으로 낙후된 지역의 정보화를 촉진함으로써 전국민의 정보접근의 평등성을 보장하고 나아가 지역간 균형발전을 이룩할 수 있다.

(3) 삶의 질 향상

지역정보화는 지역주민의 정보욕구를 충족시킴으로써 궁극적으로 지역주민의 삶의 질을 향상시키는 효과를 발휘할 수 있다. 예를 들어 아파트와 같은 주택단지에 인터넷을 설치하여 주민들의 정보욕구를 충족시키는 경향을 볼 수 있는데 이는 정보화가 삶의 질을 향상시키는 데 기여하고 있다는 것을 보여준다고 할 수 있다.

(4) 행정의 효율성 제고

지방화와 개방화의 진전으로 지방행정도 효율성 향상을 통하여 자기혁신을 이루지 않고는 생존하기 어렵게 되었다. 지역정보화는 지방행정의 능률성과 생산성을 향상시키고 대민서비스를 개선하며 주민들의 의사를 효과적으로 수렴함으로써 행정의 효율성을 제고할 수 있다.

(5) 지역의 세계화 촉진

세계화의 진전으로 국가단위의 교류협력에서 지방이나 도시단위의 교류협력이 점차 증가하는 추세이다. 발달된 정보통신기술은 지역의 국제협력을 용이하게 해주고 촉진시키는 수단이 될 수 있다.

2. 지역정보화의 유형

(1) 공공부문의 정보화

지방자치단체를 중심으로 지역의 모든 공공기관들의 활용 가능한 정보들을 수집·관리하여 주민생활의 편리를 도모하고 지역경제와 산업의 발전을 위하여 효율적으로 활용될 수 있도록 하는 것을 의미한다.

(2) 산업 정보화

지역의 산업에 관한 모든 정보들을 수집, 관리, 제공하는 것으로, 산업분야에 따라 제조업의 정보화, 유통정보화, 사무정보화 등으로 구분할 수 있다.

(3) 사회 및 생활정보화

주민들의 삶의 질을 향상시키고 보다 편리하게 일상생활을 영위할 수 있도록 하는 것으로, 일상생활과 관련된 모든 정보화를 총칭한다.

4 지역정보화전략의 사례

1. 미국

미국은 국가단위의 정보화사업이 주로 추진되고 있는 반면 지역정보화라는 개념은 별도로 확립되어 있지 않은 실정이다. 그러나 성격상 지역정보화에 포함할 수 있는 사업들이 있는데 대표적인 것이 텔리포트(teleport)이다. 일반적으로 텔리포트는 위성네트워크와 다른 장거리 전달 정보통신시설에의 접근시설로서 광역적인 지역사회에 분배네트워크 서비스 및 정보통신서비스를 담당하고, 부동산개발과 기타 경제개발을 결합한 대단위 규모의 종합개발을 의미한다. 그러나 실제로는 개발되는 나라에 따라 전선도시(wired city), 인텔리전트도시(intelligent city), 정보도시(information city), 텔리마틱도시(telematics city) 등과 같이 다양한 이름으로 불리는데 세계적으로는 120여 개가 건설되었거나 건설 중인 것으로 파악되고 있다.

텔리포트에는 부동산형 텔리포트, 지구국형 텔리포트, 버츄얼 텔리포트 등 여러 가지 종류가 있는데 텔리포트 서비스가 특별히 대상으로 하는 고객의 종류는 금융, 방송, 무역, 업무와 같은 정보집약산업이다. 그리고 텔리포트는 통신(communication), 부동산(real estate), 경제(economy)를 결합시키는 중요한 도시개발수단으로서 도심부내 또는 도심부와 가까운 곳에 입지하는 특성이 있다.

2. 일본

일본은 세계의 다른 어느 국가보다 지역정보화를 적극적으로 추진하였다. 처음에는 중앙정부 주도로 추진하였으나 1980년대 후반부터는 지방정부의 자율적인 주도로 그 방향을 선회하였다. 그리고 그 내용에 있어서 1980년대에는 뉴미디어에 의한 지역정보화를 추진하던 것이 1990년에 들어서는 멀티미디어에 의한 지역정보화를 추진하고 있다. 일본의 경우 정부의 여러 기관에서 지역정보화 사업을 추진해 오고 있는데 가장 대표적인 것이 우정성의 텔레토피아, 통산성의 뉴미디어 커뮤니티, 그리고 건설성의 인텔리전트시티 등과 같은 것을 들 수 있다.

텔레토피아는 통신을 의미하는 텔레(tele)와 이상향을 의미하는 유토피아(utopia)를 합성한 용어로서 CATV나 비디오텍스로 대표되는 뉴미디어를 이용하여 지역사회를 진흥시키고자 하는 지역정보화사업이다. 텔레토피아는 지역공동체의 활성화, 지역향토산업의 진흥, 복지 · 의료의 내실화 등을 목적으로 하고 있으며 지역환경이나 특징, 지역이 안고 있는 문제점 등을 고려하여 624개의 다양한 시스템이 계획되었다.

뉴미디어 커뮤니티는 1983년부터 일본 통산성이 주관하여 추진해 온 지역정보화사업으로서 산업, 사회, 생활의 각 분야에 모형정보체제를 구축하여 균형있는 지역정보화를 추진하고 있다. 통산성은 1984년에 15개 지역을 시범지역으로 지정하고 재단법인체인「뉴미디어협회」를 구성하여 정보의 수요와 구축정보시스템을 조사토록 하였다. 그리고 각 지역마다 구성된 뉴미디어 구상추진지역소위원회를 통하여 뉴미디어 커뮤니티를 계획할 때 지역의 의사를 최대한 반영토록 하였다.

표 19-1 일본의 주요 지역정보화 사업

省廳名	사업명	비고
우정성	텔레토피아 텔레컴 프라자	1984년부터 지역지정 민활법의 특정시설
통산성	뉴미디어 커뮤니티 정보화 미래도시	1984년부터 지역지정 1989년부터 지역지정
건설성	인텔리전트 시티	1986년도부터 지역지정
운수성	미디어 터미널	1986년부터 실험개시
농수성	그린토피아	1986년부터 지역지정
자치성	커뮤니티 네트워크	1991년부터 지역지정

3. 우리나라

우리나라의 경우 여러 부서에서 지역정보화 관련사업을 추진해오고 있는데 대표적인 것이 정보통신부의 지역정보통신센터, 산업통상부의 지방중소기업정보화사업, 그리고 행정자치부의 지역종합정보센터 등이다. 이들 중 일부를 제외하고는 지역정보화 자체를 목적으로 추진한 것이 아니라 통신망의 확충, 과학기술 활성화 정책을 지방차원으로 확대한 것으로 볼 수 있다. 그럼에도 불구하고 이들 사업들은 지역의 정보화를 촉진하는 데 매우 중요한 역할을 하고 있다.

표 19-2 우리나라의 주요 지역정보화 사업

부처명	주요사업명	주관기관
정보통신부	· 지역정보화추진협의회 · 농촌정보화시범지역운영 · 지역정보통신센터운영	한국정보문화센터 한국통신 데이콤
산업통상부	· 지방중소기업정보화사업 · 산업기술정보유통 지역정보센터운영	중소기업진흥공단
농림부	· 농림수산 종합정보망 구축 · 농어민 정보통신이용교육	농촌진흥청
과학기술처	· 과학기술정보 유통체계구축 · 과학기술지역정보화지원	연구개발정보센터
행정자치부	· 지역정보화 기본계획수립지원 · 지역종합정보센터 설립지원 · 지방행정정보화사업지원	

5 지역정보화 추진상의 문제점

정보통신기술의 발달에 따라 정보화를 촉진함으로써 지역의 발전을 도모하는 것을 목적으로 하는 지역정보화전략은 여러 가지 문제점을 안고 있는 바 첫째, 정보화사회에 대한 인식이 매우 낮다는 점이다. 예를 들어 기업의 경우 정보화를 촉진함으로써 생산과 판매와 같은 경영활동의 효율성을 높일 수 있음에도 불구하고 기업인들이 이에 대해 관심을 보이지 않는다든가 지방정부와 주민들도 이의 필요성에 대한 인식이 매우 낮다는 점이다. 둘째, 정보화의 핵심인 정보통신 기반시설이 서울과 지방, 도시와 농촌간에 매우 심한 격차를 보이고 있다는 점이다. 셋째, 지역통계의 미비로 지역정보체계의 구축을 위한 기초자료가 거의 제공되지 못하고 있다. 넷째, 지역정보화를 이끌어갈 유능한 전문인력이 부족하다. 다섯째, 개발의 초기에는 지방자치단체가 주체가 되어야 하는데 이에 대한 대책이 미비하다. 여섯째, 지역정보화가 부처별로 독립적으로 추진되고 있어 상호중첩되고 연계성도 결여되어 있다. 일곱째, 정보공개가 제도화되어 있지 않다. 특히 공공부문에서 그들이 보유하고 있는 정보를 공개하기를 꺼려하는 경우가 많다.

제 4 편
우리나라의 국토 및 지역계획

| 제 20 장 |

국토 및 지역계획 체계

1 지역계획의 의의

일반적으로 국토계획은 국가가 국토 전역을 대상으로 수립하는 계획을 의미하고 지역계획은 국토의 일부분을 대상으로 지역의 발전을 위하여 국가 또는 지방정부가 주체가 되어 수립하는 계획을 의미한다. 그러나 앞에서도 언급한 바와 같이 지역이라는 용어가 매우 다양한 뜻으로 사용되는 것과 같이 지역계획도 여러 가지 뜻으로 사용된다.

먼저 지역계획은 넓은 의미로는 국토의 일부분을 대상으로 하는 모든 계획을 뜻한다. 즉 장소를 대상으로 하는 계획이면 그것이 개별도시를 대상으로 하는 도시계획이든 우리나라 국토의 넓은 공간영역을 대상으로 하는 계획이든 관계없이 지역계획이라 할 수 있다. 그러나 지역계획은 보다 좁은 의미로는 공간을 대상으로 하는 계획 가운데서도 국토계획과 도시계획 또는 군계획 사이에 있는 중간 수준의 계획을 의미한다. 즉 지역계획이 협의로 사용되면 전국을 대상으로 중앙정부가 수립하는 국토계획과 개별도시를 대상으로 지방정부가 수립하는 도시계획 및 군계획의 중간영역에 해당되는 계획을 의미한다.

그러나 우리나라의 실정법에서는 지역계획을 모호하게 규정하고 있다. 우선 우리나라 공간계획법 가운데 가장 기본이 되는 국토기본법에서는 지역계획을 특정 지역을 대상으로 특별한 정책목적을 달성하기 위하여 수립하는 계획으로 포괄적으로 규정하고 있다(제6조). 그리고 지역계획도 수도권발전계획 및 지역개발계획으로 세분하고 있고(제16조). 지역개발계획을 성장 잠재력을 보유한 낙후지역 또는 거점지역 등과 그 인근지역을 종합적 · 체계적으로 발전시키기 위하여 수립하는 계획으로 정의하고 있다(제16조). 따라서 우리나라 국토기본법의 경우 지역계획을 보다 광의로 해석하되 특정한 이름이 명명되지 않은 공간계획을 지칭하는 모호한 의미로 사용되고 있다. 본서에서는 지역계획을 협의의 개념으로 정의하되 이 계획과 밀접한 관련이 있는 국토계획과 도시계획을 포함하여 우리나라의 지역계획체계를 살펴본다.

한편 지역계획은 법적 근거 여부를 기준으로 할 때 크게 법정계획과 비법정계획으로 구분할 수 있다. 법정계획은 국가 또는 지방자치단체가 법률에 근거하여 수립하는 계획을 말하고 비법정계획은 법률의 규정에는 없지만 필요에 의하여 수립하는 계획을 말한다. 비법정계획은 필요에 따라 수립되는 계획이기 때문에 그 내용을 체계적으로 설명하기 어려운 문제점이 있다. 따라서 여기서는 법정계획을 중심으로 우리나라의 지역계획체제를 살펴보도록 한다.

2 국토 및 지역계획 체계

우리나라에서 국토 및 지역발전과 관련된 법들은 매우 다양하고 법정계획도 다양하며 복잡하다. 뿐만 아니라 시대의 변화에 따라 그리고 정권의 이념적 지향에 따라 부단하게 변화하고 있다. 국토 및 지역발전을 위한 법률 가운데 중요한 것은 「국토기본법」, 「국가균형발전특별법」, 「수도권정비계획법」, 「지역 개발 및 지원에 관한 법률」 등이다. 이와 같은 법률에 따라 다양한 종류의 지역계획이 규정되어 있지만 유사한 지역을 두고 별도의 지역계획을 수립하도록 규정되어 있는 등 복잡한 계획체제를 나타내고 있다.

우리나라에 있어서 지역계획체계는 매우 엄격한 위계질서를 따르는 것은 아니지만 대체로 다음 [그림 20-1]과 같이 나타낼 수 있다. 먼저 계획체계상 최상위에는 국토종합계획이 있다. 이 계획은 과거에 국토종합개발계획이라고 불리던 것으로 제4차 계획부터는 명칭을 변경하여 개발을 삭제하고 국토종합계획이라 부르고 있다. 뒤에 자세히 설명하겠지만 이 계획은 중앙정부가 국토전체를 대상으로 작성하는 종합계획으로서 모든 하위 개발계획의 방향을 제시하는 기준이 되는 계획이다.

국토종합계획을 토대로 하되 비교적 광역적인 차원에서 수립되는 계획이 있는데 그것은 수도권정비계획과 광역계획이다. 수도권정비계획은 서울과 인천광역시 그리고 경기도를 포함하는 수도권을 대상으로 수립하는 지역계획을 의미하고, 광역개발계획은 주로 광역시와 도를 포함하는 광역적인 공간영역을 대상으로 수립하는 지역계획이다. 이 두 가지 계획은 둘 이상의 광역자치단체의 행정구역에 걸치는 광역적인 공간영역을 대상으로 수립되는 지역계획이라는 특징이 있다.

이와 같은 계획을 기준으로 광역자치단체는 그들의 관할 행정구역을 대상으로 개발계획을 수립하게 되는데 서울특별시와 광역시 등은 도시계획을 수립하고 도는 도계획을 수립하게 된다. 그리고 도의 경우 도계획 이외에 다양한 지역계획을 수립할 수 있다. 기초자치단체 가운데 시군의 경우 각각 도시계획과 군계획을 수립하게 되는데 군의 경우 읍면 단위의 농촌지역을 대상으로 농촌 관련 계획이 수립된다.

그러나 유념해야 될 것은 이와 같은 계획들은 그림과 같이 매우 엄격한 위계질서를 가지고 체계적으로 수립되는 것은 아니라는 점이다. 어떤 경우는 같은 지역을 두고 유사한 계획이 중복적으로 수립되기도 하고 어떤 계획들은 법에 규정이 되어 있지만 임의계획으로 계획자체가 수립되고 있지 않는 경우도 있는 것이다.

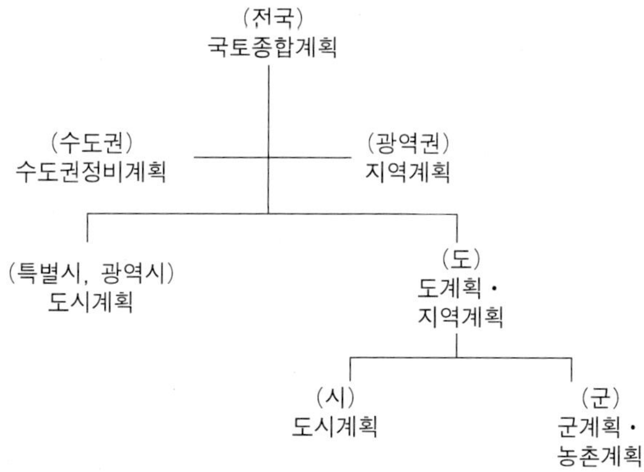

그림 20-1 우리나라 국토 및 지역계획 체계

| 제 21 장 |

국토종합계획

1 의의와 성격

1. 의의

국토종합계획은 국토 전역을 대상으로 하여 국토의 장기적인 발전방향을 제시하는 종합계획이다. 국토기본법에는 국토종합계획, 도종합계획, 시 · 군종합계획, 지역계획, 부문별계획 등의 다섯 가지 계획이 규정되어 있는데 국토종합계획은 바로 이 법에 규정된 계획이다. 이 계획은 1963년에 제정된 국토건설종합계획법의 규정에 따라서 국가가 국토전역 또는 2도(특별시와 광역시 포함) 이상에 걸치는 광역지방을 대상으로 작성하는 '국토종합계획'으로 도입되어 계획이 수립되다가 국토기본법의 제정에 따라 국토종합계획으로 승계되었다.

우리나라에서는 지금까지 네 차례의 계획이 수립되었는데 1972년도에 제1차 계획이 수립되었고 1982년도에 제2차 계획, 1992년도에 제3차 계획이 수립되었다. 제1차~제3차 때까지는 계획기간이 10년이었으나 2000년부터 수립, 시행되고 있는 제4차 계획은 계획기간이 20년으로 목표연도가 2020년으로 되어 있다. 따라서 2021년부터는 제5차 계획기간에 해당한다.

2. 성격

이 계획은 여러 가지 성격을 가지는데 첫째는 우리나라의 공간계획상 최상위 계획이라는 점이다. 따라서 이 계획은 각종 하위 지역계획과 도시계획의 기본이 되고 하위계획은 이 계획을 기초로 수립되게 된다. 둘째는 지침적인 계획이다. 이는 국토종합계획이 구체적이거나 사업 지향적 계획이 아니라 국토개발의 전반적인 방향을 제시해 주는 계획이라는 것을 뜻한다. 셋째는 종합계획이다. 즉 이 계획은 경제, 사회, 공간조직, 문화 등의 다양한 분야를 포괄하는 계획이다. 넷째는 장기계획이다. 국토종합계획은 앞에서 언급한 바와 같이 2000년부터 시행하고 있는 제4차 계획부터는 계획기간이 20년인 장기계획으로서 매 20년마다 계획이 수립된다.

2 계획의 결정절차

1. 계획의 결정절차

국토종합계획은 국토교통부장관이 입안하고 국토정책위원회의 심의와 국무회의의 심의를 거쳐 대통령이 승인함으로써 결정된다. 승인된 계획은 국토교통부장관이 공고함으로써 효력을 발휘하게 된다.

2. 국토정책위원회

앞에서 언급한 바 있는 국토정책위원회는 지역개발과 관련하여 매우 중요한 기구이기 때문에 여기서 이 기구의 기능에 대하여 보다 자세히 살펴보자. 이 기구는 국무총리 소속으로 42명의 위원으로 구성하고 위원은 당연직위원과 위촉위원으로 구성한다. 위원장은 국무총리이고 부위원장은 국토교통부장관과 위촉위원 중에서 호선으로 선정된 위원으로 한다. 위촉위원의 임기는 2년이고 국토 및 지역계획에 관한 여러 가지 사항을 심의하는데 중요한 것으로는 국토종합계획에 관한 사항, 도종합계획에 관한 사항, 지역계획에 관한 사항, 부문별계획의 평가에 관한 사항, 국토계획평가에 관한 사항을 들 수 있다.

3. 계획의 내용

국토기본법 제10조는 국토종합계획이 포함하여야 할 내용에 관하여 규정하고 있는 바 그 중요한 것은 1) 국토의 현황 및 여건 변화 전망에 관한 사항, 2) 국토발전의 기본 이념 및 바람직한 국토 미래상의 정립에 관한 사항, 3) 국토의 공간구조의 정비 및 지역별 기능 분담 방향에 관한 사항, 4) 국토의 균형발전을 위한 시책 및 지역산업 육성에 관한 사항, 5) 국토의 균형발전을 위한 시책 및 지역산업 육성에 관한 사항, 6) 토지, 수자원, 산림자원, 해양자원 등 국토자원의 효율적 이용 및 관리에 관한 사항, 7) 주택, 상하수도 등 생활 여건의 조성 및 삶의 질 개선에 관한 사항, 8) 수해, 풍해(風害), 그 밖의 재해의 방제(防除)에 관한 사항, 9) 지하 공간의 합리적 이용 및 관리에 관한 사항, 10) 지속가능한 국토 발전을 위한 국토 환경의 보전 및 개선에 관한 사항 등이다.

3 계획수립연혁

1. 국토계획기본구상

제1차 국토종합계획은 1972년에 수립되었지만 제1차 계획의 효시가 되는 것은 1968년에 발표된 국토계획기본구상이다. 1967년 3대 대통령선거당시 공화당 후보였던 박정희 대통령은 선거유세에서 경제개발 5개년 계획기간 중(1967~1971) 「대국토건설계획」을 추진하겠다는 야심에 찬 선거공약을 내걸었다. 여기에 포함된 중요한 사업은 주택 100만 호 건설, 한강 · 낙동강 · 금강 · 영산강의 4대강 종합개발, 인천 · 부산을 비롯한 동남해안과 서해안의 주요 10대항 개발, 서울에서 인천 · 강릉 · 부산 · 목포를 잇는 국가기간고속도로의 건설, 동해안 · 남해안 · 서해안을 연결하는 철도의 건설 등이다. 그리고 1967년에는 경부고속도로계획을 발표하게 된다. 선거 후 정부는 이를 체계적이고 구체화하기 위한 작업을 시작하였는데 이것이 1968년에 발표된 국토계획기본구상이고 이 구상은 제1차 국토종합계획의 선행계획이 되었다.

2. 제1차 국토종합계획(1972~1981)

우리나라에서 국토기본법이 제정된 것은 1963년이지만 계획을 수립해 본 경험이 없었을 뿐만 아니라 전문인력도 매우 부족한 실정이었기 때문에 1972년에 와서야 비로소 제1차 국토종합계획을 수립하였다. 앞에서도 언급한 바와 같이 이 계획수립을 촉발하게 된 직접적인 동기는 1968년에 수립된 국토계획기본구상이다. 1972년에 공포된 제1차 국토종합계획은 목표년도가 1981년인

10개년 계획으로서 우리나라 국토계획과 지역계획의 발전에 획기적인 기여를 한 중요한 계획이다.

(1) 기본목표

이 계획에서는 계획의 기본목표를 국토의 균형개발과 국토의 환경개선으로 설정하고 이를 달성하기 위한 방안을 모색하였다.

(2) 계획권역의 구분

제1차 국토종합계획은 제1부 기본계획, 제2부 부문별 계획, 제3부 권역별 계획, 제4부 정책과 제도의 4부로 구성되어 있는데 권역별 계획에서는 전국을 4대권, 8중권, 17소권의 권역별로 구분하여 지역개발을 추진토록 하였다. 다음은 이 계획의 권역구분체계를 나타낸 그림이다.

(2대권)	(4대권)	(8중권)	(17소권)	(중심도시)
서울권	한강권	수도권	서울권	(서울)
		태백권	춘천권, 원주권, 강릉권	(춘천)
	금강권	충청권	대전권, 천안권, 청주권	(대전)
		전주권	전주권	(전주)
부산권	낙동강권	부산권	부산권, 진주권	(부산)
		대구권	대구권, 안동권, 포항권	(대구)
	영산강권	광주권	광주권, 목포권, 순천권	(광주)
		제주권	제주권	(제주)

그림 21-1 제1차 국토계획상의 계획권역

[그림 21-1]에서 보는 바와 같이 이 계획에서는 전국을 서울과 부산의 2대권으로 구분하고 서울권은 다시 강의 유역을 기준으로 한강권과 금강권으로, 부산권은 다시 낙동강권과 영산강권으로 세분하였다. 유역을 중심으로 구분한 이 네 개의 권역을 4대권이라 한다. 그리고 4대권은 다시 도시 세력권을 기준으로 8개의 권역으로 구분하였는데 이를 8중권이라 하고 8중권은 다시 17개의 소권으로 구분하였다.

(3) 주요 계획내용

이 계획의 주요한 계획내용은 크게 공업기반의 조성, 간선교통망의 형성, 유역종합개발, 개발제한구역설정, 국·도립공원의 조성 등을 들 수 있다. 먼저 이 계획에서는 울산, 포항, 창원, 옥포 등의 신공업도시를 개발하여 동남해안 공업지대를 형성하고, 대전, 전주, 청주 등에 지방공업단지를 조성토록 하였다. 그리고 경인, 경부고속도로에 이어 호남, 남해, 영동고속도로를 건설하고 주요간선도로를 확장 및 포장하여 전국을 1일 생활권으로 묶도록 하였다. 또한 4대강 유역종합개발사업을 통하여 댐을 비롯한 하구둑과 방조제 등을 건설하여 각종 용수공급을 원활하게 하고 홍수 및 가뭄피해를 조절토록 하였다. 그리고 도시의 무질서한 팽창을 억제하기 위하여 서울을 비롯한 전국 주요도시에 개발제한구역을 설정하고, 자연환경의 보전과 국민의 휴양공간조성을 위해 여러 곳에 국립공원과 도립공원을 지정하여 개발토록 하였다.

(4) 문제점

제1차 국토종합계획은 산업생산기반을 확충하여 경제성장을 가속화하는 데는 크게 기여하였지만 여러 가지 문제점을 발생시켰는데 첫째는 서울과 부산을 중심으로 국토공간의 양극화 현상이 초래되었다는 점이다. 둘째는 도시를 기반으로 한 공업위주의 산업정책은 농업부문과 농촌지역의 상대적 낙후를 가져와 도시와 농촌간의 발전격차를 심화시켰다는 점이다. 그리고 셋째는 공업위주의 산업정책이 농경지를 잠식하고 자연환경의 훼손을 초래하였다는 점이다.

3. 제2차 국토종합계획(1982~1991)

(1) 기본방향과 목표

제2차 국토종합계획에서는 제1차 계획의 성과를 평가하여 성장과 분배를 조화시키는 것을 계획의 기본방향으로 설정하였다. 그리고 계획목표는 인구의 지방정착 유도, 산업의 지방도시 분산 배치, 생활환경의 개선, 국토의 자연환경보전 등 4가지를 설정하였다.

(2) 주요 계획내용

제2차 국토종합계획에 포함되어 있는 중요한 내용은 첫째, 수도권 정비계획의 추진이다. 제1차 국토종합계획의 결과 야기된 수도권에의 인구와 산업집중을 억제하고 기능을 분산하기 위하여 수도권정비계획을 수립토록 하였다. 둘째, 지역생활권계획에 의한 인구의 지방정착을 도모하였다. 셋째, 국토의 균형개발을 위하여 지방중심도시를 성장거점으로 육성토록 하였다. 넷째, 첨단기술단지와 농공단지를 조성할 계획이 포함되었으며 다섯째, 제주도, 다도해, 88올림픽 고속도로 주변, 태백산지역을 특정지역으로 지정하여 개발하는 내용을 포함하고 있다. 이외에도 수자원의 확보를 위하여 전국의 하천을 10대 유역권으로 확대하고 영농의 기계화, 상업적 복합영농체계, 경제림 단지를 조성하는 내용 등이 포함되어 있다.

(3) 지역생활권계획

제2차 국토종합계획의 특징은 지역생활권개념을 도입한 것을 들 수 있는데 이는 기본욕구전략을 수용한 일본의 정주권계획에 영향을 받은 계획개념이다. 이 계획에서는 전국을 5개 대도시 생활권, 17개 지방도시 생활권, 6개 농촌도시 생활권 등 28개 지역생활권으로 구분하여 개발을 추진토록 하였다. 그러나 1986년에는 당초의 계획을 수정하여 전국을 수도권, 중부권, 동남권, 서남권 등의 4대 경제권으로 나누어 지역 특성에 부합하는 지역경제의 활성화를 도모하도록 하였다. 아래의 〈표 21-1〉은 제2차 국토종합계획상의 생활권 구분을 나타낸다.

표 21-1 제2차 국토종합계획상의 생활권 구분

구분	생활권
대도시 생활권	서울생활권 (서울) 부산생활권 (부산) 대전생활권 (대전) 광주생활권 (광주) 대구생활권 (대구)
지방도시 생활권	춘천생활권 (춘천) 원주생활권 (원주) 강릉생활권 (강릉) 청주생활권 (청주) 충주생활권 (충주) 제천생활권 (제천) 천안생활권 (천안) 전주생활권 (전주) 정주생활권 (정주) 남원생활권 (남원) 순천생활권 (순천) 목포생활권 (목포) 안동생활권 (안동) 포항생활권 (포항) 영주생활권 (영주) 진주생활권 (진주) 제주생활권 (제주)
농촌도시 생활권	영월생활권 (영월) 서산생활권 (서산) 홍성생활권 (홍성) 강진생활권 (강진) 점촌생활권 (점촌) 거창생활권 (거창)

(4) 성장거점도시 육성

제2차 국토개발계획에서는 개발 잠재력이 높은 지방 중심도시를 성장거점도시로 육성하여 수도권에 집중된 인구와 산업의 분산을 촉진하는 한편 낙후지역의 발전을 유도함으로써 국토의 균형발전을 도모하였다. 이 계획에서는 지역의 상대적 낙후도, 도시의 중심성, 성장잠재력, 투자의 경제적 효율성 등 4개 지표를 기준으로 50여 개의 시급 도시 가운데 15개 도시를 성장거점으로 선정하였다. 이 가운데 대구, 대전, 광주 등 지방 대도시는 제1차 성장거점으로 지정하여 서울과 부산 중심의 국토공간구조를 다핵구조로 개편하고자 하였다. 그리고 춘천, 강릉, 원주, 청주, 천안, 전주, 남원, 목포, 순천, 진주, 안동, 제주 등 12개 도시는 제2차 성장거점으로 육성하여 지역발전을 위한 중심지로서의 기능을 담당하도록 하였다. 그러나 이 계획은 전략자체의 문제점과 제도화의 실패로 체계적인 집행이 이루어지지 못하였다.

4. 제3차 국토종합계획(1992~2001)

(1) 기본목표

계획기간이 1992~2001년인 제3차 국토종합계획에서는 계획의 목표를 지방중심의 국토개발, 생산성 향상과 자원절약적 국토이용, 국민복지향상과 환경보전, 남북통일에 대비한 국토기반조성의 네 가지로 설정하였다.

(2) 주요 계획내용

계획의 주요 내용은 다음과 같다. 첫째, 지방도시와 농어촌을 특성에 맞게 육성하여 수도권으로의 인구집중을 억제하고 국토의 균형적 발전을 도모한다. 둘째, 황해안 연안을 잇는 신산업지대를 조성하고 7대 광역권을 설정하여 체계적으로 개발한다. 셋째, 항만과 공항 그리고 경부고속전철을 건설하고 유통·통신의 현대화를 이룩한다. 넷째, 국민복지와 환경보전에 힘써 국민생활의 질을 향상시키고 환경라운드에 대처한다. 다섯째, 단절된 남북교통·통신망을 복원하고 물자원 및 환경분야에서 남북공동개발기반을 구축한다. 여섯째, 국토계획의 집행력을 더욱 강화하고 국토이용에 관련된 제도를 정비한다.

(3) 계획권역의 구분

이 계획에서는 전국을 수도권 (서울특별시, 인천직할시, 경기도), 청주권(충청북도), 전주권(전라북도), 대구권(대구직할시, 경상북도), 제주권(제주도), 강원권(강원도), 대전권(대전직할시, 충청남도), 광주권(광주직할시, 전라남도), 부산권(부산직할시, 경상남도)의 9개 권역으로 구분하여 지역개발을 추진토록 하였다.

5. 제4차 국토종합계획(2000~2020)

(1) 기본목표

제4차 국토종합계획(안)은 계획기간이 10년인 과거의 계획과는 달리 계획기간이 20년인 장기계획으로 추진하고 있고 시작연도도 새천년이 시작되는 2000년으로 실정하고 있다. 이 계획에서는 계획의 기본목표로 더불어 잘 사는 균형국토, 자연 속의 녹색국토, 경쟁력 있는 개방국토, 역동적인 통일국토의 네 가지를 설정하고 있다.

(2) 주요 계획내용

이 계획에서는 계획목표를 달성하기 위하여 7대 추진전략을 제시하고 있는 바 차세대 국토골격 형성, 지역별 경쟁력 고도화, 친환경적 국토관리, 고속교통 · 정보통신망 구축, 선진생활공간 확립, 문화 · 관광국토 구현, 남북한 교류협력기반 조성 등이다. 이를 보다 구체적으로 살펴보면 다음과 같다.

■ 차세대 국토골격의 형성

한반도를 동북아의 교류중심지로 육성하기 위하여 국토축을 바다를 활용하는 '연안국토축'과 내륙의 균형발전을 촉진하는 '동서내륙축'으로 구성하고 있다. 연안국토축은 부산~목포~제주를 연결하는 환남해축, 부산~포항~속초의 환동해축, 목포~군산~인천의 환황해축으로 구성하고, 동서내륙축은 인천~속초의 중부내륙축, 군산~포항의 남부내륙축과 함께 통일 이후 평양~원산의 북부내륙축으로 구성된다.

지역별 경쟁력 고도화

지방을 적극 육성하여 독자적 경제권으로 종합개발하고 국제교류기반을 조성할 계획이다. 그리고 광역권은 부산-경남권, 광양만-진주권, 아산만권, 전주-군장권, 광주-목포권, 대구-포항권, 강원동해안권, 대전-청주권, 제주권을 육성토록 하고 있다. 그리고 수도권 기능분산과 정비를 위해 지방 대도시를 산업별 수도로 육성하고, 지역특성에 따라 테크노파크, 미디어벨리, 벤처단지 등의 지식산업단지를 조성하여 이들을 연결하는 네트워크를 구축해 한국형 실리콘 벨리를 형성토록 하고 있다.

친환경적 국토관리

산-하천-연안을 연계하는 '국토생태 통합네트워크'를 구축하고 백두대간을 민족생태공원으로 육성하며, 서남해안의 주요 개펄을 생태보전지역으로 육성할 계획이다.

고속교통-통신망 구축

동북아와 세계를 겨냥한 국제교통 인프라를 구축하기 위하여 인천국제공항을 동북아의 허브공항으로, 부산항과 광양항을 동북아 중심항만으로 육성할 계획이다. 그리고 경부고속철도의 완공과 함께 호남고속철도도 추진토록 하고 있다.

선진생활공간 확립

1997년 현재 92%인 주택보급률을 2020년까지 106%로 높이고 앞으로의 주택정책은 커뮤니티 조성정책으로 전환하고 신규주택 중 아파트의 비율을 대폭 낮출 계획이다.

문화-관광국토 구현

부산~목포를 연계한 남해안 국제관광벨트를 구축하고 제주도를 국제관광자유지역으로 육성토록 하고 있다. 백제-신라-가야, 중원, 강화, 안동의 역사문화권을 조성하는 한편, 금강산과 설악산을 연결하는 국제관광지역을 개발하고 비무장지대의 평화생태공원을 관리할 계획이다.

남북한 교류협력기반 조성

남북한 접경지역의 생태계 보전과 주민생활기반 확충 등을 위해 접경지역관리에 관한 특별법을 제정하고 단절된 육상, 항공, 연안 교통망을 단계적으로 복원할 계획이다.

표 21-2 제4차 국토종합계획의 특징

구분	제3차 국토종합계획	제4차 국토종합계획
기간	1992~2001년	2000~2020년
계획수립	중앙정부 주도로 계획	중앙정부, 지자체, 주민의 동참계획
대상공간	남한 위주	동북아 포함
기본방향	지방분산	동북아 교류중심지, 통합-환경 국토
환경	환경오염 방지	국토 전 분야에 친환경개념 도입
지역개발	수도권 억제	적극적 지방육성
산업입지	공급자 중심의 산업단지 개발	수요자 입지선택, 기반시설 지원
수사원	댐- 광역상수도 건설에 주력	유역권별 통합적 물 관리 체제
교통	교통정체개선 투자	30분내 기간교통망 접근체계
정보	정보통신시설 공급	광속의 통합정보네트워크 구축
주택	내집마련	살기 좋은 우리동네 만들기
토지	부동산투기 억제	계획적 개발 (선계획-후개발)
관광	도시민의 여가공간 확충	국제적 문화, 관광기반 구축
계획추진 방법	중앙정부 주도	지방분권화 및 지역간 협력체제

(3) 제4차 계획의 특징

제4차 국토종합계획은 과거의 계획과 여러 가지 측면에서 다른 특성을 나타내고 있는데 개발이라는 명칭을 삭제하여 국토종합계획이라고 한 점, 계획기간이 20년으로 대폭 늘어났다는 점, 계획과정에 지방정부와 주민의 참여가 확대된 점, 그리고 계획의 대상공간을 동북아로 확대한 점 등을 들 수 있다. 제3차 계획과 비교한 제4차 계획의 구체적인 특징은 〈표 21-2〉와 같다.

| 제 22 장 |

수도권정비계획

1 의의와 성격

1. 의의

수도권정비계획법의 규정에 따라 국토교통부장관이 수도권의 인구 및 산업의 집중을 억제하고 적정하게 배치하기 위하여 중앙행정기관의 장과 서울특별시장·광역시장 또는 도지사의 의견을 들어 수립하는 계획을 의미한다.

수도권정비계획을 수립하는 목적은 크게 두 가지인데 첫 번째 목적은 지역불균형의 해소이다. 우리나라는 크게 수도권과 지방의 두 지역으로 구분할 수 있을 정도로 수도권과 지방의 격차가 심화되어 있다. 따라서 과거부터 정부는 수도권에 과도하게 집중된 인구와 산업을 수도권과 지방간, 그리고 수도권 내에서 적절하게 분산시키고자 하는 정책을 추진하여 왔는데 1982년에 제정된 수도권정비계획은 바로 이와 같은 정책을 제도적으로 마련한 장치이다. 두 번째 목적은 수도권에 있어서 생산성의 저하를 방지하기 위함이다. 이론적인 측면에서 인구와 산업의 과도한 집중은 집적의 불경제를 초래한다. 실제로 서울의 노동생산성은 점점 낮아지고 있다는 분석이 제시되고 있다. 따라서 수도권의 인구와 산업을 지역내·외로 적절히 분산할 필요가 있기 때문이다.

2. 성격

앞에서도 언급한 바와 같이 수도권정비계획은 우리나라에 있어서 성장관리전략이 적용되고 있는 대표적인 사례라고 할 수 있다. 이 계획은 수도권 내에서 다른 법령에 의한 토지이용계획 또는 개발계획에 우선하며 그들 계획의 기본이 되는데 다만 군사에 관한 사항은 예외로 하고 있다. 따라서 수도권내에서는 토지이용에 관한 한 가장 기본이 되는 계획이라 할 수 있다.

2 계획의 내용과 결정절차

1. 계획의 내용

수도권정비계획에 포함되는 내용은 첫째, 수도권정비의 목표와 기본방향에 관한 사항, 둘째, 인구 및 산업 등의 배치에 관한 사항, 셋째, 권역의 구분 및 권역별 정비에 관한 사항, 넷째, 인구집중 유발시설 및 개발사업의 관리에 관한 사항, 다섯째, 광역적 교통시설, 상·하수도시설 등의 정비에 관한 사항, 여섯째, 환경보전에 관한 사항, 일곱째, 수도권정비를 위한 지원에 관한 사항, 여덟째, 계획의 집행 및 관리에 관한 사항, 아홉째, 기타 대통령령이 정하는 수도권정비에 관한 사항 등이다. 그리고 시행계획은 기본계획을 효율적으로 수행하기 위한 각종 계획과 대통령령이 정하는 기본계획의 단계별 세부추진계획에 관한 사항을 주요 내용으로 하고 있다.

2. 계획의 결정절차

수도권정비계획은 국토교통부장관이 입안하여 수도권정비위원회[33]와 국무회의의 심의를 거쳐 대통령의 승인을 받아 결정된다. 국토교통부장관은 결정된 수도권정비계획을 대통령령으로 정하는 바에 따라 고시하고, 중앙행정기관의 장 및 시·도지사에게 통보하도록 규정되어 있다.

33) 수도권의 정비 및 건전한 발전과 관련되는 중요정책을 심의하기 위하여 대통령 소속하에 두는 기구로서 16인 이내의 위원으로 구성된다. 위원장은 국무총리가 되고 부위원장은 재정경제원 장관과 건설교통부장관이 된다.

3 권역의 설정과 규제

1. 권역의 설정

과거 1982년에 제정된 수도권정비계획법에 따라 1984년에 수립된 수도권정비계획에서는 수도권을 이전촉진권역, 제한정비권역, 개발유도권역, 자연보전권역, 개발유보권역의 5개권역으로 구분하였으나 1994년 수도권정비계획법을 개정하면서 이를 과밀억제권역, 성장관리권역, 자연보전권역의 3개 권역으로 조정하였다. 여기서 과밀억제권역은 수도권 내에서도 인구와 산업이 지나치게 집중되었거나 집중될 우려가 있어 이전하거나 정비할 필요한 지역, 성장관리권역은 과밀억제권역으로부터 이전하는 인구와 산업을 계획적으로 유치하고 산업의 입지와 도시의 개발을 적정하게 관리할 필요가 있는 지역, 자연보전권역은 한강 수계의 수질과 녹지 등 자연환경을 보전할 필요가 있는 지역을 지정하도록 하고 있다.

과밀억제권역은 서울반경 40km이내에서 인구밀도나 인구증가율이 수도권 평균보다 높은 지역을 지정하고 있는데 이 권역은 서울시와 인천시를 포함하여 경기도의 16개 시를 포함하고 있으며 면적은 2,064km^{2}에 달한다. 성장관리권역은 경기도 14개 시와 1개 군에 걸쳐 5,924km^{2}를 지정하고 있다. 그리고 자연보전권역은 한강수계와 관련 있는 지역을 대상으로 지정하고 있는데 경기도의 6개 시, 2개 군에 걸쳐 3,830 km^{2}를 포함하고 있다.

표 22-1 수도권 권역별 현황(1994)

구분	과밀억제권역	성장관리권역	자연보전권역
면적 (11,818㎢)	2,064㎢ (17.5%)	5,924㎢ (50.1%)	3,830㎢ (32.4%)
인구 (25,299천명)	19,269천명 (76.3%)	4,954천명 (19.5%)	1,076천명 (4.3%)
행정구역 (1997년)	서울, 인천(일부), 수원, 안양, 구리, 고양, 부천, 과천, 광명, 의정부, 하남, 성남, 의왕, 군포, 시흥시(일부), 남양주시(일부)	인천(일부), 동두천, 남양주(일부), 안산, 평택, 오산, 파주, 시흥(일부), 김포, 용인(일부), 포천, 연천, 화성, 양주, 안성(일부)	남양주(일부), 용인(일부), 안성(일부) 이천, 가평, 양평, 여주, 광주,
	16시	14시, 1군	6시, 2군

※ 자료 : 국토교통부. 국토교통통계누리(2013년 말 기준).

그림 22-1 수도권 권역설정

2. 규제내용

수도권의 권역별 규제방식에 있어서 과거에는 주로 물리적 규제방식을 채택하였는데 1994년에 개정된 법률에서는 총량규제방식을 채택하였다. 이 제도는 매년 수도권내에 설치할 대학과 공장의 신·증축 허가총량을 결정한 뒤 이를 지역별로 배분하고 지방자치단체장이 지역실정에 따라 허용여부를 결정하는 방식이다. 그리고 수도권에 대한 규제의 효율성을 제고하기 위하여 필요한 시설은 입지할 수 있도록 허용하되 과밀부담금을 부과하는 경제적 규제방식을 도입하였다.

수도권규제는 정권에 따라 강도의 차이는 있지만 지속적으로 규제완화가 이루어져 왔는데 특히 이명박 정부 시절인 2008년 대폭적인 규제 완화가 이루어졌다. 여러 차례 개정된 수도권정비계획법 시행령을 중심으로 3개 권역의 규제내용을 살펴보면 다음의 〈표 22-2〉 및 〈표 22-3〉과 같다.

표 22-2 수도권의 권역별 규제내용

구분	과밀억제권역	성장관리권역	자연보전권역
대학	총량관리	과밀억제권역과 동일	과밀억제권역과동일
대형 건축물	과밀부담금 부과	규제폐지	금지(단, 오염총량제 시행지역은 허용)
공장	총량관리	과밀억제권역과 동일	과밀억제권역과 동일
공공 기관	과밀부담금+물리적 규제	신설은 심의 후 허용, 과밀억제권역으로부터 이전은 심의없이 허용	심의 후 허용
연수 시설	금지	신·증축 심의 후 허용, 과밀억제권으로부터 이전은 심의없이 허용	일부시설만 허용
공업 용지	신규조성은 금지하되 기존면적 내에서 위치변경은 허용	수도권정비계획에 반영된 공업지역 허용	-
택지 조성	100만㎡이상 심의 후 허용	과밀억제권역과 동일 (심의시 과밀억제권역 보다 완화)	환경부와 협의후 50만㎡이하 허용
관광지 조성	30만㎡이상 심의 후 허용	과밀억제권역과 동일	환경부와 협의후 허용

※ 자료 : 국토교통부(2015).

표 22-3 수도권정비계획법상 공장입지 규제현황

구분	과밀억제권역	성장관리권역	자연보전권역
공장 총량제	• 서울 · 인천 · 경기에 3년 단위로 일정면적을 정해 그 범위 안에서 공장 신 · 증설 및 용도변경을 허가(연면적 500m 이상의 공장 신 · 증축 및 용도 변경 등) • 산업단지 이외의 공업지역 및 개별입지가 적용대상		
공업용지 공급물량 제한	• 산업단지는 수도권정비계획에 의한 산업단지 공급물량 제한 • 제조업의 수도권 집중 억제를 위해 수도권 산업단지 개발면적이 전국의 20%를 넘지 않도록 관리(2014.4 현재, 18.9%). 다만, 기존 개별입지 공장 집단화 등을 위해 산업단지 조성이 필요시 산업단지 공급물량 30%내에서 추가 공급		
공업지역 지정	위치변경만 허용 (기존 공업지역의 총면적 범위 내)	수도권정비계획에 반영된 공업지역 허용	-
공업용지 조성사업	-	30만㎡ 이상 수도권정비 계획위원회 심의 후 허용	3만~6만㎡ 이하 수도권정 비계획위원회 심의 후 허용

| 제 23 장 |

도 및 시 · 군종합계획

1 도종합계획

1. 의의와 목적

국토기본법의 규정에 따라 도 또는 특별자치도의 관할구역을 대상으로 하여 해당 지역의 장기적인 발전 방향을 제시하는 종합계획이다. 도종합계획은 국토종합계획 등 상위계획에서 설정하고 있는 기본방향과 정책의 골격을 수렴하여 지역차원에서 구체화하고, 국토종합계획에서 다루지 못한 지역의 세부적인 정책과 사업을 포함하여 지역의 경제, 사회, 문화 등 각 부문의 개발계획을 수립하며, 하위계획인 시 · 군종합계획의 방향을 제시하는 데 그 목적이 있다.

2. 계획의 내용과 결정절차

도종합계획의 주요 내용은 1) 지역 현황 · 특성의 분석 및 대내외적 여건 변화의 전망에 관한 사항, 2) 지역발전의 목표와 전략에 관한 사항, 3) 지역 공간구조의 정비 및 지역 내 기능 분담 방향에 관한 사항, 4) 교통, 물류, 정보통신망 등 기반시설의 구축에 관한 사항, 5) 지역의 자원 및 환경 개발과 보전 · 관리에 관한 사항, 6) 토지의 용도별 이용 및 계획적 관리에 관한 사항, 7) 그 밖에 도의 지속가능한 발전에 필요한 사항으로서 대통령령으로 정하는 사항 등으로 규정되어 있다

도종합계획은 관할 도지사가 수립하게 되어 있다. 계획의 결정절차는 도지사가 계획을 수립하여 국토교통부장관의 승인을 받도록 되어 있다. 국토교통부장관이 도종합계획을 승인하려면 관계 중앙행정기관의 장과 협의한 후 국토종택위원회의 심으로 거쳐야 한다. 도종합계획은 국토교통부장관의 승인을 받은 후 도지사가 그 내용을 고시함으로써 결정된다.

3. 계획수립 현황

도종합계획은 1963년 국토기본법이 제정될 때부터 규정되어 있었으나 계획을 수립하지 않고 있다가 20년이 지난 1980년대에 들어서야 처음으로 계획을 수립하였다. 즉 1982년 제2차 국토종합계획이 수립된 후 이를 도 차원에서 구체화하기 위하여 1983년에 전국적으로 계획기간이 10년인 도종합계획을 수립하였다. 도종합계획은 행정적, 역사적, 경제적, 문화적 배경으로 보아 우리나라의 여건에 부합하는 지역개발계획임에도 불구하고 구상의 범위를 벗어나지 못하고 있으며 사업추진도 원활히 이루어지지 않고 있는 실정이다. 그 이유는 하위계획인 까닭에 국토종합계획을 구체화하는 데 치중하였을 뿐 사업실천을 위한 상위계획과의 역할분담이나 제도적 장치 및 재정적 지원방안과 같은 실행계획이 미비하였기 때문이다.

2 시·군종합계획

1. 의의

국토기본법의 규정에 따라 특별시·광역시·시 또는 군(광역시의 군은 제외)의 관할구역을 대상으로 하여 해당지역의 기본적인 공간구조와 장가 발전방향을 제시하고, 토지이용, 교통, 환경, 안전, 산업, 정보통신, 보건, 후생, 문화 등에 관하여 수립하는 계획으로서 「국토의 계획 및 이용에 관한 법률」에 따라 수립되는 도시·군계획을 말한다. 국토종합계획, 지역계획 그리고 도종합계획 등 상위계획의 방향과 목표를 수용하면서 이를 지역적 차원에서 구체화하는 계획이다.

2. 계획의 성격

시·군종합계획은 국토기본법에 규정되어 있는 바와 같이 실제로는 「국토의 계획 및 이용에 관한 법률」에 따라 시장 또는 군수가 입안하는 도시·군계획을 지칭하는 것으로 계획의 내용과 절차는 이 법을 따르도록 되어 있다.

| 제 24 장 |

국가균형발전특별법상의 지역계획

1 개요

1. 의의

「국가균형발전 특별법」은 지역 간의 불균형을 해소하고, 지역의 특성에 맞는 발전과 지역 간의 연계 및 협력 증진을 통하여 지역경쟁력을 높이고 삶의 질을 향상함으로써 지역 간의 균형 있는 발전에 이바지함을 목적(동법 제1조)으로 제정된 법률로서 우리나라 지역발전에 매우 중요한 역할을 담당하고 있다.

이 법이 최초로 제정된 해는 2004년으로 이 시기부터 우리나라 지역발전의 제도적 기반이 확립되었다고 할 수 있는데 지역발전위원회(당시는 국가균형발전위원회)의 설립과 지역발전특별회계의 설립, 포괄보조금 제도의 시행 등이다. 이 법률에 따라 "지역발전 5개년계획", "지역생활권계획" 등 지역개발에 관한 몇 가지 계획들이 제도화되었다.

2 지역발전 5개년계획

1. 의의

정부가 지역 간의 연계 및 협력을 증진하고 지역경쟁력을 향상시키기 위하여 부문별 발전계획안과 시 · 도 발전계획을 기초로 하여 5년을 단위로 하는 수립하는 계획(지역발전계획)이다.

2. 계획의 내용

지역발전 5개년계획은 「국가재정법」 제7조에 따른 국가재정운용계획, 「국토기본법」에 따른 국토계획과 연계되어야 하는데 지역발전계획에는 다음 사항이 포함되어야 한다.

① 지역발전의 목표에 관한 사항
② 주민 생활기반 확충과 지역 발전역량 강화에 관한 사항
③ 지역산업 육성 및 일자리 창출 등 지역경제 활성화에 관한 사항
④ 지역의 교육여건 개선과 인재 양성 및 과학기술 진흥에 관한 사항
⑤ 지역발전 거점 육성과 교통·물류망 확충에 관한 사항
⑥ 지역의 문화·관광 육성 및 환경 보전에 관한 사항
⑦ 지역의 복지 및 보건의료 확충에 관한 사항
⑧ 성장촉진지역, 특수상황지역, 농산어촌 등의 개발촉진에 관한 사항
⑨ 공공기관 등의 지방이전에 관한 사항
⑩ 투자재원의 조달에 관한 사항

3. 계획의 결정

지역발전 5개년계획은 「국가재정법」 제7조에 따른 국가재정운용계획, 「국토기본법」 제6조에 따른 국토계획과 연계되어야 한다. 그리고 지역발전계획은 국무회의의 심의를 거쳐 대통령의 승인을 받아야 한다. 수립된 지역발전계획을 변경할 때에도 또한 같다. 지역발전계획의 수립절차 등에 관하여 필요한 사항은 대통령령으로 정한다.

4. 부문별 발전계획

중앙행정기관의 장은 관계 중앙행정기관의 장 및 지방자치단체의 장(특별시장·광역시장·특별자치시장·도지사·특별자치도지사)와 협의하여 5년을 단위로 하는 부문별 발전계획안을 수립하도록 규정되어 있다. 중앙행정기관의 장은 부문별 발전계획안을 수립할 때에는 제7조제1항에 따른 시·도 발전계획을 고려하여야 한다. 그리고 중앙행정기관의 장은 지역발전계획을 시행하기 위하여 매년 부문별 지역발전시행계획을 수립·시행하도록 규정되어 있다.

3 시 · 도 발전계획

1. 의의

시 · 도지사가 해당 시 · 도의 특성 있는 발전과 경쟁력 향상을 위하여 관계 중앙행정기관의 장과 협의하여 5년을 단위로 수립하는 계획(시 · 도 계획)을 말한다.

2. 계획의 내용

시 · 도 계획에는 다음 각 호의 사항이 포함되어야

① 시 · 도별 발전목표에 관한 사항
② 시 · 도별 현황과 여건분석에 관한 사항
③ 산업 육성 및 일자리 창출, 인재 양성, 과학기술 진흥, 지역발전 거점 육성과 교통 · 물류망 확충에 관한 사항
④ 문화 · 관광 육성 및 환경 보전, 복지 · 보건의료의 확충에 관한 사항
⑤ 제7조의2에 따른 해당 지역생활권 발전계획에 관한 사항
⑥ 시 · 도 간 연계 · 협력 발전에 관한 사항
⑦ 투자재원의 조달에 관한 사항
⑧ 그 밖에 시 · 도 발전을 위하여 필요한 사항

3. 시행계획 등

시 · 도지사는 시 · 도 계획을 효율적으로 추진하기 위하여 매년 시 · 도 발전시행계획을 수립하여야 한다. 시 · 도지사는 전년도 시 · 도 시행계획의 추진실적과 해당 연도 시 · 도 시행계획을 지역발전위원회와 관계 중앙행정기관의 장에게 제출하여야 한다.

4 지역생활권 발전계획

1. 지역생활권의 의의

“지역생활권”이란 지역 주민의 삶의 질 향상에 필요한 일자리 및 교육·문화·복지·주거·안전·환경 등의 생활기반을 확충하기 위하여 관계 지방자치단체[34]가 협의하여 설정한 권역을 말한다(동법 제2조).

2. 지역생활권 발전계획

관계 지방자치단체의 장[35]이 해당 지역생활권의 특성 있는 발전과 지역 주민의 삶의 질 향상을 위하여 공동으로 수립하는 계획을 말한다. 이 경우 정부와 시·도지사는 수립된 지역생활권계획에 대하여 예산의 범위에서 지원할 수 있다.

5 지역발전위원회

1. 의의

지역발전의 효율적 추진을 위한 관련 중요 정책에 대한 대통령의 자문에 응하기 위하여 둔 대통령 소속의 기구를 말한다. 지역발전위원회는 위원장 1명을 포함한 31명 이내의 위원으로 구성하며 위원은 당연직위원과 위촉위원으로 구성한다. 당연직위원은 관계 중앙행정기관의 장이고 위촉위원은 지역발전에 관한 학식과 경험이 풍부한 민간위원으로 대통령이 위촉하도록 규정되어 있다.

---

34) 시(특별시, 광역시, 특별자치시 및 「제주특별자치도 설치 및 국제자유도시 조성을 위한 특별법」 제10조에 따른 행정시를 포함)·군(광역시의 군을 포함)·구(자치구)를 말한다.

35) 시장(특별시장, 광역시장, 특별자치시장 및 「제주특별자치도 설치 및 국제자유도시 조성을 위한 특별법」에 따른 행정시장을 포함)·군수(광역시의 군수를 포함)·구청장(자치구의 구청장)

2. 심의 기능

지역발전위원회는 다음의 사항을 심의한다.

① 지역발전의 기본방향과 관련 정책의 조정에 관한 사항
② 지역발전계획에 관한 사항
③ 부문별 발전계획안 및 부문별 시행계획에 관한 사항
④ 시 · 도 계획, 시 · 도 시행계획에 관한 사항
⑤ 지역발전시책 및 사업의 조사 · 분석 · 평가 · 조정에 관한 사항
⑥ 지역발전투자협약의 체결 및 운영에 관한 사항
⑦ 지역발전특별회계의 운용에 관한 사항
⑧ 공공기관 등의 지방이전에 관한 사항
⑨ 지방과 수도권의 상생 발전에 관한 사항
⑩ 지역발전에 대한 지표의 개발 · 관리에 관한 사항
⑪ 그 밖에 지역발전과 관련하여 필요한 사항으로서 위원장이 회의에 부치는 사항

| 제 25 장 |
지역개발지원법상의 지역개발계획

1 개요

1. 의의

2015년 1월 1일부터 시행된「지역 개발 및 지원에 관한 법률」(지역개발지원법)에 따라 수립되는 계획이다. 「지역개발지원법」은 지역의 성장 잠재력을 개발하고 공공과 민간의 투자를 촉진하여 지역개발사업이 효율적으로 시행될 수 있도록 종합적 · 체계적으로 지원함으로써 지역경제를 활성화하고 국토의 균형 있는 발전에 이바지함을 목적으로 하는 법률이다[36]. 개발과 관련된 법률은 그 성격에 따라 계획법과 사업법의 두 가지로 분류할 수 있는데 이 법은 두 가지 성격을 다 가지고 있다.

이 법에 따르면 지역개발계획은 성장 잠재력을 보유한 낙후지역 또는 거점지역 등과 그 인근지역을 종합적 · 체계적으로 발전시키기 위하여 수립하는 계획으로 규정되어 있다. 따라서 이 계획은 지역개발에 관한 일반적인 계획을 통칭하는 것이 아니라 「지역개발지원법」에 규정된 지역개발계획을 말한다.

2. 배경

이 법에 의한 지역개발계획은 과거「지역균형개발 및 지방중소기업 육성에 관한 법률」에 규정되어 있었던 특정지역계획, 광역개발계획, 개발촉진지구개발계획, 지역종합개발지구계획과 「신발전지역 육성을 위한 투자촉진특별법」

36) 이 법은 수도권 및 제주특별자치도 외의 지역에 적용한다. 다만, 수도권 중 낙후지역은 이 법의 적용범위에 포함한다.

에 규정되었던 신발전지역종합발전계획 등의 다양한 기존 계획을 지역발전지원법이 따라 통합한 계획이다.

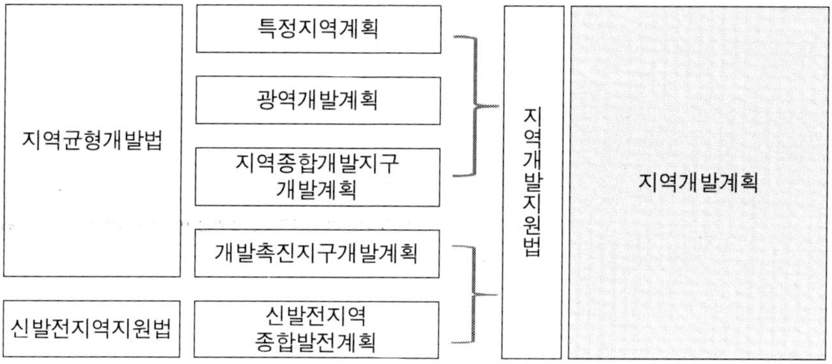

그림 25-1 지역개발계획의 체제 개편

2 지역개발계획

1. 계획의 수립

「지역개발지원법」 제 7조에 따르면 광역시장, 특별자치시장 및 도지사는 다음 각 호의 어느 하나에 해당하는 지역개발사업을 추진하려는 경우에는 지역개발계획을 수립하도록 규정되어 있다. 국토교통부장관도 국가 경제에 중대한 영향을 미치는 국책사업 등과 그리고 연계하여 지역개발사업을 추진할 필요가 있거나 관계 중앙행정기관의 장의 요청에 따라 지역개발사업을 추진할 필요가 있다고 인정하는 경우에는 지역개발계획을 수립할 수 있다.

① 낙후지역 또는 낙후지역과 그 인근지역을 연계하여 종합적 · 체계적으로 개발하기 위한 지역개발사업

② 거점지역과 그 인근지역을 연계하여 지역발전의 전략적 거점으로 육성하거나 특화산업을 발전시키기 위하여 종합적 · 체계적으로 개발하기 위한 지역개발사업

③ 그 밖에 국가의 특별한 사회적 · 경제적 목적을 위하여 집중적으로 연계 · 개발하기 위한 지역개발사업으로서 대통령령으로 정하는 지역개발사업

여기서 "낙후지역"이란 「국가균형발전 특별법」에 따른 성장촉진지역 및 특수상황지역을 말한다. 그리고 "거점지역"이란 산업 · 문화 · 관광 · 교통 · 물류 등의 기능 수행에 필요한 인적 · 물적 기반을 갖추고 있어 인근지역과의 관계에서 중심이 되는 지역을 말한다.

2. 계획의 승인

시 · 도지사는 지역개발계획을 수립하거나 변경하려면 국토교통부장관의 승인을 받아야 한다. 다만, 대통령령으로 정하는 경미한 사항의 변경은 그러하지 아니하다. 그리고 국토교통부장관은 계획의 승인을 신청한 시 · 도지사에게 국토교통부령으로 정하는 바에 따라 지역개발계획의 필요성 및 적절성 등에 관한 검증보고서를 제출하게 할 수 있다. 또한 국토교통부장관은 지역개발계획을 직접 수립 · 변경하거나 지역개발계획의 수립 · 변경을 승인하려면 관계 중앙행정기관의 장과 협의한 후 「국토기본법」 제26조에 따른 국토정책위원회(이하 "국토정책위원회"라 한다)의 심의를 거쳐야 한다.

3. 계획의 내용

(통합)지역개발계획에는 다음 각 호의 사항이 포함되어야 한다.

① 계획의 명칭 · 대상지역 및 범위
② 계획의 목적 및 기본시책
③ 주요 개발방향에 관한 사항
④ 관련 지방자치단체 간 연계 발전전략에 관한 사항
⑤ 다른 법령에 따라 수립된 기존 계획과의 차별화 전략에 관한 사항
⑥ 기업유치 및 투자촉진에 관한 사항
⑦ 필요한 재원 및 그 조달에 관한 사항
⑧ 다음 사항 중 해당 지역의 특성을 고려하여 필요한 사항
 - 사회간접자본시설의 정비 · 확충에 관한 사항
 - 생산기반시설의 확충과 지역특화산업의 육성 등에 관한 사항

- 역사 · 문화 · 관광자원의 개발에 관한 사항
- 환경보전 · 고용 · 교육 및 정주(定住)환경 개선에 관한 사항

⑨ 그 밖에 지역발전을 위하여 필요한 사항으로서 대통령령으로 정하는 사항

3 지역개발사업구역

1. 사업구역의 지정

지역개발사업구역은 지역개발을 추진할 구역을 의미한다. 일단 구역이 지정되면 이 지역을 대상을 계획을 개발계획을 수립하게 되고 따라서 지역주민들의 재산권 행사에 큰 영향을 미치게 된다. 앞에서 언급한 바와 같이 「지역개발지원법」에 따른 지역개발사업구역은「지역균형개발 및 지방중소기업 육성에 관한 법률」에 규정되었던 개발촉진지구, 특정지역, 광역개발권, 지역종합개발지구와 「신발전지역 육성을 위한 투자촉진특별법」에 규정되었던 신발전지역 등 2개 법률에 의한 5개 제도를 '지역개발사업구역'으로 통합한 결과이다.

지역개발사업구역은 시 · 도지사 또는 국토해양부장관이 지정하도록 되어 있는 바 지역개발계획에 따라 지역개발사업의 추진이 필요하다고 인정되는 지역 또는 지역개발계획에 개발하려는 지역으로 반영되지 아니하였으나 도로 · 상하수도 등의 기반시설이 갖추어져 있거나 기반시설 계획이 수립되어 있는 등 난개발(亂開發)의 우려가 없는 소규모 지역으로서 대통령령으로 정하는 기준에 해당하는 지역을 지정하도록 되어 있다.

그림 25-2 지역개발사업구역의 통합

2. 구역지정 시 고려사항

지역개발사업구역을 지정하는 경우에는 「국토의 계획 및 이용에 관한 법률」에 따른 광역도시계획 및 도시·군기본계획에 부합하여야 하고, 지역개발사업이 고용 증대, 지역경제 활성화 등 지역 발전에 이바지하는 공익성을 갖추어야 하며, 지역개발사업이 환경적으로 지속가능한 사업이어야 한다. 그리고 지역개발사업이 해당 지역의 특성 및 여건에 부합하여야 하고, 지역개발사업의 재원 조달 및 투자계획 등이 실현 가능하여야 한다.

3. 구역지정 절차

지정권자가 지역개발사업구역을 지정하려는 경우에는 국토정책위원회 또는 제42조에 따른 지역개발조정위원회의 심의를 거쳐야 한다. 지정된 지역개발사업구역을 변경하려는 경우에도 또한 같다. 다만, 대통령령으로 정하는 경미한 사항의 변경은 그러하지 아니하다.

시·도지사는 지역개발사업구역을 지정하려는 경우로서 다음의 어느 하나에 해당하는 경우에는 국토교통부장관과 미리 협의하여야 한다. 1) 지역개발사업구역에 관하여 국가로부터 재정지원을 받으려는 경우, 2) 지역개발사업구역의 지정에 따라 개발하려는 면적이 대통령령으로 정하는 규모 이상인 경우

4 지역개발조정위원회

1. 의의

지역개발사업구역의 지정 등 지역개발사업에 관한 사항을 심의하기 위하여 시·도에 두는 지역개발조정기구를 말한다. 이 위원회는 시·도지사가 지정하는 지역개발사업구역의 지정 및 그 구역의 실시계획 승인에 관한 사항, 지역개발계획이 수립된 지역 내 다른 계획 및 사업 간 유사·중복 검토·조정에 관한 사항, 지역개발사업에 필요한 기반시설 설치 등 국가의 재정 지원 요청 대상·금액 및 시기에 관한 사항, 그 밖에 대통령령으로 정하는 사항 등을 심의한다.

2. 위원회 구성

지역개발조정위원회는 위원장 1명과 부위원장 1명을 포함한 20명 이내의 위원으로 구성한다. 지역개발조정위원회의 위원장은 시·도지사가 되고, 부위원장은 위원 중에서 위원장이 지명하는 사람이 된다.

3. 지역개발종합지원센터

시·도지사는 지역개발사업구역과 투자선도지구에 관한 지역개발 업무를 지원하고, 지역개발조정위원회의 운영을 지원하기 위하여 해당 시·도에 지역개발종합지원센터를 둘 수 있다.

5 투자선도지구

1. 의의

지역개발사업구역 중 지역의 성장거점으로 육성하거나 특별히 민간투자를 활성화하기 위하여 국토교통부장관이 중앙행정기관의 장 또는 시·도지사의 신청을 받아 지정·고시한 지구를 말한다. 이는 지역개발사업 중 선도적 사업효과가 기대되는 전략사업을 선정하여 원활하게 추진될 수 있도록 규제특례, 인센티브 등을 종합적으로 지원하는 지구이다.

국토교통부장관은 투자선도지구를 지정·변경 또는 해제하려면 관계 중앙행정기관의 장과 협의한 후 국토정책위원회의 심의를 거쳐야 한다.

2. 지정 시 고려사항

지역을 다음 사항을 고려하여 투자선도지구로 지정·변경 또는 해제할 수 있다[37]. 1) 광역교통망 등 기반시설이 충분히 확보되어 있거나 확보될 수 있을 것, 2) 지역특화산업, 문화·관광 등의 분야에서 성장잠재력이 양호할 것,

37) 이 경우 제11조제1항제1호에도 불구하고 지역개발사업구역이 지정·변경 또는 해제된 것으로 본다.

3) 투자 또는 고용창출 예상규모가 대통령령으로 정하는 기준을 충족할 것,
4) 그 밖에 성장거점으로의 육성 또는 민간투자의 활성화가 쉬운 지역으로서 대통령령으로 정하는 기준을 충족할 것.

| 제 26 장 |

농촌발전계획

1 개요

우리나라에 있어서 농촌계획은 과거 「농어촌발전특별조치법」의 규정에 의하여 1990년부터 각급 농어촌발전계획이 수립되었는데 2009년 이 법이 폐지되고 「농업·농촌 및 식품산업 기본법」으로 대체되면서 농촌 및 식품산업 발전계획 속에 농촌발전계획이 포함되었다.

2 농촌발전계획

1. 국가기본계획

농림축산식품부장관은 농업의 지속가능한 발전과 농촌의 균형 있는 개발·보전 및 식품산업을 포함한 농업 관련 산업의 육성을 위하여 5년마다 농업·농촌 및 식품산업 발전계획(기본계획)을 세워야 한다.

농림축산식품부장관이 농업·농촌 및 식품산업 발전계획을 세울 때에는 중앙 농업·농촌 및 식품산업정책심의회[38]의 심의를 거쳐야 한다.

2. 계획내용

농업·농촌 및 식품산업 발전계획(기본계획)에는 다음 각 호의 사항이 포함되어야 한다.

38) 위원장 및 부위원장 각 1명을 포함한 20명 이내의 위원으로 구성되고 위원장은 농림축산식품부장관이 된다.

① 농업 · 농촌 및 식품산업의 발전 목표와 정책의 기본방향
② 식량 및 주요 식품의 적정한 자급목표 및 그 추진계획
③ 쌀 소비 확대를 위한 시책
④ 농업 · 농촌 및 식품산업에 관하여 정부가 추진하여야 할 시책
⑤ 농업 · 농촌 및 식품산업에 관한 시책을 추진하기 위한 재원의 조달방안
⑥ 그 밖에 농업 · 농촌 및 식품산업의 종합적 · 계획적 발전을 추진하기 위하여 필요한 사항

3. 지방자체단체의 농촌발전계획

광역시장 · 특별자치시장 · 도지사 및 특별자치도지사는 장관이 수립하는 기본계획과 그 관할 지역의 특성을 고려하여 광역시 · 특별자치시 · 도 · 특별자치도 농업 · 농촌 및 식품산업 발전계획(시 · 도계획)을 세우고 시행하도록 규정되어 있다. 그리고 시장 · 군수 및 자치구의 구청장은 시 · 도계획과 그 관할 지역의 특성을 고려하여 시 · 군 및 자치구의 농업 · 농촌 및 식품산업 발전계획(시 · 군 · 구계획)을 세우고 시행하도록 되어 있다.

관계 지방자치단체의 장이 농업 · 농촌 및 식품산업 발전계획을 세울 때에는 따른 각급 농업 · 농촌및식품산업정책심의회의 심의를 거쳐야 한다.

| 제 27 장 |

도시 · 군계획

1 의의

1. 개념

도시 · 군계획은 개별 도시를 대상으로 도시의 건전한 발전과 공공의 안녕 · 질서 및 공공복리의 증진을 목적으로 도시의 물적 구성과 기능적인 구조에 가하는 의도적인 변화이며 동시에 이러한 변화를 기대하는 일체의 인위적이고 조직화된 노력이라 정의할 수 있다. 국토 및 지역계획이 광역적인 공간영역을 대상으로 계획을 수립하는 데 비하여 도시계획은 개별 도시를 대상으로 계획을 수립하는 데 양자의 차이가 있다. 도시계획을 통하여 다양한 도시생활환경의 일체성이 부여되고, 도시기능과 활동체계의 안정과 질서가 유지되며, 토지이용의 합리화와 도시 생활환경의 개선이 달성된다. 그리고 도시계획을 통하여 도시 속에서 다양화되어 있는 주민생활이 조화를 이루며 공익과 사익이 동시에 증진될 수 있다.

이 계획은 과거 「도시계획법」을 계승한 「국토의 계획 및 이용에 관한 법률」에 따라 수립된다. 군 단위행정구역의 경우 과거에는 도시지역에 해당하는 읍이나 규모가 큰 일부 면소재지에 도시계획이 수립되었는데 비도시지역의 난개발이 문제가 되면서 군 지역 전체로 도시계획의 적용지역을 확대할 필요성이 제기되었고 이를 위해 국토이용관리계획을 도시계획과 통하면서 법의 명칭도 「국토의 계획 및 이용에 관한 법률」로 변경하게 되었다. 그리고 도시계획의 명칭도 도시 · 군계획으로 변경하게 되었다. 그러나 법적인 명칭과는 별도로 학계에서는 도시계획으로 간단히 부르는 경우가 많다.

2. 종류

도시·군계획은 기준에 따라 다양한 유형으로 구분할 수 있으나 법적 성격으로 보아 크게 기본계획과 관리계획으로 구분할 수 있고 광역계획권을 대상으로 수립되는 광역도시계획이 있다. 기본계획은 계획구역을 관할하는 시장 또는 군수가 20년을 단위로 상위계획인 국토계획의 지침을 수용·발전시켜 해당도시의 장기적인 발전방향과 미래상을 제시하는 계획이며 그 내용이 물적 측면에 국한되지 않고 사회·경제적인 측면을 포괄하는 종합계획이다. 한편 관리계획은 기본계획에서 제시된 도시의 발전방향을 도시공간에 구체적으로 정착시키는 중기계획이고, 계획의 내용이 공간상에 투영된 물적 계획이며, 일단 결정된 후에는 시민들의 건축활동을 규제하는 구속적 계획이다.

2 도시·군계획의 내용

도시·군계획에 포함되어야 할 내용은 다양하다. 도시는 물적 구성체이므로 도로·용수 등 공공시설의 정비와 토지의 이용을 합리화하는 일체의 물적인 개발이 포함되어야 한다. 그리고 도시 내에서 활동하는 주민의 생존의 내용과 도시의 경제적·사회적 조건을 결정하는 여러 비 물리적 내용도 포함되어야 한다. 이와 같이 도시계획이 다루는 내용은 다양하지만 토지의 이용에 관한 계획과 용도 규제, 도로·공원 등 도시 기반시설의 설치계획, 그리고 도시개발사업이나 정비사업에 관한 계획 등이 주요한 내용이다.

1. 토지이용계획

토지이용계획은 여러 가지 뜻으로 사용되고 있는데 광의로는 개별토지가 보유하고 있는 독특한 지리적 특성을 최대한으로 유지하고 전체적인 토지이용의 체계를 종합적으로 조정하여 바람직한 방향으로 유도하려는 의도이다. 그리고 협의로는 현재의 도시성장과 도시화 현상을 분석·조사·평가하여 장래의 도시의 물적 공간수요를 추정하고, 한정된 토지를 합리적으로 배분하여 도시개발과 토지이용을 토지수요에 맞게 유도하는 과정을 의미한다.

토지이용계획은 도시계획에서 매우 중요한 위치를 점한다. 토지이용계획을 통하여 도시의 현재와 장래의 공간구성과 토지이용형태가 결정된다. 도로 · 공원 · 광장 등 공공시설이 배치되고 도시의 물적 정비가 이루어지는 것도 토지이용계획을 통해서이고 토지라는 공간적 기반 위에 구축되어 있는 도시의 기능과 구조를 결정하는 데에도 중요한 역할을 한다.

토지는 절대적으로 한정되어 있다. 따라서 토지가 어떤 용도와 방식으로 이용되는가에 따라 토지에 부여된 가치가 달라진다. 이 때문에 토지의 점유와 이용행위에는 많은 제약이 가해진다. 특히 토지이용상의 경합이 심한 고밀도의 도시내부에서 토지자원의 효율적 이용과 도시의 질서 있는 성장과 기능의 확보를 위하여 각종 제약과 규제가 가해지고 있다. 이러한 규제 중 대표적인 장치가 용도지역지구제이다.

2. 용도지역지구제

(1) 의의

용도지역지구제는 토지이용계획을 실행하는 법적 · 행정적 수단 중의 하나이다. 용도지역지구제는 도시 내의 공간을 각기 다른 용도로 구분하고, 각 지역마다 1) 건물과 기타 구조물의 고도와 용적, 2) 필요한 공지의 면적, 3) 개발된 면적의 인구밀도, 4) 기타 토지와 건물의 이용을 규제하는 것을 그 핵심으로 하고 있다. 따라서 용도지역지구제는 토지의 적성에 맞는 용도를 지정하고, 그 개발의 성격을 규정하여 주며, 토지이용을 방임하였을 경우 발생하는 무질서와 비효율성을 사전에 배제하는 역할을 한다.

(2) 목적

용도지역지구제의 목적은 도시의 개발밀도를 통제하고, 공중보건과 도덕적 가치 및 안전을 확보하며, 정부와 주민의 갈등예방과 상호이익을 조정 · 확보하는 데 있다. 이 제도가 갖는 목적을 구체적으로 살펴보면 1) 지역의 특성에 맞는 용도를 지정함으로써 재산가치를 보호한다, 2) 용도분리에 의하여 소음 · 진동 · 악취 · 대기오염 등의 공해발생을 방지하고 건강 · 도덕 · 안전 · 복지 증진을 도모한다, 3) 건물의 용도나 용적률에 대한 규제로 도로와 공공시설의 혼잡을 완화한다, 4) 과도한 인구집중을 방지하고 토지와 건물의 집중을 완화한다, 5) 화재나 재해 기타 위험으로부터 안전성을 확보한다, 6) 충분한 일조와 통풍을 제공한다 등이다.

(3) 용도지역지구제에 관한 이론

재산가치이론

개인의 토지가 갖는 재산가치를 보전하는 수단으로서 용도지역지구제의 목적과 가치를 인정하려는 입장이다. 재산가치이론에 의하면 개인의 토지는 시장의 기능에 의한 수급의 원칙에 의하여 재산가치가 결정된다. 그러나 이는 어디까지나 개인의 재산권행사가 타인의 재산가치를 훼손하지 않을 것을 전제로 한다. 어떤 지역의 토지이용이 인근지역의 재산가치를 훼손시키는 경우는 타인의 재산에 대한 부당한 피해를 의미하게 된다. 이러한 토지이용행위를 금지시킴으로써 사유재산제도의 근간을 보호할 수가 있다는 입장이 재산가치이론의 근거이다(박수영. 1993).

재산가치이론에 의하면 용도지역지구제는 시장기능에 대한 하나의 보완장치로써 시장의 수요와 공급기능이 재산가치의 보전을 보장하지 못한다는 결점을 보완하여 줄 수 있다. 특히 주거지역의 경우 공해나 소음 등을 유발시키는 오염시설을 주거와 분리시킴으로써 재산가치의 하락을 방지할 수가 있다. 이와 같이 재산가치의 보호와 극대화를 도모하기 위하여 토지이용행위에 대한 일정한도의 제한이 불가피하다. 이 점에서 용도지역지구제를 인정하려는 입장이 재산가치설이다. 재산가치설은 용도지역지구제를 단순히 개인의 사유재산의 보호수단으로 국한하여 이 제도가 갖는 목적을 소극적으로 해석하려고 하며, 자유주의경제체제 하에서 사유재산제도를 보호하려는 영국과 미국에서 전통적으로 받아들여져 온 이론이다.

계획이론

용도지역지구제를 개인의 재산가치보호뿐 아니라 공공의 목적을 달성하기 위한 주요 수단으로 파악하는 입장이다. 계획이론적 관점에 의하면 용도지역지구제는 지방정부가 의도하는 장래의 도시개발 방향을 정하고 개발을 유도함으로써 공익의 증진과 전반적인 도시의 물적 환경수준을 개선할 수 있는 주요한 장치가 된다. 즉 용도지역지구제가 공익의 증진과 도시의 발전을 보장하기 위한 적극적이고 필수불가결한 수단인 점을 강조한다. 따라서 계획이론은 용도지역지구제의 집행과 행사를 위하여 경찰권의 적용이 가능하다고 본다.

(4) 현행 용도지역지구제

「국토의 계획 및 이용에 관한 법률」에 따르면 우리나라에서 용도지역지구제는 지역 · 지구 · 구역으로 이루어진 3단계의 체계로 되어 있다. 각각의 종류와 목적을 구체적으로 설명하면 다음과 같다.

① 용도지역

용도지역이란 토지를 경제적 · 효율적으로 이용하고 공공복리의 증진을 도모하기 위하여 서로 중복되지 아니하게 도시 · 군관리계획으로 결정하는 지역을 말한다. 지역은 크게 도시지역, 관리지역, 농림지역, 자연환경보전지역으로 구분된다. 도시지역은 인구가 밀집된 곳으로 체계적이고 효율적으로 개발 · 정비 · 보전하여야 할 지역이고, 관리지역은 토지의 계획적인 이용과 개발이 필요한 지역이며, 농림지역은 농림업의 진흥과 산림의 보전 · 육성이 필요한 지역이다. 그리고 자연환경보전지역은 환경오염을 방지하고 자연환경을 보전하며 수산자원의 보호 등이 필요한 지역이다. 도시지역의 경우는 다음과 같이 용도지역이 세분된다.

□ 도시지역

도시지역은 다시 주거지역, 상업지역, 공업지역, 녹지지역으로 구분되는데 이 가운데 주거지역은 거주의 안녕과 건전한 생활환경의 보호를 위하여 지정된 지역이다. 주거지역은 저층주택의 쾌적한 환경보호를 위한 전용주거지역, 중 · 고층주택의 환경보호를 위한 주거지역, 주거의 환경보호를 목적으로 하고 근린상업시설의 입지가 가능한 준주거지역, 그리고 일상의 주거기능을 보호하기 위한 일반주거지역으로 나누어진다.

그리고 상업지역은 상업과 업무의 편익증진을 위하여 지정된 지역이다. 상업지역은 도심과 부도심의 업무 및 상업기능의 확충을 위한 중심상업지역, 일반적인 상업 및 업무기능을 담당하기 위한 일반상업지역, 그리고 근린지역에서 일용품 및 서비스의 공급을 위한 근린상업지역, 도시 내 및 지역간 유통기능의 증진을 위한 유통상업지역의 네 가지로 구분된다.

공업지역은 공업의 편익증진을 위하여 지정하는 지역을 말한다. 공업지역은 공장의 규모, 대지면적, 용적률, 건폐율, 공해, 기타 다른 용도의 건축물에 대한 허용범위 등을 기준으로 하여 다시 세분된다. 즉 공해성 공장과 공장 이외의 다른 용도의 건축물의 건축을 제한하는 전용공업지역, 공업에 직접 관련이 없는 또는 공장에서 발생할 우려가 있는 공해로 인하여 피해가 크게 예상되는

건축물을 제한하는 일반공업지역과 경공업과 주거의 혼재가 가능한 준공업지역으로 나누어지고 있다

표 27-1 용도지역의 종류와 지정목적

용도지역		지정목적
주거지역	전용주거지역 일반주거지역 준주거지역	저층중심의 양호한 주거환경의 보호 일상의 주거기능의 보호 주거기능을 주로 하되 상업적 기능의 보완
상업지역	중심상업지역 일반상업지역 근린상업지역 유통상업지역	도심 · 부도심의 업무 및 상업기능의 확충 일반적인 상업 및 업무기능의 담당 근린지역에서의 일용품 및 서비스의 공급 도시내 및 지역간 유통기능의 증진
공업지역	전용공업지역 일반공업지역 준공업지역	주로 중화학공업 · 공해성 공업의 수용 환경을 저해하지 아니하는 공업의 배치 경공업 기타 공업을 수용하되 주거기능의 보완
녹지지역	보전녹지지역 생산녹지지역 자연녹지지역	도시의 자연환경 · 경관 · 수림 및 녹지의 보전 주로 농업적 생산을 위하여 개발의 보호 녹지공간의 보전을 해하지 않는 범위내에서 제한적 개발

마지막으로 녹지지역은 보건, 위생, 공해방지, 보안과 도시의 무질서한 확산을 방지하기 위하여 녹지의 보전이 필요한 구역에 지정된 지역이다. 녹지지역은 도시의 자연환경, 경관, 수림 및 녹지를 보전하기 위한 보전녹지지역과 전·답 등 농경지의 보전을 위한 생산녹지지역, 그리고 산림 등 자연 그대로의 보전이 필요한 자연녹지지역으로 세분된다.

□ 관리지역

관리지역은 보전관리지역, 생산관리지역, 계획관리지역으로 세분된다. 이 가운데 보전관리지역은 자연환경 보호, 산림 보호, 수질오염 방지, 녹지공간 확보 및 생태계 보전 등을 위하여 보전이 필요하나, 주변 용도지역과의 관계 등을 고려할 때 자연환경보전지역으로 지정하여 관리하기가 곤란한 지역을 지정한다. 그리고 생산관리지역은 농업·임업·어업 생산 등을 위하여 관리가 필요하나, 주변 용도지역과의 관계 등을 고려할 때 농림지역으로 지정하여 관리하기가 곤란한 지역을, 계획관리지역은 도시지역으로의 편입이 예상되는 지역이나 자연환경을 고려하여 제한적인 이용·개발을 하려는 지역으로서 계획적·체계적인 관리가 필요한 지역을 지정한다.

② 용도지구

표 27-2 용도지구의 종류와 지정목적

용도지역	지정목적
경관지구	경관을 보호 · 형성하기 위하여 필요한 지구
미관지구	도시에 있어서 도시미관 · 건축미 등을 증진 · 보전하기 위하여 지정하는 지구
고도지구	쾌적한 환경 조성 및 토지의 효율적 이용을 위하여 건축물 높이의 최저한도 또는 최고한도를 규제할 필요가 있는 지구
방화지구	화재의 위험을 예방하기 위하여 필요한 지구
방재지구	풍수해, 산사태, 지반의 붕괴, 그 밖의 재해를 예방하기 위하여 필요한 지구
보존지구	문화재, 중요 시설물 및 문화적 · 생태적으로 보존가치가 큰 지역의 보호와 보존을 위하여 필요한 지구
시설보호지구	학교시설 · 공용시설 · 항만 또는 공항의 보호, 업무기능의 효율화, 항공기의 안전운항 등을 위하여 필요한 지구
취락지구	녹지지역 · 관리지역 · 농림지역 · 자연환경보전지역 · 개발제한구역 또는 도시자연공원구역의 취락을 정비하기 위한 지구
개발진흥지구	주거기능 · 상업기능 · 공업기능 · 유통물류기능 · 관광기능 · 휴양기능 등을 집중적으로 개발 · 정비할 필요가 있는 지구
특정용도제한지구	주거기능 보호나 청소년 보호 등의 목적으로 청소년 유해시설 등 특정시설의 입지를 제한할 필요가 있는 지구

용도지구란 용도지역의 제한을 강화하거나 완화하여 적용함으로써 용도지역의 기능을 증진시키고 미관 · 경관 · 안전 등을 도모하기 위하여 도시 · 군관리계획으로 결정하는 지역을 말한다. 용도지구는 용도지역과 중복 지정되고 동일한 토지에 다수의 지구가 중복 지정될 수 있다. 「국토의 계획 및 이용에 관한 법률」에 경관지구, 미관지구 등 10개의 용도지구를 지정할 수 있도록 규정되어 있다.

③ 용도구역

용도구역이란 용도지역 및 용도지구의 제한을 강화하거나 완화하여 따로 정함으로써 시가지의 무질서한 확산방지, 계획적이고 단계적인 토지이용의 도모, 토지이용의 종합적 조정 · 관리 등을 위하여 도시 · 군관리계획으로 결정하는 지역을 말한다. 「국토의 계획 및 이용에 관한 법률」에 다음과 같은 구역들이 규정되어 있다.

■ 개발밀도관리구역

개발로 인하여 기반시설이 부족할 것으로 예상되나 기반시설을 설치하기 곤란한 지역을 대상으로 건폐율이나 용적률을 강화하여 적용하기 위하여 지정하는 구역을 말한다.

■ 기반시설부담구역

개발밀도관리구역 외의 지역으로서 개발로 인하여 도로, 공원, 녹지 등 대통령령으로 정하는 기반시설의 설치가 필요한 지역을 대상으로 기반시설을 설치하거나 그에 필요한 용지를 확보하게 하기 위하여 지정하는 구역을 말한다.

■ 개발제한구역

도시의 무질서한 확산을 방지하고 도시주변의 자연환경을 보전하여 도시민의 건전한 생활환경을 확보하기 위하여 도시의 개발을 제한할 필요가 있거나 국방부장관의 요청이 있어 보안상 도시의 개발을 제한할 필요가 있다고 인정될 때 지정하는 구역을 말한다.

■ 도시자연공원구역

도시의 자연환경 및 경관을 보호하고 도시민에게 건전한 여가 · 휴식공간을 제공하기 위하여 도시지역 안에서 식생(植生)이 양호한 산지(山地)의 개발을 제한할 필요가 있다고 인정할 때 지정하는 구역을 말한다.

■ 시가화조정구역

도시지역과 그 주변지역의 무질서한 시가화를 방지하고 계획적 · 단계적인 개발을 도모하기 위하여 일정한 기간 동안 시가화를 유보할 필요가 있다고 인정될 때 지정하는 구역을 말한다.

■ 수산자원보호구역

해양수산부장관이 수산자원을 보호 · 육성하기 위하여 필요한 공유수면이나 그에 인접한 토지에 대하여 지정하는 구역을 말한다.

■ 입지규제최소구역

도시지역에서 복합적인 토지이용을 증진시켜 도시 정비를 촉진하고 지역 거점을 육성할 필요가 있다고 인정될 때 도심 · 부도심 또는 생활권의 중심지역 등에 해당하는 지역과 그 주변지역의 전부 또는 일부를 지정하는 구역을 말한다.

3. 기반시설

(1) 의의

도시의 물리적 환경을 유지 · 발전시키기 위하여 필요한 각종의 공공시설이다. 도시에 많은 사람이 모여 공동생활을 영위하기 위해서는 도로, 광장, 공원 상 · 하수도, 전력, 통신, 운동장, 도서관 등 각종 공공시설물을 설치하는 것이 불가피하다[39]. 이러한 시설들이 갖추어지지 않을 경우 도시의 기능은 유지될 수가 없고, 도시의 경제활동이 원만히 이루어질 수가 없다. 이러한 도시의 공공시설은 개별적으로는 건축법을 비롯한 관련법규에 의하여 규제를 받지만 도시계획 과정을 거쳐 도시전체의 발전과 타 시설물과의 유기적인 관련을 이루도록 할 필요가 있다. 이러한 필요성에서 국토의 계획 및 이용에 관한 법률」은 도시 공공시설물의 종류와 입지를 법정계획의 대상으로 삼고 있으며, 이를 도시계획으로 결정하게 함으로써 도시의 건전한 기능과 발전을 도모하도록 하고 있다. 기반시설 중 도시 · 군관리계획으로 결정된 시설을 도시 · 군계획시설이라 한다.

(2) 분류

「국토계획법」은 다양한 도시 기반시설을 다음과 같이 7가지 유형으로 구분하고 있다.

① 교통시설 : 도로 · 철도 · 항만 · 공항 · 주차장
② 공간시설 : 광장 · 공원 · 녹지
③ 유통 · 공급시설 : 유통업무설비, 수도 · 전기 · 가스공급설비, 방송 · 통신시설, 공동구
④ 공공 · 문화체육시설 : 학교 · 운동장 · 공공청사 · 문화시설 및 공공필요성이 인정되는 체육시설
⑤ 방재시설 : 하천 · 유수지(遊水池) · 방화설비

39) 경제학에서는 사회간접자본(social overhead capital)이라고 한다. 사회간접자본은 시장경제가 생산하기 어려운 재화이기 때문에 정부가 생산을 담당하여야 한다.

⑥ 보건위생시설 : 화장시설 · 공동묘지 · 봉안시설
⑦ 환경기초시설 : 하수도 · 폐기물처리시설

4. 도시 · 군계획사업

(1) 의의

도시 · 군계획시설사업을 비롯하여 대규모의 새로운 시가지 개발이나 기존의 노후 · 불량지의 개발과 같이 도시 내 일정지역을 대상으로 실시하는 대규모 개발사업으로 그 규모와 성격으로 보아 도시의 전반적인 장래의 발전에 현저한 영향력을 행사하는 사업이다. 이러한 사업은 도시계획의 일부로 다루어져야만 도시의 전체적인 발전방향과 일치되고 다른 도시개발사업과 조화가 이루어지게 되는 것이다.

(2) 종류

도시 · 군계획사업은 다음과 같이 세 가지 종류로 분류된다.
① 도시 · 군계획시설사업
② 「도시개발법」에 따른 도시개발사업
③ 「도시 및 주거환경정비법」에 따른 정비사업

참고문헌

국내문헌

강대현. 1977. 도시지리학, 서울: 수학사.

강병수 · 오덕성 · 조철주. 1999. "첨단산업과 지역개발," 도시정보 202호.

강병주. 1997. "정보화 시대를 대비한 지역산업 정보화 방안," 한국지역개발학회지, 9(3), 141-159.

고병호. 1983. "지역계획의 개념 정립과 체계구상에 관한 연구," 국토계획, 제18권 제2집, 대한국토계획학회.

______. 1988. "지역개발의 이론적 고찰과 체계화에 관한 시론적 연구," 산업과학연구, 제6권, 청주대학교 산업과학연구소.

고영종 · 김재영 · 문경원 · 윤원근 · 이병기 · 임경수. 1997. 현대지역이론과 정책, 한울아카데미.

국토개발연구원. 1986. 첨단산업과 지역발전방향.

국토개발연구원. 1988. 광역도시시설의 입지 및 관리에 관한 연구.

국토개발연구원. 1996. 21세기를 향한 지역개발 장기구상.

권오혁. 2009. "네트워크도시의 이론적검토와 동남권에의 적용가 능성에 관한 연구," 한국경제지리학회지, 12(3), 277-290.

김광웅. 1995. 사회과학연구방법론, 서울: 박영사.

김수신 · 고병호. 1995. 지역개발론, 서울: 한국방송통신대학교 출판부.

김동주외 (2010). 글로벌도시권육성방안연구(I), (II), 국토연구원.

김영모. 1988. 지역개발학개론, 서울: 녹원출판사.

김용웅. 1994. "외국의 지역계획제도 특징비교: 영국, 프랑스 및 일본제도를 중심으로," 국토연구, 제21권, 41-62.

______. 1999. 지역개발론, 법문사

김용웅 · 차미숙. 지역개발정책의 이론과 실제, 국토개발연구원.

김의원. 1982. 한국국토개발사연구, 대학도서.

김인. 1986. 현대인문지리학, 서울: 법문사.

김태명 · 정순오 · 염명배. 1992. "한국의 지역개발격차, 1970-1990," 한국지역개발학회지, 4(1), 5-32.

김형국. 1974. "혁신의 공간적 확산과 지역발전," 환경논총, 1(1), 서울대학교 환경대학원.

______. 1996. 국토개발의 이론연구, 서울: 박영사.

대한국토 · 도시계획학회. 1991. 지역계획론, 서울: 형설출판사.

대한국토 · 도시계획학회. 1999. 지역경제론, 서울: 보성각.

대한민국정부. 1972. 제1차 국토종합계획(1972~1981).

대한민국정부. 1982. 제2차 국토종합계획(1982~1991).

대한민국정부. 1992. 제3차 국토종합계획(1992~2001).

박삼옥. 1989. "첨단기술산업입지와 지역경제발전," 지역연구, 5(2), 1-19.

박수영. 1993. 도시행정론, 서울: 박영사

박재욱 (2008). "광역권역의통합 · 협력을 위한 광역거버넌스의 이론적 논의," 지방행정연구, 22(3), 3-29.

박종화. 1997. 지역경제론, 서울: 박영사.

박종화 · 윤대식 · 이종열. 1995. 지역개발론, 서울 : 박영사.

박형준 · 이인원. 2009. "지역개발정책수단으로서 지역거버넌스의 형성: 승리연합 게임모형을 통한 지역 파트너쉽 형성 모형설정," 한국정책학회보, 8(2), 7-3.

복득규 외. 2003. 클러스터, 삼성경제연구소.

소진광. 1992. "지역경제성장의 주기적 특성연구," 한국지역개발학회지, 4(2), 53-73.

손동원. 2004. 벤처 · 지역혁신 · 클러스터, 인하대학교 출판부

손정목. 1982. 한국개항기 도시변화과정연구와 한국개항기 도시사회 경제사연구, 서울: 일지사.

송태수. 1994. "지속가능한 도시개발방향," 한국지역사회개발학회지, 19(2), 39-63.

안문석. 1995, 정보체계론, 서울: 학현사.

오덕성. 1999. "과학도시연합과 대전 국제테크노마트 사업의 방향과 주요과제," 테크노파크 조성과 지역발전에 관한 국제학술 심포지움 발표논문.

오마에 겐이치. 1997. 국가의 종말, 서울: 한국언론자료간행회.

이동신. 1989. "지역성장요인에 관한 실증적연구," 한국지역개발학회지, 1(1), 89-115.

이만수. 1995. 지역경제학, 서울: 박영사.

이성근. 1999. "한국 국가지원 시범테크노파크의 정책방향," 테크노파크 조성

과 지역발전에 관한 국제학술 심포지움 발표논문.
이양재 · 김선웅. 1997. 서울시 성장관리 모니터링 체계구축, 서울: 서울시정 개발원.
이윤식. 1994. 행정정보체제론, 서울: 법영사.
이희연. 1988. 경제지리학, 서울: 법문사.
임경수. 1989. "지역불균형과 지역주의," 한국지역개발학회지, 1(1), 25-38.
전경구. 1984. "성장거점이론의 전개와 한국의 성장거점정책에 관한 연구," 지역사회개발논총, 6, 99-117, 대구대 새마을 · 지역사회개발연구소.
______. 1994. "정사각형 최밀중심지체계와 정육각형 최밀중심지체계의 비교분석," 한국지역개발학회지, 6(1), 107-115.
______. 1995. "대구 · 경북광역개발계획의 내용과 문제점," 지방자치 10월호, 39-44.
______. 1996. "계층적 도시규모분포모형의 경험적 검증," 한국지역개발학회지, 8(3), 1-16.
전명진 · 박성희. 1997. "도시성장관리정책의 갈등구조 및 조정: 미국 도시성장관리정책의 교훈," 지역연구, 13(2), 143-155.
조명래. 1985. "대안적 방식으로서의 상향적 지역개발," 지방의 재발견, 한국사회과학연구소편, 서울: 민음사.
조명래. 1995. "지역개발학의 파라다임," 한국지역개발학회지, 7(2), 51-67.
조철주. 2009. 지역발전과광역경제권전략: 광역경제권의 이론적 배경 지역발전위원회, 80-107.
조철주. 2013. "이명박정부 지역정책의 이론적 배경," 지역정책론, 한국지역개발학회, 보성각, 64-87.
조철주 · 정창무. 1998. "성장관리의 주요 이슈와 정책수단," 도시정보 193호.
최외출(역). 1992. 세계의 지역개발, 대구: 영남대학교 출판부.
최재선. 1995. 지역경제론, 서울: 법문사.
하성규 · 김재익 · 전명진 · 문태훈. 1999. 지속가능한 도시개발론, 서울: 보성각.
한국지역개발학회. 1996. 지역개발학원론, 서울: 법문사.
한표환. 1997. "내생적 지역활성화의 요건과 전략형성," 한국지역개발학회지, 9(1), 1-17.
허재완. 1992. 도시경제학, 서울: 법문사.
홍기용. 1985. 지역경제론, 서울: 박영사.
황명찬. 1992. 지역개발론, 서울: 법문사.

외국문헌

Aitchison, J. and J. A. C. Brown. 1957. *The Lognormal Distribution,* Cambridge University press.

Alonso, William. 1964. *Location and Land Use*, Cambridge, Mass.: Harvard University Press.

Armstrong, Harvey and Jim Taylor. 1993. *Regional Economics and Policy,* London: Philip Allen.

Batten, David F. 1995. "Network Cities: Creative Urban Agglomerations for the 21st Centry," Urban Studies, 32(2), 313-327.

Beckmann, M. J. 1968. *Location Theory,* New York: Random House.

Beckmann, M. J. 1958. "City Hierarchies and the Distribution of City Size," *Economic Development and Cultural change,* 6, 243-248

Beckmann, M. J. and J. C. McPherson. 1970. "City Size Distribution in a Central Place Hierarchy: An Alternative Approach," *Journal of Regional Science,* 10, 25-33.

Beguin, H. 1979. "Urban Hierarchy and the Rank-size Distribution", *Geographical Analysis,* 11, 149-164.

Beguin, H. 1982. "City-Size Distribution and Central Place Models: A Suggestion," *Journal of Regional Science,* 22, 225-239.

Berry, Brian J. L. 1961. "City Size Distributions and Economic Development," *Economic Development and Cultural Change,* 9, 573-588.

Berry, Brian J. L. 1964. "Cities as Systems within Systems of Cities," *Papers of the Regional Science Association,* 13, 147-163.

Berry, Brian J. L. and John B. Parr. 1988. *Market Centers and Retail Location,* NJ.: Prentice Hall.

Berry, Brian J. L. and W. L. Garrison. 1958. "Alternative Explanations of Urban Rank-Size Relationships," *Annals of the Association of American Geographers,* 48, 83-91.

Borts, G. H. 1960. "The Equalization of Returns and Regional Economic Growth," *American Economic Review,* 50, 319-349.

Borts, G. H. and J. L. Stein. 1964. *Economic Growth in a Free Market,*

New York: Columbia University Press.

Boudeville, J. 1966. *Problems of Regional Economic Planning,* Edinburgh: University Press.

Braczyk, Hans-Joachim, P. Cook, and M. Heidenreich. 1998. *Regional Innovation System: The Role of Governances in a Globalized World,* London: UCL Press Limited.

Branch, M. C. 1988. *Regional Planning,* New York: Praeger.

Brenner, N. 2001. "The Limits to Scale? Methodological Reflections on Scalar Structuration," *Progress in Human Geography,* 25, 691-614.

Brenner, N. 2002. "Decoding the Newest "Metropolitan Regionalism" in the USA: A Critical Overview," Cities, 19, 3-21.

Brown, L. A. 1975. "The Market and Infrastructure Context of Adoption," *Economic Geography,* 51, 185-215.

Brown, L. A. and K. R. Cox. 1971. "Empirical Regularilities in the Diffusion of Innovation," *Annals of the Association of American Geographers,* 61, 551-559.

Brown, L. A., E. J. Malecki, S. R. Gross, M. N. Shrestha, and R. K. Semple. 1975. "The Diffusion of Cable Television in Ohio," *Economic Geography,* 51, 185-215.

Camagni, R. 1995. "The Concept of Innovative Milieu and Its Relevance for Public Policies in European Lagging Regions," *Papers in Regional Science,* 74(4), 237-317.

Carr, Jered B. and Richad C. Feiock(eds.). 2003. *Reshaping the Local Government Landscape: City-County Consolidation and Its Alternatives,* Armonk, N.Y.: M. E. Shape.

Carroll, G. R. 1982. "National City-Size Distributions: What Do We Know After 67 Years of Research?" *Progress in Human Geography,* 6, 1-43

Chamberlin, E. H. 1933. *The Theory of Monopolistic Competition,* Cambridge, Mass.: Harvard University Press.

Christaller, W. 1966. *Central Places in Southern Germany,* translated by C. W. Baskin. NJ: Prentice-Hall Englewood Cliffs.

Chun, Kyung-Ku. 1994. "The Equilibrium Nesting Configurations of the

Market Areas in the LÖschian Multi-Industry Location Model," *Journal of the Korean Regional Development Association,* 6(2), 125-139.

Cook, P. and K. Morgan. 1993. "The Network Paradigm: New Departures in Corporate and Regional Development," *Environment and Planning: Society and Space,* 11, 543-564.

Czamanski, S. 1973. *Regional and Interregional Social Accounting,* Lexington, Mass.: Lexington Books.

Dacey, M. F. 1966. "Population of Places in a Central Place Hierarchy," *Journal of Regional Science,* 6, 27-33.

Darwent. D. F. 1975. "Growth Poles and Growth Centers in Regional Planning: A Review." in *Regional Policy: Readings in Theory and Application,* John Friedmann and William Alonso(ed.), Cambridge, Massachusetts: The M.I.T Press.

Davis, R. 1976. *World Urbanization 1950-1970 Volume 1: Basic Data For Cities, Countries and Regions,* Berkeley: Institute for International Studies.

Deas, I. and A. Lord. 2006. "From a New Regionalism to an Unusual Regionalism? The Emergence of Non-standard Regional Spaces and Lessons for the Territorial Reorganization of the State," *Urban Studies,* 43, 1847-1877.

Deas, I. and K. G. Ward. 2000. "From the 'New Localism' to the 'New regionalism'? The Implications of Regional Development Agencies for City-Regional Relations," Political Geography, 19, 273-292.

Downs, A. 1992. "Regulatory Barriers to Affordable Housing," *Journal of the American Planning Association,* 58(4), 419-422.

El-Shakhs, S. 1972. "Development, Primacy, and Systems of Cities," *Journal of Developing Areas,* 7, 11-36.

Faludi, Andreas. 1973. *A Reader in Planning Theory,* Oxford: Pergamon Press.

Feiock, Richard C. and Hyung-Jun Park. 2006. "New Regionalism in the U. S. Metropolitan Area: Consolidated Government and Alternative Institutions for Regional Governance," *The Korea Spatial Review,* 51, 71-90.

Fetter, F. A. 1924. "The Economic Law of Market Areas," *Quarterly Journal of Economics,* 38, 520-529.

Florida, R. 1995. "Towards the Leaning Region," *Futures,* 27(5), 527-536.

Friedmann, J. 1966. *Regional Development Policy: a Case Study of Venezuela,* Cambridge, Mass.: MIT Press.

Friedmann, J. 1972. "A General Theory of Polarized Development," In N. Hansen (ed.), *Growth Centres in Regional Economic Development,* New York: The Free Press.

Friedmann, J. 1978. "The Spatial Organization of Power in the Development of Urban Systems," In L. S. Bourne and J. W. Simmons(eds.), *System of Cities,* 328-340, New York: Oxford University Press.

Friedmann, J. and C. Weaver. 1979. *Territory and Function: The Evolution of Regional Planning,* Berkely & Los Angeles: University of California Press.

Friedmann, J. and M. Douglass. 1978. "Agropolitan Development: Towards a New Strategy for Regional Planning in Asia," In Lo, Fu-Chen and Salih, K. (eds.), *Growth Pole Strategy and Regional Development Policy,* Oxford: Pergamon.

Friedmann, J. and W. Alonso. 1975. *Regional Policy: Readings in Theory and Applications,* Cambridge, Mass.: MIT Press

Gale, D. 1992. "Eight State-Sponsored Growth Management Programs: A Comparative Analysis," *Journal of the American Planning Association,* 58(4), 425-439.

Gillingwater, David and D. A. Hart(eds.). 1979. The Regional Planning Process, England: Saxon House Teakfield Limited.

Ginsburg, N. 1955. "The Great City in Southeast Asia," *American Journal of Sociology,* 60, 455-462.

Glasson, John. 1975. *An Introduction to Regional Planning,* London: Hutchinson & Co.

Glasson, John. 1992. "The Fall and Rise of Regional Planning in the Economically Advanced Nations," *Urban Studies,* Vol.29, Nos. 3/4. 505-531.

Godschalk, D. R. 1992. "In Defense of Growth Management," *Journal of the American Planning Association,* 58(4) 425-439.

Grabher, G. 1993. "Rediscovering the Social in the Economics of Interfirm Relations," in G. Grabher(ed.), *The Embedded Firm: On the Social Economics of Industrial Networks*, 1-31, London: Routledge.

Granovetter, Mark. 1985. "Economic Action and Social Structure: the Problem of Embeddedness," *American Journal of Sociology*, 91(3), 481-510.

Greenhut, M, L. 1970. *A Theory of the Firm In Economic Space*, New York: Appleton-Century-Crofts.

Greenhut, M, L. 1977. "Impact of Distance on Microeconomic Theory," *Manchester School of Economics and Social Studies*, 46, 17-40.

Hall, P. 1992. *Urban and Regional Planning*, Penguin Books.

Hall, P. and K. Pain. 2006. *The Polycentric Metropolis: Learning from Mega-City Regions in Europe*, London: Earthscan.

Hansen, N. 1968. *French Regional Planning*, Edinburgh.

Hauser, P. M. 1957. *Urbanization in Asia and the Far East*, Calcutta: UNESCO Research Centre on the Social Implications of Industrialization in Southern Asia.

Hirschman, A. O. 1958. *The Strategy of Economic Development*, New Haven: Yale University Press.

Hoover, E. M. 1948. *The Location of Economic Activity*, New York: McGrow-Hill.

Hoover, E. M. and F. Giarratani. 1984. *An Introduction to Regional Economics*, 3rd ed., New York: Alfred A. Knopf.

ILO. 1976. *Employment, Growth and Basic Needs: A One-World Problem*, Geneva: International Labour Office.

Isard, W. 1956. *Location and Space Economy*, New York: John Wiley.

Jacobs, Jane. 1969. *The Economy of Cities*, New York: Random House.

Jefferson, M. 1939. "The Law of the Primate City," *The Geographical Review*, 29, 26-232.

Jonas, A.E.G. and S. Pincetl. 2006. "Rescaling Regions in the State: the New Regionalism in California," *Political Geography*, 25, 482-505.

Jones, M. and G. Macleod. 2004. "Regional Spaces, Spaces of Regionalism: Territory, Insurgent Politics and the English Question," *Transactions of the Institute of British Geographers*, 29, 433-452.

Kaldor, N. 1970. "The Case for Regional Policies," *Scottisch Journal of Political Economy,* Vol. 17 337-347.

Kuklinski, A. 1975. "Regional Development, Regional Policies, and Regional Planning," In A. Kuklinski(ed.), *Regional Disaggregation of National Policies and Plans,* 1-17, The Hague: Moutan.

Landis, J. D. 1992. "Do Growth Controls Work? : A New Assessment," *Journal of the American Planning Association,* 58(4), 489-508.

Linsky, A. S. 1965. "Some Generalizations Concerning Primate Cities," *Annals of the Association of American Geographers,* 55, 506-513.

Lösch, A. 1938. "The Nature of Economic Regions," *Southern Economic Journal,* 5, 71-78.

Lösch, A. 1954. *The Economics of Location,* New Haven, Conn.: Yale University Press.

Lotka, A. J. 1924. *Elements of Physical Biology,* Baltimore, Md.: Williams and Wikins.

Mabogunje. Akin L. 1981. *The Development Process: A Spatial Perspective,* New York: Holmes & Meier Publishers, Inc.

MacLeod, G and M. Jones. 2007. "Territorial Scalar, Networked: In What Sense a 'Regional World'?," *Regional Studies,* 41, 1177-1191.

Malecki, Edward J. 1984. "High Technology and Local Economic Development," *Journal of the American Planning Association,* 50(3). 262-269.

Markusen, Ann. 1996. "Sticky Places in Slippery Space: A Typology of Industrial Districts," *Economic Geography,* 72(3), 293-313.

McCombie, J. S. L. 1988a. "A Synoptic View of Regional Growth and Unemployment: I-The Neoclassical Theory," *Urban Studies,* 25, 267-281.

McCombie, J. S. L. 1988b. "A Synoptic View of Regional Growth and Un-employment: II-The Post-Keynesian Theory," *Urban Studies,* 25, 399-417.

Mehta S. K. 1964.: "Some Demographic and Economic Correlates of Primate Cities: A Case for Revaluation," *Demography,* 1, 136-147.

Mills, E. S. and Byung Nak Song. 1977. *Korea's Urbanization and Urban Problems(1945~1975),* Korea Development Institute, Working Paper.

Mosely, M. J. 1974. *Growth Centers in Spatial Planning,* Oxford: Pergamon Press.

Myrdal. G. 1957. *Economic Theory and Underdeveloped Regions,* London: Duckworth.

Nagamine, Haruo(ed.). 1981. *Human Needs and Regional Deveopment,* Regional Development Series, Vol. 7, Nagoya, Japan: Maruzen Asia.

Oakey, R., R. Rothwell, and S. Cooper. 1988. *The Management of Innovation in High-Tech Small Firms,* New York: West Port.

Parr, J. B. 1969. "City Hierarchies and the Distribution of City Cize: A Reconsideration Beckmann's Contribution," *Journal of Regional Science,* 9, 239-253.

Parr, J. B. 1970. "Models of City Size in an Urban System," *Papers of Regional Science Association,* 25, 221-253.

Parr, J. B. 1973. "Structure and Size in the Urban System of Lösch," *Economic Geography,* 49, 185-212.

Perloff, H. S. 1967. "Metropolitan Planning: Comments on Papers," In *Taming Megalopolis* by Wentworth Eldredge(ed.), New York: Doubleday, 720-729.

Perloff, H. S., E. S. Dunn, E. E. Lampard, and R. F. Muth. 1960. *Regions, Resources, and Economic Growth,* Baltimore: Resources for the Future.

Perroux. Fransois. 1950. "Economic Space: Theory and Application," *Quarterly Journals of Economics,* 64(1), No.1. Feb.

Piore, M. & C. Sabel. 1984. *The Second Industrial Divides,* New York: Basic Books.

Porter, Michael E. 1990. *The Competitive Advantage of Nations,* New York: The Free Press.

Pred, A. 1967. *Behavior and Location: Foundation for a Geographic and Dynamic Location Theory,* part 2, Lund Studies in Geography, Series B. 28.

Pred, A. 1977. *City-Systems in Advanced Economies: Past Growth, Present Processes and Future Development Options,* New York: John Wiley & Sons.

Rawstron, E. R. 1958. "Three Principles of Industrial Location: Transactions,"

Insitute of British Geographers, 135-145.

Renaud, B. 1981. *National Urbanization Policy in Developing Countries,* New York: Oxford University Press.

Richardson, H. W. 1973a. "Theory of the Distribution of City Sizes: Review and Prospects," *Regional Studies,* 7, 239-251.

Richardson, H. W. 1973b. *The Economics of Urban Size,* Lexington, Mass.: Lexington Books, D. C. Health & Co.

Richardson, H. W. 1979. *Regional Economics,* Urbana: University of Illinois Press.

Rondinelli, Dennis A. 1983. *Secondary Cities in Developing Countries: Policies for Diffusing Urbanization,* Beverly Hills: Sage Publications.

Schmenner, Rodger W. 1982. *Making Business Location Decisions,* Englewood Cliffs, N.J.: Prentice-Hall.

Seers. Dudley. 1969. "The Meaning of Development," *International Development Review,* 11(4), Univ. of Sussex.

Siebert, H. 1969. *Regional Economic Growth: Theory and Policy,* Scranton: International Textbook Company.

Simon, H. A. 1955. "On a Class of Skew Distribution Functions," *Biometrica,* 42, 425-440

Singer, H. W. 1936. "The Courbe des Populations: A Parallel to Pareto's Law," *Economic Journal,* 46, 254-263.

Smith, D. M. 1981. *Industrial Location: An Economic Geographical Analysis,* 2nd ed., New York: John Wiley & Sons.

Stöhr, Walter B. 1981. "Development from Below: The Bottom-Up and Periphery -Inward Development Paradigm," In W. B. Stohr & D. R. F. Taylor (eds.), *Development from Above or Below: The Dialectics of Regional Planning in Developing Countries,* 39-72, New York: John Wiley & Sons.

Sullivan, A. M. 1990. *Urban Economics,* Homewood, IL: Irwin.

Swanstrom, T. 1996. "Ideas Matter: Reflection on the New Regionalism," *City Space,* 2, 5-21.

Swanstrom, T. 2001. "What We Argue About When We Argue About

Regionalism," *Journal of Urban Affairs*, 23, 479–496.

Thirwall, A. P. and R. J. Dixon. 1979. "A Model of Export-led Growth with a Balance of Payments Constraint," In J. K. Bowers(ed.), *Inflation, Development, and Integration,* Essays in Honour of A. J. Brown, Leeds: Leeds University Press.

Tiebout, C. M. 1956. "Exports and Regional Economic Growth," *Journal of Political Economy,* Vol. 64, 160–164.

Tomaney, J. 2002. "The Evolution of Regionalism in England," *Regional Studies,* 36, 721–731.

UNDP. 1991. *Human Development Report,* New York: Oxford University Press.

Vanhove. Norbert and Leo H Klasson. 1980. *Regional Policy: A European Approach,* England Soxon House: Teakfild Lionited.

Vapnarsky, C. A. 1969. "On Rank-Size Distribution of Cities: An Ecological Approach," *Economic Development and Cultural Change,* 17, 584–593.

Weaver, C. M. 1991. "Urban Systems Theory and Third World Development: A Review," *Journal of Urban Affairs,* 13(4), 419–441.

Weber, A. 1909. Über den Standort der Industrien, translated by C. J. Friedich, Alfred Weber' *Theory of the Location of Industries,* Chicago: University of Chicago Press, 1929.

Wheeler, Stephen M. 2002. "The New Regionalism: Key Characteristics of an Emerging Movement", 68(3), *Journal of American Planning Association,* 267–278.

Williamson, Jeffrey G. 1965. "Regional Inequality and the Process National Development: A Description of the Patterns," *Economic Devlopment and Cultural Change,* 13(4), 1–84.

Zipf, G. K. 1941. *National Unity and Disunity,* Bloomington, Ind.: Principia Press.

Zipf, G. K. 1949. *Human Behavior and the Principle of Least Effort,* Cambridge, Mass.: Addison Wesley.

색 인